高等院校工商管理类系列教材

U0653216

ISO 9001：2015
质量管理体系理论与实践

鲍江东　编　著

扫码申请更多资源

南京大学出版社

图书在版编目(CIP)数据

ISO 9001：2015 质量管理体系理论与实践 / 鲍江东
编著. —南京：南京大学出版社，2021.1
ISBN 978 - 7 - 305 - 23958 - 8

Ⅰ.①I… Ⅱ.①鲍… Ⅲ.①质量管理体系—国际标
准 Ⅳ.①F273.2 - 65

中国版本图书馆 CIP 数据核字(2020)第 223341 号

出版发行　南京大学出版社
社　　址　南京市汉口路 22 号　　　邮　编　210093
出 版 人　金鑫荣

书　　名　**ISO 9001:2015 质量管理体系理论与实践**
编　著　鲍江东
责任编辑　武　坦　　　　　　编辑热线　025 - 83592315

照　　排　南京开卷文化传媒有限公司
印　　刷　南京人民印刷厂有限责任公司
开　　本　787×1092　1/16　印张 16.25　字数 375 千
版　　次　2021 年 1 月第 1 版　2021 年 1 月第 1 次印刷
ISBN 978 - 7 - 305 - 23958 - 8
定　　价　48.00 元

网　　址:http://www.njupco.com
官方微博:http://weibo.com/njupco
微信服务号:njuyuexue
销售咨询热线:025 - 83594756

前　言

　　ISO 9001:2015 质量管理体系是一种提升组织管理水平、增强组织市场竞争力和提高组织运营效益的工具。无论是制造型企业、服务型企业或组织(如政府部门、教育组织等)，俱可通过该体系的推进，不断满足组织持续改进的需求。

　　本书框架结构：

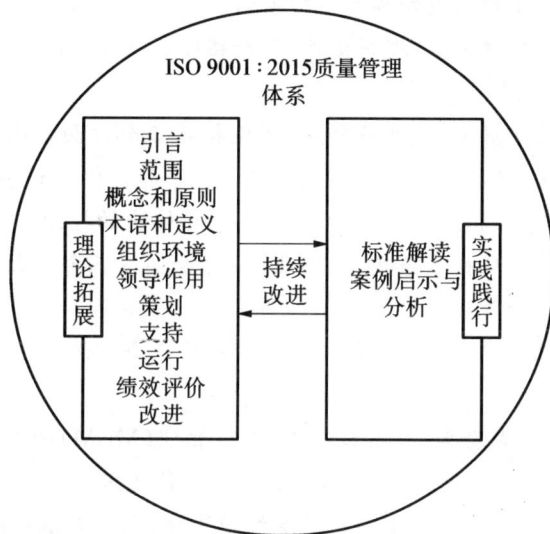

ISO 9001:2015 质量管理体系理论—实践构建图

　　随着 ISO 9001:2015 质量管理体系实践的不断深化，该体系的内涵也得到了较好的诠释：促进了组织不仅要关注其产品质量，还要专注于过程稳定，采用过程方法监视组织系统运行的绩效。为更好地践行该体系，本书从理论和实践两方面构建了该体系的框架结构，如右图所示。

　　图中遵循 PDCA 原则以理论拓展和实践践行两大模块为基础，互相作用，持续改进，这也是该体系内涵所在。其中理论拓展部分不仅介绍了该体系的支撑理论内容，还介绍了和该体系相关的范围、概念、原则、术语、定义等。实践践行部分主要是对标准进行实践上的剖析和相关的案例启示与分析。

　　本书篇章内容：

　　本书系统地阐述了 ISO 9001:2015 质量管理体系的理论和实践，全书分 10 章。

引言,主要介绍了 ISO 9001 质量管理体系总则、质量管理原则、过程方法、与其他管理体系标准的关系。

第一章"范围",规定了该体系适合的范围,阐述了产品和服务的定义。

第二章"基本概念和质量管理原则",对质量、质量管理体系、组织环境、相关方、质量管理七大原则等进行了界定。

第三章"术语和定义",对与 ISO 9001:2015 质量管理体系相关的术语和定义(如最高管理者、顾客、供方等)进行了界定。

第四章"组织环境",从标准条款、理解要点、理论拓展三个方面论述了组织及其环境、相关方的需求和期望、质量管理体系的范围和质量管理体系及其过程。

第五章"领导作用",从标准条款、理解要点、理论拓展三个方面论述了领导作用和承诺,方针,组织的岗位、职责和权限。

第六章"策划",从标准条款、理解要点、理论拓展三个方面论述了应对风险和机遇的措施,质量目标及其实现的策划和变更的策划。

第七章"支持",从标准条款、理解要点、理论拓展三个方面论述了资源、能力、意识、沟通和成文信息。

第八章"运行",从标准条款、理解要点、理论拓展三个方面论述了运行的策划和控制,产品和服务的要求,产品和服务的设计和开发,外部提供的过程、产品和服务的控制,生产和服务提供,产品和服务的放行,以及不合格输出的控制。

第九章"绩效评价",从标准条款、理解要点、理论拓展三个方面论述了监视、测量、分析和评价,内部审核及管理评审。

第十章"改进",从标准条款、理解要点、理论拓展三个方面论述了总则、不合格和纠正措施及持续改进。

本书适合高等院校管理类、工业工程类、工程管理(MEM)的本科生、硕博研究生、MBA、企业质量管理及运营管理人员、各组织管理人员使用。

本书的编写得到了广东省韩山师范学院经费资助,在此表示感谢。

本书在编写过程中,编者参考了大量的国内外质量管理体系相关的论文、著作及主要相关网站的内容。李海柔、高琳烁、程志鹏、刘煜滨等也对本书理论资料的整理工作付出了大量的时间和精力。在此对所引用论文或专著的作者及参编人员表示感谢。

ISO 9001:2015 质量管理体系在实践中不断得以改进,此书的内容也将随之修改,相信关于 ISO 9001:2015 质量管理体系理论和实践的探索也将得到深化。这无疑对该体系的纵深发展是良好的。鉴于编者水平有限,书中不妥之处在所难免,恳请同行及读者批评指正。

编　者
2020 年 9 月

目　录

本书配有能够帮助你
提高阅读效率的线上服务

建议配合二维码一起使用本书

扫码后，你可以获
得以下线上服务

01

本书立享服务

★ 本书话题交流群

每周专享服务

02

★ 行业资讯

★ 同类好书推荐

03

长期尊享权益

★ 推荐同城/省会/邻近直辖市优
质线下活动

引 言①

在日益复杂且动态变化的内外部环境中持续满足生产和服务的要求,增强顾客满意度,需要组织采用过程方法并积极主动应对风险和机遇。

一、总则

采用质量管理体系是组织的一项战略决策,能够帮助其提高整体绩效,为推动可持续发展奠定良好基础。

组织根据本标准实施质量管理体系的潜在益处是:

(1)稳定提供满足顾客要求以及适用的法律法规要求的产品和服务的能力;

(2)促成增强顾客满意的机会;

(3)应对与组织环境和目标相关的风险和机遇;

(4)证实符合规定的质量管理体系要求的能力。

本标准可用于内部和外部各方。

实施本标准并非需要:

(1)统一不同质量管理体系的架构;

(2)形成与本标准条款结构相一致的文件;

(3)在组织内使用本标准的特定术语。

本标准规定的质量管理体系要求是对产品和服务要求的补充。

本标准采用过程方法,该方法结合了"策划—实施—检查—处置"(PDCA)循环和基于风险的思维。

过程方法使组织能够策划过程及其相互作用。

PDCA循环使组织能够确保其过程得到充分的资源和管理,确定改进机会并采取行动。

基于风险的思维使组织能够确定可能导致其过程和质量管理体系偏离策划结果的各种因素,采取预防控制,最大限度地降低不利影响,并最大限度地利用出现的机遇。

在日益复杂的动态环境中持续满足要求,并针对未来需求和期望采取适当行动,这无疑是组织面临的一项挑战。为了实现这一目标,组织可能会发现,除了纠正和持续改进,还有必要采取各种形式的改进,如突破性变革、创新和重组。

---

① 参见 GB/T 19001—2016,质量管理体系 要求[S].

在本标准中使用如下助动词：

"应"表示要求；

"宜"表示建议；

"可"表示允许；

"能"表示可能或能够。

"注"的内容是理解和说明有关要求的指南。

二、质量管理原则

本标准是在 GB/T 19000 所阐述的质量管理原则基础上制定的。每项原则的介绍均包含概述、该原则对组织的重要性的依据、应用该原则的主要益处示例以及应用该原则提高组织绩效的典型措施示例。

质量管理的原则如下：

（1）以顾客为关注焦点；

（2）领导作用；

（3）全员积极参与；

（4）过程方法；

（5）改进；

（6）循证决策；

（7）关系管理。

三、过程方法

（一）总则

本标准倡导在建立、实施质量管理体系以及提高其有效性时采用过程方法，通过满足顾客要求增强顾客满意。

将相互关联的过程作为一个体系加以理解和管理，有助于组织有效和高效地实现其预期结果。这种方法使组织能够对其体系的过程之间相互关联和相互依赖的关系进行有效控制，以提高组织整体绩效。

过程方法包括按照组织的质量方针和战略方向，对各过程及其相互作用进行系统的规定和管理，从而实现预期结果。可通过采用 PDCA 循环以及始终基于风险的思维对过程和整个体系进行管理，旨在有效利用机遇并防止发生不良结果。

在质量管理体系中应用过程方法能够：

（1）理解并持续满足要求；

（2）从增值的角度考虑过程；

（3）获得有效的过程绩效；

（4）在评价数据和信息的基础上改进过程。

单一过程的各要素及其相互作用如图 1 所示。每一过程均有特定的监视和测量检查点以用于控制，这些检查点根据相关的风险有所不同。

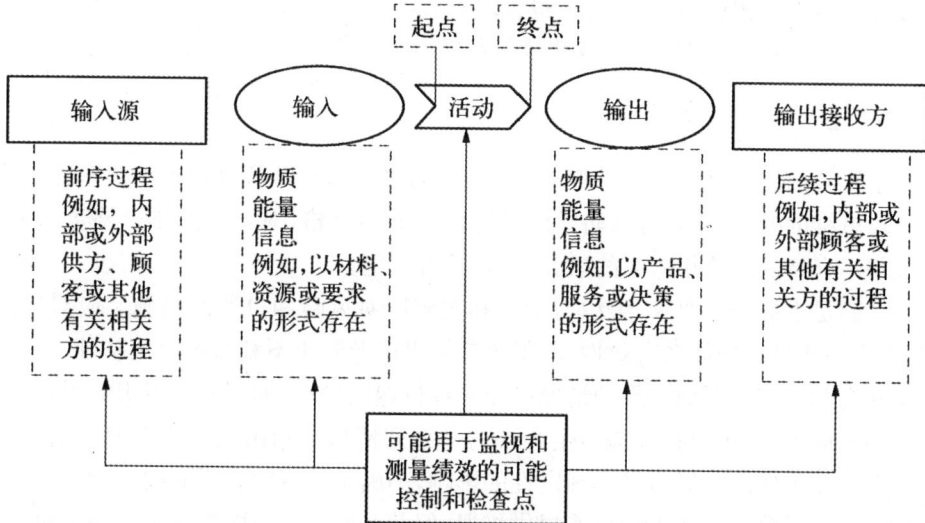

图 1 单一过程要素示意图

（二）PDCA 循环

PDCA 循环能够应用于所有过程以及整个质量管理体系。图 2 表明了本标准第 4 章至第 10 章是如何构成 PDCA 循环的。

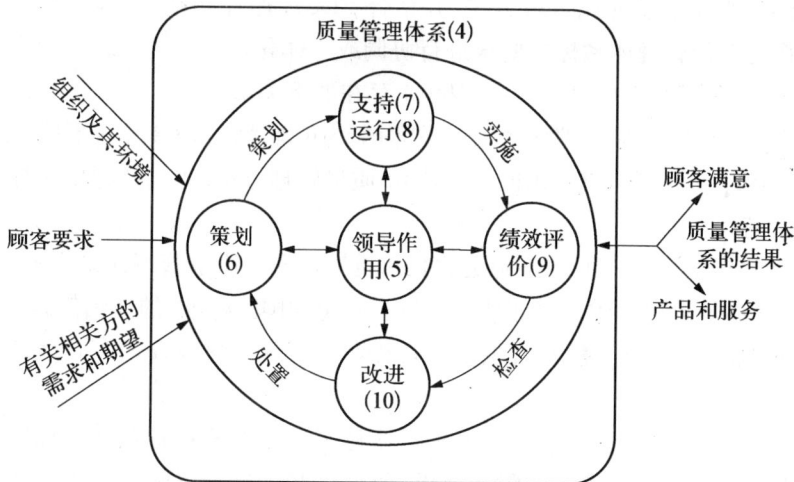

注：括号中的数字表示本标准的相应章节。
图 2 本标准的结构在 PDCA 循环中的展示

PDCA 循环可以简要描述如下：
（1）策划（Plan）。根据顾客的要求和组织的方针，建立体系的目标及其过程，确定实现结果所需的资源,并识别和应对风险和机遇。

(2)实施(Do)。执行所做的策划。

(3)检查(Check)。根据方针、目标、要求和所策划的活动,对过程以及形成的产品和服务进行监视和测量(适用时),并报告结果。

(4)处置(Act)。必要时,采取措施提高绩效。

(三)基于风险的思维

基于风险的思维是实现质量管理体系有效性的基础。本标准以前的版本已经隐含基于风险思维的概念,如采取预防措施消除潜在的不合格,对发生的不合格进行分析,并采取与不合格的影响相适应的措施,防止其再发生。

为了满足本标准的要求,组织需策划和实施应对风险和机遇的措施。应对风险和机遇,为提高质量管理体系有效性、获得改进结果以及防止不利影响奠定基础。

某些有利于实现预期结果的情况可能导致机遇的出现,如有利于组织吸引顾客、开发新产品和服务、减少浪费或提高生产率的一系列情形。利用机遇所采取的措施也可能包括考虑相关风险。风险是不确定性的影响,不确定性可能有正面的影响,也可能有负面的影响。风险的正面影响可能提供机遇,但并非所有的正面影响均可提供机遇。

四、与其他管理体系标准的关系

本标准采用 ISO 制定的管理体系标准框架,以提高与其他管理体系标准的协调一致性。

本标准使组织能够使用过程方法,并结合 PDCA 循环和基于风险的思维,将其质量管理体系与其他管理体系标准要求进行协调或一体化。

本标准与 GB/T 19000 和 GB/T 19004 存在如下关系:

(1)GB/T 19000《质量管理体系 基础和术语》为正确理解和实施本标准提供必要基础;

(2)GB/T 19004《追求组织的持续成功 质量管理方法》为选择超出本标准要求的组织提供指南。

附录 B 给出了 SAC/TC 151 制定的其他质量管理和质量管理体系标准(等同采用 ISO/TC 176 质量管理和质量保证技术委员会制定的国际标准)的详细信息。

本标准不包括针对环境管理、职业健康和安全管理或财务管理等其他管理体系的特定要求。

在本标准的基础上,已经制定了若干行业特定要求的质量管理体系标准。其中的某些标准规定了质量管理体系的附加要求,而另一些标准则仅限于提供在特定行业应用本标准的指南。

本标准的条款内容与之前版本(GB/T 19001—2008/ISO 9001:2008)条款内容之间的对应关系见 ISO/TC176/SC2(国际标准化组织/质量管理和质量保证技术委员会/质量体系分委员会)的公开网站:www.iso.org/tc176/sc02/public。

第一章 范 围

本标准为下列组织规定了质量管理体系要求[①]：

（1）需要证实其具有稳定提供满足顾客要求及适用法律法规要求的产品和服务的能力；

（2）通过体系的有效应用，包括体系改进的过程，以及保证符合顾客要求和适用的法律法规要求，旨在增强顾客满意。

本标准规定的所有要求是通用的，旨在适用于各种类型、不同规模和提供不同产品和服务的组织。

注1:本标准中的术语"产品"或"服务"仅适用于预期提供给顾客或顾客所要求的产品和服务。

注2:法律法规要求可称作法定要求。

---

① 参见 GB/T 19001—2016,质量管理体系 要求[S].

第二章　基本概念和质量管理原则[①]

　　本标准表述的质量管理的概念和原则,可帮助组织获得应对最近数十年深刻变化的环境所提出的挑战的能力。当前,组织工作所处的环境表现出如下特性:变化加快、市场全球化以及知识作为主要资源出现。质量的影响已经超出了顾客满意的范畴,它也可直接影响到组织的声誉。

第一节　基本概念

一、质量

　　一个关注质量的组织倡导一种文化,其结果导致其行为、态度、活动和过程,它们通过满足顾客和其他有关的相关方的需求和期望创造价值。

　　组织的产品和服务质量取决于满足顾客的能力以及对有关的相关方预期或非预期的影响。

　　产品和服务的质量不仅包括其预期的功能和性能,涉及顾客对其价值和利益的感知。

二、质量管理体系

　　质量管理体系包括组织识别其目标以及确定实现预期结果所需过程和资源的活动。

　　质量管理体系管理为有关的相关方提供价值并实现结果所需的相互作用的过程和资源。

　　质量管理体系能够使最高管理者通过考虑其决策的长期和短期后果而充分利用资源。

　　质量管理体系给出了识别在提供产品和服务方面处理预期和非预期后果所采取措施的方法。

---

　　① 参见 GB/T 19001—2016,质量管理体系　要求[S].

三、组织环境

理解组织环境是一个过程,此过程决定影响组织的宗旨、目标和可持续性的各种因素。它既考虑组织诸如价值观、文化、知识和绩效等内部因素,还考虑诸如法律、技术、竞争、市场、文化、社会和经济环境等外部因素。

组织的宗旨表达方式的示例包括组织的愿景、使命、方针和目标。

四、相关方

相关方的概念超越了仅关注顾客的范围,考虑所有有关的相关方是重要的。识别相关方是理解组织环境的过程的组成部分。有关的相关方是指若其需求和期望未能满足,将对组织持续性产生重大风险的各方。为降低风险,组织需明确向有关的相关方提供何种必要的结果。

组织的成功有赖于获取、赢得和保持有关的相关方的支持。

五、支持

（一）总则

最高管理者对质量管理体系的支持和全员参与,能够:提供充分的人力和其他资源;监视过程和结果;确定和评价风险和机遇;实施适当的措施。

对资源的获取、调配、维护、改善和处置,认真负责,可支持组织实现其目标。

（二）人员

人员是组织内必不可少的重要资源。组织的绩效取决于体系内工作人员如何表现。

通过对质量方针和组织的预期结果的共同理解,可使组织内人员积极参与并保持协调一致。

（三）能力

当所有员工了解并应用自身发挥作用和履行职责所需的技能、培训、教育和经验时,质量管理体系是最有效的。为人员提供开发这些必要能力的机会是最高管理者的职责。

（四）意识

当人员了解自身的职责以及他们的行为如何为实现目标做出贡献才会获得意识。

（五）沟通

有计划和有效的内部(如整个组织内)和外部(如与有关的相关方)沟通,可提高人员的积极参与程度并增进理解:组织的环境;顾客和其他有关的相关方的需求和期望;质量管理体系。

第二节　质量管理原则

一、以顾客为关注焦点

（一）概述

质量管理的主要关注点是满足顾客要求并且努力超越顾客期望。

（二）理论依据

组织只有赢得和保持顾客和其他有关的相关方的信任才能获得持续成功。与顾客互动的每个方面都提供了为顾客创造更多价值的机会。理解顾客和其他相关方当前和未来的需求有助于组织的持续成功。

（三）主要益处

可能的获益是:
(1) 增加顾客价值;
(2) 增强顾客满意;
(3) 增进顾客忠诚;
(4) 增加重复性业务;
(5) 提高组织声誉;
(6) 扩展顾客群;
(7) 增加收入和市场份额。

（四）可开展的活动

(1) 辨识从组织获得价值的直接和间接的顾客;
(2) 理解顾客当前和未来的需求和期望;
(3) 将组织的目标与顾客的需求和期望联系起来;
(4) 在整个组织内沟通顾客的需求和期望;
(5) 对产品和服务进行策划、设计、开发、生产、交付和支持,以满足顾客的需求和期望;
(6) 测量和监视顾客满意并采取适当的措施;

（7）针对有可能影响到顾客满意的有关的相关方的需求和适当的期望，确定并采取措施；积极管理与顾客的关系，以实现持续成功。

二、领导作用

（一）概述

各级领导建立统一的宗旨和方向，并且创造全员积极参与的环境，以实现组织的质量目标。

（二）理论依据

统一的宗旨和方向的建立以及全员的积极参与，能够使组织将战略、方针、过程和资源保持一致，以实现其目标。

（三）主要益处

可能的获益是：

（1）提高实现组织质量目标的有效性和效率；

（2）组织的过程更加协调；

（3）改善组织各层级和职能间的沟通；

（4）开发和提高组织及其人员的能力，以获得期望的结果。

（四）可开展的活动

（1）在整个组织内，就其使命、愿景、战略、方针和过程进行沟通；

（2）在组织的所有层级创建并保持共同的价值观、公平以及道德的行为模式；

（3）创建诚信和正直的文化；

（4）鼓励全组织对质量的承诺；

（5）确保各级领导者成为组织人员中的楷模；

（6）为人员提供履行职责所需的资源、培训和权限；

（7）激发、鼓励和认可人员的贡献。

三、全员参与

（一）概述

在整个组织内各级人员的胜任、被授权和积极参与是提高组织创造和提供价值能力的必要条件。

（二）理论依据

为了有效和高效地管理组织，尊重并使各级人员参与是重要的。认可、授权和能力提升会促进人员积极参与实现组织的质量目标。

（三）主要益处

可能的获益是：

（1）增进组织内人员对质量目标的理解并提高实现目标的积极性；

（2）提高人员改进活动参与度；

（3）促进个人发展、主动性和创造力；

（4）提高人员的满意度；

（5）增强整个组织内的相互信任和协作；

（6）促进整个组织对共同价值观和文化的关注。

（四）可开展的活动

（1）与员工沟通，以提升他们对个人贡献的重要性的理解；

（2）推动整个组织内部的协作；

（3）促进公开讨论，分享知识和经验；

（4）授权人员确定绩效制约因素并大胆地采取积极主动措施；

（5）认可和奖赏员工的贡献、学识和改进；

（6）能够对照个人目标进行绩效的自我评价；

（7）进行调查以评估人员的满意度，沟通结果并采取适当的措施。

四、过程方法

（一）概述

只有将活动作为相互关联的连贯系统进行运行的过程来理解和管理时，才能更加有效和高效地得到一致的、可预知的结果。

（二）理论依据

质量管理体系是由相互关联的过程所组成。理解体系是如何产生结果的，能够使组织优化其体系和绩效。

（三）主要益处

可能的获益是：

（1）提高关注关键过程和改进机会的能力；

（2）通过协调一致的过程体系，得到一致的、可预知的结果；

（3）通过过程的有效管理、资源的高效利用及跨职能壁垒的减少，获得最佳绩效；

（4）使组织能够向相关方提供关于其稳定性、有效性和效率方面的信任。

（四）可开展的活动

（1）规定体系的目标和实现这些目标所需的过程；

（2）确定管理过程的职责、权限和义务；

（3）了解组织的能力，并在行动前确定资源约束条件；

（4）确定过程相互依赖的关系，并分析每个过程的变更对整个体系的影响；

（5）将过程及其相互关系作为体系进行管理，以有效和高效地实现组织的质量目标；

（6）确保获得运行和改进过程以及监视、分析和评价整个体系绩效所需的信息；

（7）管理能影响过程输出和质量管理体系整个结果的风险。

五、改进

（一）概述

成功的组织持续关注改进。

（二）理论依据

改进对于组织保持当前的绩效水平，对其内、外部条件的变化做出反应并创造新的机会都是极其重要的。

（三）主要益处

可能的获益是：

（1）改进过程绩效、组织能力和顾客满意；

（2）增强对调查和确定根本原因及后续的预防和纠正措施的关注；

（3）提高对内外部的风险和机遇的预测和反应的能力；

（4）增加对渐进性和突破性改进的考虑；

（5）加强利用学习实现改进；

（6）增强创新的驱动力。

（四）可开展的活动

（1）促进在组织的所有层级建立改进目标；

（2）对各层级员工在如何应用基本工具和方法方面进行培训，以实现改进目标；

（3）确保员工有能力成功地筹划和完成改进项目；

(4) 开发和展开过程,以在整个组织内实施改进项目;

(5) 跟踪、评审和审核改进项目的计划、实施、完成和结果;

(6) 将改进考虑因素融入新的或变更的产品、服务和过程开发之中;

(7) 认可和奖赏改进。

六、循证决策

(一) 概述

基于数据和信息的分析和评价的决定,更有可能产生期望的结果。

(二) 理论依据

决策是一个复杂的过程,并且总是包含一些不确定性。它经常涉及多种类型和来源的输入及其解释,而这些解释可能是主观的。重要的是理解因果关系和可能的非预期后果。对事实、证据和数据的分析可导致决策更加客观和可信。

(三) 主要益处

可能的获益是:

(1) 改进决策过程;

(2) 改进对过程绩效和实现目标的能力的评估;

(3) 改进运行的有效性和效率;

(4) 提高评审、挑战以及改变意见和决定的能力;

(5) 提高证实以往决定有效性的能力。

(四) 可开展的活动

(1) 确定、测量和监视证实组织绩效的关键指标;

(2) 使相关人员获得所需的所有数据;

(3) 确保数据和信息足够准确、可靠和安全;

(4) 使用适宜的方法分析和评价数据和信息;

(5) 确保人员有能力分析和评价所需的数据;

(6) 依据证据,权衡经验和直觉进行决策并采取措施。

七、关系管理

(一) 概述

为了持续成功,组织管理其与有关的相关方(如供方)的关系。

（二）理论依据

有关的相关方影响组织的绩效。当组织管理其与所有相关方的关系以使相关方对组织的绩效影响最佳时，才更有可能实现持续成功。对供方及合作伙伴的关系网的管理是尤为重要的。

（三）主要益处

可能的获益是：

（1）通过对每一个与相关方有关的机会和制约因素的响应，提高组织及其相关方的绩效；

（2）在相关方中对目标和价值观有共同的理解；

（3）通过共享资源和能力以及管理与质量有关的风险，提高为相关方创造价值的能力；

（4）具有管理良好、可稳定提供产品和服务流的供应链。

（四）可开展的活动

（1）确定有关的相关方（如供方、合作伙伴、顾客、投资者、雇员或整个社会）及其与组织的关系；

（2）确定并对优先考虑需要管理的相关方的关系；

（3）建立权衡短期利益和考虑长远因素的关系；

（4）收集并与有关的相关方共享信息、专业知识和资源；

（5）适当时，测量绩效并向相关方提供绩效反馈，以增强改进的主动性；

（6）与供方、合作伙伴及其他相关方确定合作开发和改进活动；

（7）鼓励和认可供方与合作伙伴的改进和成绩。

第三节 使用基本概念和原则建立质量管理体系

一、质量管理体系模式

（一）总则

组织拥有许多与人一样的特征，是具有生命和学习能力的社会有机体。两者都具有适应能力并由相互作用的系统、过程和活动组成。为了适应变化的环境，均需要具备应变能力。组织经常创新以实现突破性改进。组织的质量管理体系模式认识到并非所有的体系、过程和活动都可以被预先确定，因此，在复杂的组织环境下，组织需要具有灵活性和适应能力。

（二）体系

组织寻求理解内部和外部环境，以识别有关的相关方的需求和期望。这些信息被用于质量管理体系的建立，以实现组织的可持续性。一个过程的输出可成为其他过程的输入，并相互连接成整个网络。虽然每个组织及其质量管理体系通常看起来由相似的过程所组成，但它们都是唯一的。

（三）过程

组织具有可被规定、测量和改进的过程。这些过程相互作用从而产生与组织的目标相一致的结果，并跨越职能界限。某些过程可能是关键的，而另外一些则不是。过程具有相互关联的活动和输入，以提供输出。

（四）活动

组织的人员在过程中协调配合，开展他们的日常活动。某些活动可被规定并取决于对组织目标的理解。而另外一些活动则不是，它们通过对外界刺激的反应来确定其性质和实施。

二、质量管理体系的建立

质量管理体系是通过周期性改进，随着时间的推移而逐步发展的动态系统。无论其是否经过正式策划，每个组织都有质量管理活动。本标准为如何建立正式的体系提供了指南，以管理这些活动。有必要确定组织中现有的活动和这些活动对组织环境的适宜性。本标准和 ISO 9001 及 ISO 9004 一起，可用于帮助组织建立一个统一的质量管理体系。

正式的质量管理体系为策划、实施、监视和改进质量管理活动的绩效提供了框架。质量管理体系无须复杂化，而是要准确地反映组织的需求。在建立质量管理体系的过程中，本标准中给出的基本概念和原则可提供有价值的指南。

质量管理体系策划不是一项单独的活动，而是一个持续的过程。这些计划随着组织的学习和环境的变化而逐渐完善。计划要考虑组织的所有质量活动，并确保覆盖本标准的全部指南和 ISO 9001 的要求。该计划应经批准后实施。

组织定期监视和评价质量管理体系计划的实施及其绩效是重要的。周密考虑的指标有助于这些监视和评价活动。

审核是一种评价质量管理体系有效性的方法，目的是识别风险和确定是否满足要求。为了有效地进行审核，需要收集有形和无形的证据。基于对所收集的证据的分析，采取纠正和改进措施。知识的增长可能会带来创新，使质量管理体系绩效达到更高的水平。

三、质量管理体系标准、其他管理体系和卓越模式

ISO/TC 176 起草的质量管理体系标准、其他管理体系标准以及组织卓越模式中表述的质量管理体系方法是基于共同的原则,这些方法均能够帮助组织识别风险和机遇并包含改进指南。在当前的环境中,许多问题,如创新、道德、诚信和声誉均可作为质量管理体系的因素。有关质量管理标准(如 ISO 9001)、环境管理标准(如 ISO 14001)和能源管理标准(如 ISO 50001),以及其他管理标准和组织卓越模式已经涉及了这些问题。

ISO/TC 176 起草的质量管理体系标准为质量管理体系提供了一套综合的要求和指南。ISO 9001 为质量管理体系规定了要求,ISO 9004 在质量管理体系更广泛的目标下,为持续成功和改进绩效提供了指南。质量管理体系的指南包括 ISO 10001、ISO 10002、ISO 10003、ISO 10004、ISO 10008、ISO 10012 和 ISO 19011。质量管理体系技术支持指南包括 ISO 10005、ISO 10006、ISO 10007、ISO 10014、ISO 10015、ISO 10018 和 ISO 10019。支持质量管理体系的技术文件包括 ISO/TR 10013 和 ISO/TR 10017。在用于某些特殊行业的标准中,也提供质量管理体系的要求,如 ISO/TS 16949。

组织的管理体系的不同部分,包括其质量管理体系,可以整合成为一个单一的管理体系。当质量管理体系与其他管理体系整合后,与组织的质量、成长、资金、利润率、环境、职业健康和安全、能源、公共安全以及组织其他方面有关的目标、过程和资源,可以更加有效和高效地实现和应用。组织可以依据多个标准的要求,如 ISO 9001、ISO 14001、ISO/IEC 27001 和 ISO 50001,对其管理体系同时进行整合的审核。

注:ISO 手册《管理体系标准的整合应用》可提供使用的指南。

第三章 术语和定义[①]

社会教育水平的提高以及要求趋于苛刻,使得相关方影响力与日俱增。本标准通过规定用于建立质量管理体系的术语和定义,提供了一种对组织的更加广泛地进行思考的方式。

所有的术语和定义应被看成一个整体,而不是彼此孤立的。没有哪一个术语或定义比另一个更重要。无论何时在应用中找到适当的平衡是至关重要的。

第一节 有关人员的术语

一、最高管理者

最高管理者(Top Management)指在最高层指挥和控制组织的一个人或一组人。

注 1:最高管理者有权在组织内部授权并提供资源。

注 2:若管理体系的范围仅涵盖组织的一部分,则最高管理者是指那些指挥并控制组织该部分的人员。

注 3:这是 ISO/IEC 导则,第 1 部分的 ISO 补充规定的附件 SL 中给出的 ISO 管理体系标准中的通用术语及核心定义之一。

二、质量管理体系咨询师

质量管理体系咨询师(Quality Management System Consultant)指对组织的质量管理体系实现给予帮助、提供建议或信息的人员。

注 1:质量管理体系咨询师也可以在部分质量管理体系的实现方面提供帮助。

注 2:ISO 10019:2005 为识别质量管理体系咨询师是否具备组织所需的能力提供了指南。

---

① 参见 GB/T 19001—2016,质量管理体系 要求[S].

三、参与

参与(Involvement)指参加某个活动、事项或介入某个情境。

四、积极参与

积极参与(Engagement)指参与活动并为之做出贡献,以实现共同的目标。

五、管理机构

管理机构(Configuration authority)指技术状态控制委员会(configuration control board),被赋予技术状态决策职责和权限的一个人或一组人。

注:在管理机构中,应当有组织内、外有关的相关方的代表。

六、争议解决者

争议解决者(Dispute Resolver)指提供方指定的帮助相关各方解决争议的人,如员工、志愿者、合同人员。

第二节 有关组织的术语

一、组织

组织(Organization)指为实现其目标,通过职责、权限和相互关系而拥有其自身职能的一个人或一组人。

注1:组织的概念包括但不限于代理商、公司、集团、商行、企事业单位、政府机构、合营公司、社团、慈善机构或研究机构,或上述组织的部分或组合,无论是否具有法人资格、公有的或私有的。

注2:这是 ISO/IEC 导则,第 1 部分的 ISO 补充规定的附件 SL 中给出的 ISO 管理体系标准中的通用术语及核心定义之一,最初的定义已经通过修改注 1 被修订。

二、组织环境

组织环境(Context of the Organization)指对组织建立和实现其目标的方法有影响的内部和外部因素的组合。

注1:组织的目标可能涉及其产品和服务、投资和对其相关方的行为。

注2:组织环境的概念,除了适用于营利性组织,同样能适用于非营利或公共服务组织。

注3:在英语中,这一概念常被其他术语所表述,如"business environment(业务环境)""organizational environment(组织的环境)"或"ecosystem of an organization(组织的生态系统)"。

注4:了解基础设施有助于明确组织的环境。

三、相关方

相关方(Interested Party/stakeholder)指能够影响决策或活动、受决策或活动影响,或感觉自身受到决策或活动影响的个人或组织,如顾客、所有者、组织内的人员、供方、银行、监管者、工会、合作伙伴以及可包括竞争对手或反压力集团的社会群体。

注:这是 ISO/IEC 导则,第1部分的 ISO 补充规定的附件 SL 中给出的 ISO 管理体系标准中的通用术语及核心定义之一,最初的定义已经通过增加示例被修订。

四、顾客

顾客(Customer)指将会或实际接受为其提供的、或应其要求提供的产品或服务的个人或组织,如消费者、委托人、最终使用者、零售商、内部过程的产品或服务的接收者、受益者和采购方。

注:顾客可以是组织内部的或外部的。

五、供方

供方(Provider/Supplier)指提供产品或服务的组织,如产品或服务的制造商、批发商、零售商或商贩。

注1:供方可以是组织内部的或外部的。

注2:在合同情况下,供方有时称为"承包方"。

六、外部供方

外部供方(External Provider/Supplier)指非组织组成部分的供方,如产品或服务的制造商、批发商、零售商或商贩。

七、争议解决过程提供方

争议解决过程提供方(Dispute Resolution Process Provider,DRP-provider)指组织外部提供和实施争议解决过程的个人或组织。

注1:通常,争议解决过程提供方是一个法律实体,独立于组织和投诉者,因此具有独立性和公正性。在某些情况下,组织内部会设立一个处理未解决投诉的独立部门。

注2:争议解决过程提供方与各方约定提供争议解决,并对执行情况负责。争议解决过程提供方安排争议解决者。争议解决过程提供方也利用支持人员、行政人员和其他管理人员提供资金、文秘、日程安排、培训、会议室、监管和类似职能。

注3:争议解决过程提供方可以是多种类型,包括非营利、营利和公共事业实体。协会也可作为争议解决过程提供方。

注4:在 ISO 10003:2007 中,使用术语"provider(提供方)"代替"DRP-provider(争议解决过程提供方)"。

八、协会

协会(Association)指由成员组织或个人组成的组织。

九、计量职能

计量职能(Metro Logical Function)指负责确定并实施测量管理体系的行政和技术职能。

第三节　有关活动的术语

一、改进

改进(Improvement)指提高绩效的活动。
注:活动可以是循环的或一次性的。

二、持续改进

持续改进(Continual Improvement)指提高绩效的循环活动。
注1:制定改进目标和寻求改进机会是一个持续的过程,该过程使用审核发现和审核结论、数据分析、管理评审或其他方法,其结果通常导致纠正措施或预防措施。

注2:这是ISO/IEC导则,第1部分的ISO补充规定的附件SL中给出的ISO管理体系标准中的通用术语及核心定义之一,最初的定义已经通过增加注1被修订。

三、管理

管理(Management)指指挥和控制组织的协调的活动。

注1:管理可包括制定方针和目标以及实现这些目标的过程。

注2:术语"management"有时指人,即具有领导和控制组织的职责和权限的一个人或一组人。当"management"以这样的意义使用时,均应附有某些修饰词以避免与上述"management"的定义所确定的概念相混淆。例如,不赞成使用"management shall…,"而应使用"top management shall…"。另外,当需要表达有关人的概念时,应该采用不同的术语,如管理人员或经理。

四、质量管理

质量管理(Quality Management)指关于质量的管理。

注:质量管理可包括制定质量方针和质量目标,以及通过质量策划、质量保证、质量控制和质量改进实现这些质量目标的过程。

五、质量策划

质量策划(Quality Planning)指质量管理的一部分,致力于制定质量目标并规定必要的运行过程和相关资源以实现质量目标。

注:编制质量计划可以是质量策划的一部分。

六、质量保证

质量保证(Quality Assurance)指质量管理的一部分,致力于提供质量要求会得到满足的信任。

七、质量控制

质量控制(Quality Control)指质量管理的一部分,致力于满足质量要求。

八、质量改进

质量改进(Quality Improvement)指质量管理的一部分,致力于增强满足质量要求的能力。

注:质量要求可以是有关任何方面的,如有效性、效率或可追溯性。

九、技术状态管理

技术状态管理(Configuration Management)指指挥和控制技术状态的协调活动。

注:技术状态管理通常集中在整个产品寿命周期内建立和保持某个产品或服务及其产品技术状态信息的控制的技术的和组织的活动方面。

十、更改控制

更改控制(Change Control)指在产品技术状态信息正式被批准后,对输出控制的活动。

(1) 活动(Activity):在项目工作中识别出的最小的工作项。

(2) 项目管理(Project Management):对项目各方面的策划、组织、监视、控制和报告,并激励所有参与者实现项目目标。

(3) 技术状态项(Configuration Object):满足最终使用功能的某个技术状态内的客体。

第四节 有关过程的术语

一、过程

过程(Process)指利用输入产生预期结果的相互关联或相互作用的一组活动。

注1:过程的"预期结果"是称为输出还是称为产品或服务,需随相关语境而定。

注2:一个过程的输入通常是其他过程的输出,而一个过程的输出又通常是其他过程的输入。

注3:两个或两个以上相互关联和相互作用的连续过程也可作为一个过程。

注4:组织为了增值通常对过程进行策划并使其在受控条件下运行。

注5:对形成的输出是否合格不易或不能经济地进行确认的过程,通常称之为"特殊过程"。

注6:这是ISO/IEC导则,第1部分的ISO补充规定的附件SL中给出的ISO管理体系标准中的通用术语及核心定义之一,最初的定义已经被修订,以避免过程和输出之间循环解释,并增加了注1至注5。

二、项目

项目(Project)指由一组有起止日期的、相互协调的受控活动组成的独特过程,该过程要达到符合包括时间、成本和资源的约束条件在内的规定要求的目标。

注1:单个项目可作为一个较大项目结构中的组成部分,且通常规定开始和结束日期。

注2:在一些项目中,随着项目的进展,目标和范围被更新,产品或服务特性逐步确定。

注3:项目的输出可以是一个或几个产品或服务单元。

注4:项目组织通常是临时的,是根据项目的生命期而建立的。

注5:项目活动之间相互作用的复杂性与项目规模没有必然的联系。

三、质量管理体系实现

质量管理体系实现(Quality Management System Realization)指质量管理体系的建立、形成文件、实施、保持和持续改进的过程。

四、能力获得

能力获得(Competence Acquisition)指获得能力的过程。

五、程序

程序(Procedure)指为进行某项活动或过程所规定的途径。

注1:程序可以形成文件,也可以不形成文件。

六、外包

外包(Outsource)指安排外部组织执行组织的部分职能或过程。

注1:尽管外包的职能或过程在管理体系范围之内,但是外部组织不在管理体系覆盖范围内。

注2:这是ISO/IEC导则,第1部分的ISO补充规定的附件SL中给出的ISO管理体系标准中的通用术语及核心定义之一。

七、合同

合同(Contract)指有约束力的协议。

八、设计和开发

设计和开发(Design and Development)指将对客体的要求转换为对其更详细的要求的一组过程。

注1:构成设计和开发输入的要求通常是研究的结果,它与形成设计和开发输出要求相比较,可以更概括性地表达为更普通的含意。这些要求通常从特性方面来规定。在一个项目中,可以有多个设计和开发阶段。

注2:在英语中,单词"design(设计)"和"development(开发)"与术语"design and development(设计和开发)"有时是同义的,有时用于规定整个设计和开发的不同阶段。在法语中,单词"conception(设计)"和"développement(开发)"与术语"conceptionet développement(设计和开发)"有时是同义的,有时用于规定整个设计和开发的不同阶段。

注3:设计和开发的性质可使用限定词表示(如产品设计和开发、服务设计和开发或过程设计和开发)(如产品设计和开发或过程设计和开发)。

第五节　有关体系的术语

一、体系(系统)

体系(系统)(System)指相互关联或相互作用的一组要素。

二、基础设施

基础设施(Infrastructure)指组织运行所必需的设施、设备和服务的体系。

三、管理体系

管理体系(Management System)指组织建立方针和目标以及实现这些目标的过程的相互关联或相互作用的一组要素。

注1:一个管理体系可以针对单一的领域或几个领域,如质量管理、财务管理或环境管理。

注2:管理体系要素确定了组织的结构、岗位和职责、策划、运行、方针、惯例、规则、理念、目标以及实现这些目标的过程。

注3:管理体系的范围可能包括整个组织,组织中特定的和已识别的职能,组织中特定的和已识别的部门,或者组织中一个或多个跨团队的职能。

注 4：这是 ISO/IEC 导则，第 1 部分的 ISO 补充规定的附件 SL 中给出的 ISO 管理体系标准中的通用术语及核心定义之一，最初的定义已经通过修订注 1 至注 3 被修订。

四、质量管理体系

质量管理体系（Quality Management System）指管理体系中关于质量的部分。

五、工作环境

工作环境（Work Environment）指开展工作时所处的一组条件。

注：条件包括物理的、社会的、心理的和环境的因素（如温度、光照、认可计划、职业压力、人因工效和大气成分）。

六、计量确认

计量确认（Metro Logical Confirmation）指为确保测量设备符合预期使用要求所需要的一组操作。

注 1：计量确认通常包括校准或验证、各种必要的调整或维修及随后的再校准、与设备预期使用的计量要求相比较以及所要求的封印和标签。

注 2：只有测量设备已被证实适合于预期使用并形成文件，计量确认才算完成。

注 3：预期使用要求包括测量范围、分辨力、最大允许误差等。

注 4：计量要求通常与产品要求不同，并且不在产品要求中规定。

七、测量管理体系

测量管理体系（Measurement Management System）指为完成计量确认并控制测量过程所必需的一组相互关联或相互作用的要素。

八、方针

方针（Policy）指由最高管理者正式发布的组织的宗旨和方向。

注：这是 ISO/IEC 导则，第 1 部分的 ISO 补充规定的附件 SL 中给出的 ISO 管理体系标准中的通用术语及核心定义之一。

九、质量方针

质量方针（Quality Policy）指关于质量的方针。

注1:通常质量方针与组织的总方针相一致,可以与组织的愿景和使命相一致,并为制定质量目标提供框架。

注2:本标准中提出的质量管理原则可以作为制定质量方针的基础。

十、愿景

愿景(Vision)指由最高管理者发布的组织想成为什么的志愿和前景。

十一、使命

使命(Mission)指由最高管理者发布的组织存在的目的。

十二、战略

战略(Strategy)指实现长期或总目标的计划。

第六节　客体(object/entity/item)有关要求的术语

一、可感知或可想象到的任何事物

示例:产品、服务、过程、人员、组织、体系、资源。

注:客体可能是物质的(如一台发动机、一张纸、一颗钻石),非物质的(如转换率、一个项目计划)或想象的(如组织未来的状态)。

二、质量

质量(Quality)指客体的一组固有特性满足要求的程度。

注1:术语"质量"可使用形容词来修饰,如差、好或优秀。

注2:"固有的"(其反义是"赋予的")意味着存在于客体内。

三、等级

等级(Grade)指对功能用途相同的客体所做的不同要求的分类或分级。

示例:飞机的舱级和宾馆的等级分类。

注:在确定质量要求时,等级通常是规定的。

四、要求

要求(Requirement)指明示的、通常隐含的或必须履行的需求或期望。

注 1:"通常隐含"是指组织和相关方的惯例或一般做法,所考虑的需求或期望是不言而喻的。

注 2:规定要求是经明示的要求,如在形成文件的信息中阐明。

注 3:特定要求可使用限定词表示,如产品要求、质量管理要求、顾客要求、质量要求。

注 4:要求可由不同的相关方或组织自己提出。

注 5:为实现较高的顾客满意,可能有必要满足那些顾客既没有明示也不是通常隐含或必须履行的期望。

注 6:这是 ISO/IEC 导则,第 1 部分的 ISO 补充规定的附件 SL 中给出的 ISO 管理体系标准中的通用术语及核心定义之一,最初的定义已经通过增加注 3 至注 5 被修订。

五、质量要求

质量要求(Quality Requirement)指关于质量的要求。

六、法律要求

法律要求(Statutory Requirement)指立法机构规定的强制性要求。

七、法规要求

法规要求(Regulatory Requirement)指立法机构授权的部门规定的强制性要求。

八、产品技术状态信息

产品技术状态信息(Production Figuration Information)指对产品设计、实现、验证、运行和支持的要求或其他信息。

九、不合格(不符合)

不合格(不符合)(Nonconformity)指未满足要求。

注:这是 ISO/IEC 导则,第 1 部分的 ISO 补充规定的附件 SL 中给出的 ISO 管理体系标准中的通用术语及核心定义之一。

十、缺陷

缺陷(Defect)指与预期或规定用途有关的不合格。

注 1:区分缺陷与不合格的概念是重要的,这是因为其中有法律内涵,特别是在与产品和服务责任问题有关的方面。

注 2:顾客希望的预期用途可能受供方所提供的信息的性质影响,如操作或维护说明。

十一、合格(符合)

合格(符合)(Conformity)指满足要求。

注 1:与英文术语"conformance"是同义的,但不赞成使用。与法文术语"compliance"是同义的,但不赞成使用。

注 2:这是 ISO/IEC 导则,第 1 部分的 ISO 补充规定的附件 SL 中给出的 ISO 管理体系标准中的通用术语及核心定义之一,最初的定义已经通过增加注 1 被修订。

十二、能力

能力(Capability)指客体实现输出使其满足输出要求的本领。

注:ISO 3534 - 2 中规定了统计领域中过程能力术语。

十三、可追溯性

可追溯性(Trace Ability)指追溯客体的历史、应用情况或所处位置的能力。

注 1:当考虑产品或服务时,可追溯性可涉及:原材料和零部件的来源;加工的历史;产品或服务交付后的分布和所处位置。

注 2:在计量学领域中,采用 ISO/IEC 导则 99 中的定义。

十四、可信性

可信性(Dependability)指在需要时完成规定功能的能力。

十五、创新

创新(Innovation)指实现或重新分配价值的、新的或变化的客体。

注 1:以创新为结果的活动通常需要管理。

注 2:创新在其结果方面通常非常重要。

第七节　有关结果的术语

一、目标

目标(Objective)指要实现的结果。

注1:目标可能是战略性的、战术性的或运行层面的。

注2:目标可能涉及不同的领域(如财务、健康与安全以及环境的目标),并可应用于不同层次(如战略、组织整体、项目、产品和过程)。

注3:可以采用其他的方式表述目标,如采用预期的结果、活动的目的或操作规程作为质量目标,或使用其他意思相近的词语(如目的、终点或指标)。

注4:在质量管理体系中,组织制定的质量目标,与质量方针保持一致,以实现特定的结果。

注5:这是ISO/IEC导则,第1部分的ISO补充规定的附件SL中给出的ISO管理体系标准中的通用术语及核心定义之一。原定义已通过修订注2被修订。

二、质量目标

质量目标(Quality Objective)指与质量有关的目标。

注1:质量目标通常依据组织的质量方针制定。

注2:通常,在组织内的相关职能、层级和过程分别规定质量目标。

三、成功

成功(Success)指目标的实现。

注:组织的成功强调其经济或财务利益的需求与其顾客、用户、投资者/受益者(所有者)、组织内的人员、供方、合作伙伴、利益团体和社区等相关方的需求之间的平衡。

四、持续成功

持续成功(Sustained Success)指在一段时期内自始至终的成功。

注1:持续成功强调组织的经济—财务利益需求与社会和生态环境的利益需求之间的平衡。

注2:持续成功与组织的顾客、所有者、组织内的人员、供方、银行、协会、合作伙伴或社会等相关方有关。

五、输出

输出（Output）指过程的结果。

注：组织的输出是产品还是服务，取决于其主体特性。例如，画廊销售的一幅画是产品，而接受委托绘画则是服务。在零售店购买的汉堡是产品，而在饭店里接受订餐并提供汉堡则是服务的一部分。

六、产品

产品（Product）指在组织和顾客之间未发生任何交易的情况下，组织产生的输出。

注1：在供方和顾客之间未发生任何必要交易的情况下，可以实现产品的生产。但是，当产品交付给顾客时，通常包含服务因素。

注2：产品最主要的部分通常是有形的。

注3：硬件是有形的，其量具有计数的特性（如轮胎）。流程性材料是有形的，其量具有连续的特性（如燃料和软饮料）。硬件和流程性材料经常被称为货物。软件由信息组成，无论采用何种介质传递（如计算机程序、移动电话应用程序、操作手册、字典内容、音乐作品版权、驾驶执照）。

七、服务

服务（Service）指在组织和顾客之间需要完成至少一项活动的组织的输出。

注1：服务的主要特征通常是无形的。

注2：服务通常包含为确定顾客的要求与顾客在接触面的活动以及服务的提供，可能还包括建立持续的关系，如银行、会计师事务所或公共组织（如学校或医院）。

注3：服务的提供可能涉及，例如：

（1）在顾客提供的有形产品（如需要维修的汽车）上所完成的活动；

（2）在顾客提供的无形产品（如为准备纳税申报单所需的损益表）上所完成的活动；

（3）无形产品的交付（如知识传授方面的信息提供）；

（4）为顾客创造氛围（如在宾馆和饭店）。

注4：服务通常由顾客体验。

八、绩效

绩效（Performance）指可测量的结果。

注1：绩效可能与定量的或定性的结果有关。

注2:绩效可能与活动、过程、产品、服务、体系或组织的管理有关。

注3:这是 ISO/IEC 导则,第1部分的 ISO 补充规定的附件 SL 中给出的 ISO 管理体系标准中的通用术语及核心定义之一,最初的定义已经通过修订注2被修订。

九、风险

风险(Risk)指不确定性的影响。

注1:影响是指偏离预期,可以是正面的或负面的。

注2:不确定性是指对事件及其后果或可能性的信息缺失或了解片面的状态。

注3:通常用潜在事件(ISO 导则 73:2009 中的定义)和后果(ISO 导则 73:2009 中的定义),或者两者的组合来表现风险的特性。

注4:通常用事件后果(包括情形的变化)和相应事件发生可能性(ISO 导则 73:2009 中的定义)的组合来表示风险。

注5:"风险"一词有时仅在有负面结果的可能性时使用。

注6:这是 ISO/IEC 导则,第1部分的 ISO 补充规定的附件 SL 中给出的 ISO 管理体系标准中的通用术语及核心定义之一,最初的定义已经通过增加注5被修订。

十、效率

效率(Efficiency)指取得的结果与所使用的资源之间的关系。

十一、有效性

有效性(Effectiveness)指实现策划的活动并取得策划的结果的程度。

注:这是 ISO/IEC 导则,第1部分的 ISO 补充规定的附件 SL 中给出的 ISO 管理体系标准中的通用术语及核心定义之一。最初的定义已经通过在"achieved"之前加"are"被修订。

第八节　有关数据、信息和文件的术语

一、数据

数据(Data)指关于客体的事实。

二、信息

信息(Information)指有意义的数据。

三、客观证据

客观证据(Objective Evidence)指支持某事物存在或真实性的数据。

注1:客观证据可通过观察、测量、试验或其他手段获得。

注2:用于审核目的的客观证据,通常,由与审核准则相关的记录、事实陈述或其他信息所组成并可验证。

四、信息系统

信息系统(Information System)指组织内部使用的通信渠道网络。

五、文件、

文件(Document)指信息及其载体。

示例:记录、规范、程序文件、图样、报告、标准。

注1:载体可以是纸张,磁性的、电子的、光学的计算机盘片,照片或标准样品,或它们的组合。

注2:一组文件,如若干个规范和记录,英文中通常被称为"documentation"。

注3:某些要求(如易读的要求)与所有类型的文件有关,然而对规范(如修订受控的要求)和记录(如可检索的要求)可以有不同的要求。

六、形成文件的信息

形成文件的信息(Documented Information)指组织需要控制并保持的信息及其载体。

注1:形成文件的信息可以任何格式和载体存在,并可来自任何来源。

注2:形成文件的信息可涉及:

(1) 管理体系,包括相关过程;

(2) 为组织运行而创建的信息(一组文件);

(3) 实现结果的证据。

注3:这是 ISO/IEC 导则,第1部分的 ISO 补充规定的附件 SL 中给出的 ISO 管理体系标准中的通用术语及核心定义之一。

七、规范

规范(Specification)指阐明要求的文件。

示例:质量手册、质量计划、技术图纸、程序文件、作业指导书。

注1:规范可能与活动有关(如程序文件、过程规范和试验规范)或与产品有关(如产品规范、性能规范和图样)。

注2:规范通过陈述要求,也可以陈述设计和开发实现的结果。因此,在某些情况下,规范也可以作为记录使用。

八、质量手册

质量手册(Quality Manual)指组织的质量管理体系的规范。

注:为了适应组织的规模和复杂程度,质量手册在其详略程度和编排格式方面可以不同。

九、质量计划

质量计划(Quality Plan)指对特定的客体,规定由谁及何时应用程序和相关资源的规范。

注1:这些程序通常包括所涉及的那些质量管理过程以及产品和服务实现过程。

注2:通常,质量计划引用质量手册的部分内容或程序文件。

注3:质量计划通常是质量策划的结果之一。

十、记录

记录(Record)指阐明所取得的结果或提供所完成活动的证据的文件。

注1:记录可用于正规化、可追溯性活动,并为验证、预防措施和纠正措施提供证据。

注2:通常记录不需要控制版本。

十一、项目管理计划

项目管理计划(Project Management Plan)指规定满足项目目标所必需的事项的文件。

注1:项目管理计划应当包括或引用项目质量计划。

注2:适当时,项目管理计划还包括或引用其他计划,如与组织结构、资源、进度、预算、风险管理、环境管理、健康安全管理以及与安全管理有关的计划。

十二、验证

验证(Verification)指通过提供客观证据对规定要求已得到满足的认定。

注1：验证所需的客观证据可以是检验结果或其他形式的确定结果，如变换方法进行计算或文件评审。

注2：为验证所进行的活动有时被称为鉴定过程。

注3："已验证"一词用于表明相应的状态。

十三、确认

确认（Validation）指通过提供客观证据对特定的预期用途或应用要求已得到满足的认定。

注1：确认所需的客观证据可以是试验结果或其他形式的确定结果，如变换方法进行计算或文件评审。

注2："已确认"一词用于表明相应的状态。

注3：确认所使用的条件可以是实际的或是模拟的。

十四、技术状态记实

技术状态记实（Configuration Status Accounting）指对产品技术状态信息、建议的更改状况和已批准更改的实施状况所做的正式记录和报告。

十五、特定情况

特定情况（Specific Case）指质量计划的对象。

注1：使用该术语是为了避免在 ISO 10005：2005 中"过程、产品、项目或合同"重复出现。

第九节　有关顾客的术语

一、反馈

反馈（Feedback）指对产品、服务或投诉处理过程的意见、评价和关注的表示。

二、顾客满意

顾客满意（Customer Satisfaction）指顾客对其期望已被满足程度的感受。

注1：在产品或服务交付之前，组织有可能不知道顾客的期望，甚至顾客也在考虑之中。为了实现较高的顾客满意，可能有必要满足那些顾客既没有明示也不是通常隐

含或必须履行的期望。

　　注2:投诉是一种满意程度低的最常见的表达方式,但没有投诉并不一定表明顾客很满意。

　　注3:即使规定的顾客要求符合顾客的愿望并得到满足,也不一定确保顾客很满意。

三、投诉

　　投诉(Complaint)指就其产品、服务或投诉处理过程本身,向组织表达的不满,无论是否明示或隐含的期望得到回复或解决。

四、顾客服务

　　顾客服务(Customer Service)指在产品或服务的整个寿命周期内,组织与顾客之间的互动。

五、顾客满意行为规范

　　顾客满意行为规范(Customer Satisfaction Code of Conduct)指组织为提高顾客满意,就其行为对顾客做出的承诺及相关规定。
　　注1:相关规定可包括目标、条件、限制、联系信息和投诉处理程序。
　　注2:在 ISO 10001:2007 中,术语"规范"用于代替"顾客满意行为规范"。

六、争议

　　争议(Dispute)指提交给争议解决过程提供方的对某一投诉的不同意见。
　　注:一些组织允许顾客首先向争议解决过程提供方表示其不满,这种不满意的表示如果反馈给组织就变为投诉;如果在争议解决过程提供方未进行干预的情况下组织未能解决,这种不满意的表示就变为争议。许多组织都希望顾客在采取外部争议解决之前,首先向组织表达其不满意。

第十节　有关特性的术语

一、特性

　　特性(Characteristic)指可区分的特征。

注 1:特性可以是固有的或赋予的。

注 2:特性可以是定性的或定量的。

注 3:有各种类别的特性,如物理的(如机械的、电的、化学的或生物学的特性);感官的(如嗅觉、触觉、味觉、视觉、听觉);行为的(如礼貌、诚实、正直);时间的(如准时性、可靠性、可用性、连续性);人因工效的(如生理的特性或有关人身安全的特性);功能的(如飞机的最高速度)。

二、质量特性

质量特性(Quality Characteristic)指与要求有关的,客体的固有特性。

注 1:"固有的"指本来就有的,尤其是那种永久的特性。

注 2:赋予客体的特性(如客体的价格)不是它们的质量特性。

三、人为因素

人为因素(Human Factor)指对考虑中的客体有影响的人的特性。

注 1:特性可以是物理的、认知的或社会的。

注 2:人为因素可对管理体系产生重大影响。

四、能力

能力(Competence)指应用知识和技能实现预期结果的本领。

注 1:经证实的能力有时是指资格。

注 2:这是 ISO/IEC 导则,第 1 部分的 ISO 补充规定的附件 SL 中给出的 ISO 管理体系标准中的通用术语及核心定义之一,最初的定义已经通过增加注 1 被修订。

五、计量特性

计量特性(Metro Logical Characteristic)指能影响测量结果的特性。

注 1:测量设备通常有若干个计量特性。

注 2:计量特性可作为校准的对象。

六、技术状态

技术状态(Configuration)指在产品技术状态信息中规定的产品或服务的相互关联的功能特性和物理特性。

七、技术状态基线

技术状态基线(Configuration Base Line)指在某一时间点确立并经批准的产品或服务特性的产品技术状态信息,作为产品或服务整个寿命周期内活动的参考基准。

第十一节　有关确定的术语

一、确定

确定(Determination)指查明一个或多个特性及特性值的活动。

二、评审

评审(Review)指对客体实现所规定目标的适宜性、充分性或有效性的确定。
示例:管理评审、设计和开发评审、顾客要求评审、纠正措施评审和同行评审。
注:评审也可包括确定效率。

三、监视

监视(Monitoring)指确定体系、过程、产品、服务或活动的状态。
注1:确定状态可能需要检查、监督或密切观察。
注2:监视通常是在不同的阶段或不同的时间,对客体状态的确定。
注3:这是ISO/IEC导则,第1部分的ISO补充规定的附件SL中给出的ISO管理体系标准中的通用术语及核心定义之一,最初的定义和注1已经被修订,并增加了注2。

四、测量

测量(Measurement)指确定数值的过程。
注1:根据ISO 3534-2,确定的数值通常是量值。
注2:这是ISO/IEC导则,第1部分的ISO补充规定的附件SL中给出的ISO管理体系标准中的通用术语及核心定义之一,最初的定义已经通过增加注1被修订。

五、测量过程

测量过程(Measurement Process)指确定量值的一组操作。

六、测量设备

测量设备(Measuring Equipment)指实现测量过程所必需的测量仪器、软件、测量标准、标准物质或辅助设备或它们的组合。

七、检验

检验(Inspection)指对符合规定要求的确定。

注1: 若检验结果表明合格,则可被用于验证的目的。

八、试验

试验(Test)指按照要求对特定的预期用途或应用的确定。

注1: 检验的结果可表明合格、不合格或合格的程度。

注2: 若试验结果表明合格,则可用于确认的目的。

九、进展评价

进展评价(Progress Evaluation)指针对实现项目目标所做的进展情况的评定。

注1: 评定应当在整个项目过程中,在项目生命周期的适当点,依据项目过程和产品或服务的准则进行。

注2: 进展评价的结果可能导致对项目管理计划的修订。

第十二节　有关措施的术语

一、预防措施

预防措施(Preventive Action)指为消除潜在不合格或其他潜在不期望情况的原因所采取的措施。

注1: 一个潜在不合格可以有若干个原因。

注2: 采取预防措施是为了防止发生,而采取纠正措施是为了防止再发生。

二、纠正措施

纠正措施(Corrective Action)指为消除不合格的原因并防止再发生所采取的措施。

注1:一个不合格可以有若干个原因。

注2:采取纠正措施是为了防止再发生,而采取预防措施是为了防止发生。

注3:这是 ISO/IEC 导则,第 1 部分的 ISO 补充规定的附件 SL 中给出的 ISO 管理体系标准中的通用术语及核心定义之一,最初的定义已经通过增加注 1 和注 2 被修订。

三、纠正

纠正(Correction)指为消除已发现的不合格所采取的措施。

注1:纠正可与纠正措施一起实施,或在其之前或之后实施。

注2:返工或降级可作为纠正的示例。

四、降级

降级(Regrade)指为使不合格产品或服务符合不同于原有的要求而对其等级的变更。

五、让步

让步(Concession)指对使用或放行不符合规定要求的产品或服务的许可。

注:让步通常仅限于在限定的产品和服务数量或期限内并针对特定的用途,对含有不合格特性的产品和服务的交付。

六、偏离许可

偏离许可(Deviation Permit)指产品或服务实现前,对偏离原规定要求的许可。

注:偏离许可通常是在限定的产品和服务数量或期限内并针对特定的用途。

七、放行

放行(Release)指对进入一个过程的下一阶段或下一过程的许可。

注:在英语中,就软件和文件而论,术语"release"通常是指软件或文件本身的版本。

八、返工

返工(Rework)指为使不合格产品或服务符合要求而对其采取的措施。

注:返工可影响或改变不合格的产品或服务的某些部分。

九、返修

返修(Repair)指为使不合格产品或服务满足预期用途而对其采取的措施。

注1:不合格的产品或服务的成功返修未必能使产品符合要求。返修可能需要连同让步。

注2:返修包括对以前是合格的产品或服务,为重新使用所采取的修复措施,如作为维修的一部分。

注3:返修可影响或改变不合格的产品或服务的某些部分。

十、报废

报废(Scrap)指为避免不合格产品或服务原有的预期使用而对其所采取的措施。

示例:回收、销毁。

注:对不合格服务的情况,通过终止服务来避免其使用。

第十三节 有关审核的术语

一、审核

审核(Audit)指为获得客观证据并对其进行客观的评价,以确定满足审核准则的程度所进行的系统的、独立的并形成文件的过程。

注1:审核的基本要素包括由对被审核客体不承担责任的人员,按照程序对客体是否合格的确定。

注2:审核可以是内部(第一方)审核,或外部(第二方或第三方)审核,也可以是结合审核或联合审核。

注3:内部审核,有时称为第一方审核,由组织自己或以组织的名义进行,用于管理评审和其他内部目的,可作为组织自我合格声明的基础。可以由与正在被审核的活动无责任关系的人员进行,以证实独立性。

注4:通常,外部审核包括第二方和第三方审核。第二方审核由组织的相关方(如顾客)或由其他人员以相关方的名义进行。第三方审核由外部独立的审核组织进行,如提供合格认证/注册的组织或政府机构。

注5:这是 ISO/IEC 导则,第1部分的 ISO 补充规定的附件 SL 中给出的 ISO 管理体系标准中的通用术语及核心定义之一,最初的定义和注释已经被修订,以消除术语"审核准则"与"审核证据"之间循环定义的影响,并增加了注3和注4。

二、结合审核

结合审核(Combined Audit)指在一个受审核方,对两个或两个以上管理体系同时进行的审核。

注:被包含在结合审核中的管理体系的一部分,可通过组织所应用的相关管理体系标准、产品标准、服务标准或过程标准来加以识别。

三、联合审核

联合审核(Joint Audit)指在一个受审核方,由两个或两个以上审核组织所进行的审核。

四、审核方案

审核方案(Audit Programme)指针对特定时间段所策划并具有特定目标的一组(一次或多次)审核。

五、审核范围(Audit Scope)指

审核范围(Audit Scope)指审核的内容和界限。

注:审核范围通常包括对实际位置、组织单元、活动和过程的描述。

六、审核计划

审核计划(Audit Plan)指对审核活动和安排的描述。

七、审核准则

审核准则(Audit Criteria)指用于与客观证据进行比较的一组方针、程序或要求。

八、审核证据

审核证据(Audit Evidence)指与审核准则有关并能够证实的记录、事实陈述或其他信息。

九、审核发现

审核发现(Audit Finding)指将收集的审核证据对照审核准则进行评价的结果。

注1: 审核发现表明符合或不符合。

注2: 审核发现可导致识别改进的机会或记录良好实践。

注3: 在英语中,如果审核准则选自法律要求或法规要求,审核发现可被称为合规或不合规。

十、审核结论

审核结论(Audit Conclusion)指考虑了审核目标和所有审核发现后得出的审核结果。

十一、审核委托方

审核委托方(Audit Client)指要求审核的组织或人员。

十二、受审核方

受审核方(Auditee)指被审核的组织。

十三、向导

向导(Guide)指由受审核方指定的协助审核组的人员。

十四、审核组

审核组(Audit Team)指实施审核的一名或多名人员,需要时,由技术专家提供支持。

注1: 审核组中的一名审核员被指定作为审核组长。

注2: 审核组可包括实习审核员。

十五、审核员

审核员(Auditor)指实施审核的人员。

十六、技术专家

技术专家(Technical Expert)指向审核组提供特定知识或专业技术的人员。

注 1:特定知识或专业技术是指与受审核的组织、过程或活动以及语言或文化有关的知识或技术。

注 2:在审核组中,技术专家不作为审核员。

十七、观察员

观察员(Observer)指伴随审核组但不作为审核员的人员。

注:观察员可来自受审核方、监管机构或其他见证审核的相关方。

第四章 组织环境

对于目前竞争激烈的社会,市场瞬息万变,因此,组织在制定战略或规划时,对内外部环境的分析和评价就变得尤为重要。同样,在组织的运营过程中,还需要对内外部环境进行监视和评价,以便在环境变化时企业能够做出及时的调整。

第一节 理解组织及其环境

一、标准条款

> **4.1 理解组织及其环境**
> 组织应确定与其宗旨和战略方向相关并影响其实现质量管理体系预期结果的能力的各种外部和内部因素。
> 组织应对这些外部和内部因素的相关信息进行监视和评审。
> **注1**:这些因素可能包括需要考虑的正面和负面要素或条件。
> **注2**:考虑来自国际、国内、地区或当地的各种法律法规、技术、竞争、市场、文化、社会和经济环境的因素,有助于理解外部环境。
> **注3**:考虑与组织的价值观、文化、知识和绩效等有关的因素,有助于理解内部环境。

二、理解要点

(1)组织建立质量管理体系,首先应满足组织自身的目标及战略方向;且需根据其目标和战略方向建立经营计划或战略发展计划。

(2)规定了组织针对内外部因素的相关信息定期进行监控及评审,一般分为短期1年期的经营计划,3~5年的中期战略规划,10年以上的长期战略规划。

(3)组织的环境分两个方面:

① 组织外部环境,是指组织所处的社会环境。外部环境影响着组织的管理系统。一般外部环境包括的因素有国际、国内、地区和当地的各种法律法规、技术、竞争、市场、

文件、社会和经济因素;特定外部环境因素主要是针对企业组织而言的,如供应商、顾客、竞争者、政府和社会团体等。

② 组织内部环境,组织内部环境是指组织内部的物质、文化环境的总和,包括组织价值观、组织文化、知识和绩效等因素。

(4) 组织环境识别表(案例),如表 4-1 所示。[①]

表 4-1 组织环境识别表

年度:2020 年	类别: ■质量 □环境			注:本表格更新时机为任一因素发生变化时	
环境类别(内部/外部)	项目	内 容	信息来源	具体现状描述	SWOT 分析 S(优势) W(劣势) O(机遇) T(风险)
外部环境	政治环境	属于中华人民共和国境内企业 社会制度:社会主义制度 执政党:中国国产党	政府网站	社会稳定,开放,目前中国正鼓励万众创业大众创新、资本融资,大力发展技术转化升级,本公司属于高新技术企业,享受国家和当地政府的多重政策优惠	S
	法律环境	中国目前法制建设很快,法律法规要求越来越完善	政府网站	《安全生产法》要求企业生产安全管理,企业可以加强管理,减少或杜绝工伤。 《产品质量法》要求企业生产质量合格的产品,企业可以加强管理,确保产品质量,提升竞争力。 本公司守法经营	O
	经济环境	经济周期:处于国家十三五经济规划周期,国家经济增长:6.9%(2019 年),GDP趋势:增长 7.7%(2019 年) 利率:4.0%(1~3 年) 通货膨胀:3.0%(2016 年) 失业率:3%以内 能源供给:水电等能源不限制使用 成本:营业额的 60%	政府网站及综合部	公司业务大部分为内销业务,以人民币结算,不受汇兑损益影响	T

[①] 来源于编者审核某企业案例。

环境类别（内部/外部）	项目	内　容	信息来源	具体现状描述	SWOT分析 S(优势) W(劣势) O(机遇) T(风险)
外部环境	社会文化环境	居民教育程度与文化水平：国家目前推行9年义务教育，居民最低文化程度为初中学历；本公司高中学历以上占85%；大学学历40%。 宗教信仰风俗习惯：本公司大部分人没有宗教信仰。 审美价值观念：社会主义价值观	政府网站及综合部	外来务工人员减少，招工难，用工成本增加	T
	技术环境	技术水平：技术成熟。 技术要求：完善。 技术进步：技术开发投资	国内外网站	公司从事座椅生产多年，加工技术可保持在部分产品的生产销售中处于领先地位，可以加以利用	WT
	自然环境	地理位置：本公司位于无锡市新区，离上海市、南京、苏州近，本公司所在地陆路和铁路交通方便，物产丰富。 资源状况：属于制造业发达地区，产品所需原辅料在地区内供应充足，资源的获得极其方便	建设项目环境影响报告表综合部	本公司所处的地理位置交通便利，气候适宜，资源获得极其便捷	S
	竞争力	产品类别：座椅生产和服务。 产能：订单式生产。 当前市场占有率：2%。	综合部	本公司产品质量稳定，但市场同行业较多，发展规模参差不齐，竞争压力大	ST
内部环境	企业文化	晨会、周例会、总结会 就是在每天上班前和下班前用若干时间宣讲公司的价值观念。总结会是月度、季度、年度部门和全公司的例会，这些会议应该固定下来，成为公司的制度及公司企业文化的一部分	综合部	本公司产品有关的任何问题都能够在会议上得到解决	S
	公司价值观	诚信、务实、品质、创新	综合部	本公司在内部通过培训、张贴宣传等方式树立公司的价值观	S

环境类别（内部/外部）	项目	内 容	信息来源	具体现状描述	SWOT 分析 S（优势）W（劣势）O（机遇）T（风险）
内部环境	知识积累	本公司为了获取行业内先进的技术知识,为技术人员开通了互联网,便于其查询产品最新的发展方向和技术进步,以便于及时吸收行业内技术和知识,能够得到很好的积累和沉淀	综合部	建立了知识收集和宣导的渠道,确保能够获得必要的知识并在内部宣导	S
	绩效	绩效考核	综合部	本公司为订单式生产,绩效考核不完善,需要进行改进,要与体系紧密结合,确保质量管理体系的有效运行和持续改进	S
	财务因素	公司积极推行固定资产转化为负债,增强现金流。积极融资,确保项目发展资金	综合部:财务年报	财务状况良好,资金充足	SO
	资源因素	厂房:符合座椅等产品的生产。设备:公司目前配置的设备精度不高、设备逐渐老化,但产品质量受设备的影响不大。检测仪器:公司只是配置一些普通的检测设备,如部分可靠性测试的仪器	设备清单	本公司生产设备和检测设备的精度和性能只能确保产品最基本的质量控制要求,建议公司予以更新和替代	WT
	人力因素	男女比例:女性 14%;男性 86%。年龄结构:25 岁以下占 4%;25~40 岁占 32%;40 岁以上占 64%。文化程度比例:初中学历占 32%;本公司中专、高中学历占 41%;大专、本科学历 27%。岗位配置比例:生产工人 54%;技术人员 21%;销售人员 7%;财务人员 4%;管理人员 14%	综合部	公司人员文化程度较高,接受先进的技术能力较强	WT
	运营因素	简化组织架构,减少办事流程	公司网站、组织架构	公司由总经理负责制,管理人员太多,管理成本高,决策时间长	WT

三、理论拓展——SWOT 分析法[①]

(一) 定义

SWOT 分析法即态势分析法,是一种最常用的内外部环境综合分析技术。SWOT分析法多用于企业。基于内外部竞争环境和竞争条件下的态势分析,就是将与研究对象密切相关的各种主要内部优势、劣势和外部的机会和威胁等,通过调查列举出来,并依照矩阵形式排列,然后用系统分析的思想,把各种因素相互匹配起来加以分析,从中得出一系列相应的结论,而结论通常带有一定的决策性。

S(Strengths)是优势,W(Weaknesses)是劣势,O(Opportunities)是机会,T(Threats)是威胁。按照企业竞争战略的完整概念,战略应是一个企业"能够做的"(即组织的强项和弱项)和"可能做的"(即环境的机会和威胁)之间的有机组合。运用这种方法,可以对研究对象所处的情景进行全面、系统、准确的研究,从而根据研究结果制定相应的发展战略、计划以及对策等。

(二) 含义解释

1. 整体分析

从整体上看,SWOT 分析法可以分为两部分:第一部分为 SW,主要用来分析内部条件;第二部分为 OT,主要用来分析外部条件。利用这种方法可以从中找出对企业有利的、值得发扬的因素,以及对企业不利的、要避开的东西,发现存在的问题,找出解决办法,并明确以后的发展方向。将问题按轻重缓急分类,明确问题,并将这些研究对象列举出来,依照矩阵形式排列,然后用系统分析的方法,把各种因素相互匹配起来加以分析,从中得出一系列相应的结论。结论通常带有一定的决策性,有利于领导者和管理者做出较正确的决策和规划。

2. SW 分析

优劣势分析主要是着眼于企业自身的实力及其与竞争对手的比较。在分析时,应把所有的内部因素(即优劣势)集中在一起,然后用外部的力量来对这些因素进行评估。识别环境中有吸引力的机会与拥有在机会中成功所必需的竞争能力是两码事。每个企业都要定期检查自己的优势与劣势,这可通过"企业经营管理检核表"的方式进行。企业或企业外的咨询机构都可利用这一格式检查企业的营销、财务、制造和组织能力。每一要素都要按照强弱程度划分等级。需要指出的是,衡量一个企业及其产品是否具有竞争优势,只能站在现有潜在用户角度上,而不是站在企业的角度上。

3. OT 分析

机会和威胁分析将注意力放在外部环境的变化及对企业的可能影响上。随着经

---

① 参见陈传明,等.管理学[M].北京:高等教育出版社,2019.

济、社会、科技等诸多方面的迅速发展，特别是世界经济全球化、一体化过程的加快，全球信息网络的建立和消费需求的多样化，企业所处的环境更为开放和动荡。这种变化几乎对所有企业都产生了深刻的影响。正因为如此，环境分析成为一种日益重要的企业职能。环境发展趋势分为两大类：一类表示环境威胁，另一类表示环境机会。环境威胁指的是环境中一种不利的发展趋势所形成的挑战，如果不采取果断的战略行为，这种不利趋势将导致公司的竞争地位受到削弱。环境机会就是对公司行为富有吸引力的领域，在这一领域中，该公司将拥有竞争优势。对环境的分析也可以有不同的角度。比如，一种简明扼要的方法就是 PEST 分析，另外一种比较常见的方法就是波特五力分析法。

（三）构造 SWOT 矩阵

表 4-2　SWOT 分析矩阵模型

内部分析　外部分析	优势（Strengths）	劣势（Weaknesses）
机会（Opportunities）		
威胁（Treats）		

按轻重缓急/影响程度等排序方式构造 SWOT 矩阵。重要的、直接的、大量的、迫切的、久远影响的因素优先；反之，排列在后面。

（四）类型组合

表 4-3　SWOT 分析矩阵组合模型

项　目	优势 S	劣势 W
机会 O	SO 战略——增长型战略（进攻策略，最大限度地利用机会）	WO 战略——扭转型战略（调整战略，战略转型）
威胁 T	ST 战略——多种经营战略（调整策略，多种经营）	WT 战略——防御型战略（生存战略，严密监控竞争对手动向）

1. 优势—机会（SO）战略

这是一种发展企业内部优势与利用外部机会的战略，是一种理想的战略模式。当企业具有特定方面的优势，而外部环境又为发挥该优势提供有利机会时，可以采取该战略。例如，良好的产品市场前景、供应商规模扩大和竞争对手有财务危机等外部条件，配以企业市场份额提高等内在优势，可成为企业收购竞争对手、扩大生产规模的有利条件。

2. 弱点—机会（WO）战略

这是利用外部机会来弥补内部弱点，使企业改劣势而获取优势的战略。存在外部机会，但由于企业存在一些内部弱点而妨碍其利用机会，可采取措施先克服弱点。例如，若企业弱点是原材料供应不足和生产能力不够，从成本角度看，前者会导致开工不足、单位成本上升,而加班加点会导致一些附加费用。在产品市场前景看好的前提下,企业可利用供应商扩大规模、新技术设备降价等机会,实现纵向整合战略,重构企业价值链,以保证原材料供应,同时可考虑购置生产线来克服生产能力不足等缺点。通过克服这些弱点,企业可进一步利用各种外部机会,降低成本,取得成本优势,最终赢得竞争优势。

3. 优势—威胁(ST)战略

企业利用自身优势,回避或减轻外部威胁所造成的影响。例如,竞争对手利用新技术大幅度降低成本,给企业很大的成本压力;同时材料供应紧张,其价格可能上涨;企业还要支付高额环保成本等,这些都会导致企业成本状况进一步恶化,使之在竞争中处于不利的地位,但若企业拥有充足的现金、熟练的技术工人和较强的产品开发能力,便可利用这些优势开发新工艺,简化生产工艺过程,提高原材料利用率,从而降低材料消耗和生产成本。开发新技术产品也是企业可选择的战略。新技术、新材料和新工艺的开发与应用是最具潜力的成本降低措施,同时它可提高产品质量,从而回避外部威胁影响。

4. 弱点—威胁(WT)战略

这是减少内部弱点,回避外部环境威胁的防御性战略。当企业存在内忧外患时,往往面临生存危机,降低成本也许成为改变劣势的主要措施。当企业成本状况恶化,原材料供应不足,生产能力不够,无法实现规模效益,使企业在成本方面难以有大作为,这时将迫使企业采取目标聚集战略或差异化战略,以回避成本方面的劣势,并回避成本原因带来的威胁。

(五)企业运用

SWOT分析法常被用于制定企业发展战略和分析竞争对手情况,是战略分析中最常用的分析方法之一。

客观因素具有不确定性。随着经济、社会、科技等诸多方面的迅速发展,企业所处的外部环境更为开放和动荡。企业的机会与威胁是并存的。机会具体包括新产品、新市场、新需求、外国市场壁垒解除、竞争对手失误等;威胁具体包括新的竞争对手、替代产品增多、市场紧缩、行业政策变化、经济衰退、客户偏好改变、突发事件等。

四、理论拓展——PEST分析法[①]

(一)定义

PEST分析法是战略外部环境分析的基本工具,它通过政治的(Politics)、经济的(Economic)、社会的(Society)和技术的(Technology)角度或四个方面的因素分析从总

---

① 参见周三多,等.管理学(第四版)[M].北京:高等教育出版社,2014.

体上把握宏观环境,并评价这些因素对企业战略目标和战略制定的影响,如图 4-1 所示。

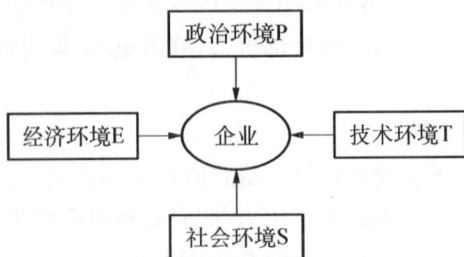

图 4-1　PEST 战略分析示意图

(二) 四大方面的影响因素

1. 政治要素

P 即 Politics,政治要素,是指对组织经营活动具有实际与潜在影响的政治力量和有关的法律、法规等因素。当政治制度与体制、政府对组织所经营业务的态度发生变化时,当政府发布了对企业经营具有约束力的法律、法规时,企业的经营战略必须随之做出调整。法律环境主要包括政府制定的对企业经营具有约束力的法律、法规,如反不正当竞争法、税法、环境保护法以及外贸法规等,政治、法律环境实际上是和经济环境密不可分的一组因素。处于竞争中的企业必须仔细研究一个政府和商业有关的政策和思路,如研究国家的税法、反垄断法以及取消某些管制的趋势,同时了解与企业相关的一些国际贸易规则、知识产权法规、劳动保护和社会保障等。这些相关的法律和政策能够影响到各个行业的运作和利润。

2. 经济要素

E 即 Economic,经济要素,是指一个国家的经济制度、经济结构、产业布局、资源状况、经济发展水平以及未来的经济走势等。构成经济环境的关键要素包括 GDP 的变化发展趋势、利率水平、通货膨胀程度及趋势、失业率、居民可支配收入水平、汇率水平、能源供给成本、市场机制的完善程度、市场需求状况,等等。由于企业是处于宏观大环境中的微观个体,经济环境决定和影响其自身战略的制定,经济全球化还带来了国家之间经济上的相互依赖性,企业在各种战略的决策过程中还需要关注、搜索、监测、预测和评估本国以外其他国家的经济状况。

3. 社会要素

S 即 Society,社会要素,是指组织所在社会中成员的民族特征、文化传统、价值观念、宗教信仰、教育水平以及风俗习惯等因素。构成社会环境的要素包括人口规模、年龄结构、种族结构、收入分布、消费结构和水平、人口流动性等。其中人口规模直接影响着一个国家或地区市场的容量,年龄结构则决定消费品的种类及推广方式。

不同的国家之间有人文的差异,不同的民族之间同样有差异,我国有众多民族,虽同是中华民族但却存在着较大的人文差异,如藏族的生活方式和藏传佛教的宗教色彩联系紧密,牛是藏族的吉祥动物,在西藏地区的越野车辆市场中日本丰田越野车占据着绝对的市场份额,原因是其标识形似牛头,因此广受藏族人民的欢迎。可见,文化对于战略的影响有时是巨大的。

自然环境是指企业业务涉及地区市场的地理、气候、资源、生态等环境。不同的地区企业由于其所处自然环境的不同,对于企业战略会有一定程度的影响。我国是一个幅员辽阔的国家,这种影响尤其明显,如同一种产品在我国东南部的广东地区其市场的营销战略和西藏等西北高寒地区有较大差距,但很多时候此点会被忽略。

4. 技术要素

T 即 Technology,技术要素,不仅仅包括那些引起革命性变化的发明,还包括与企业生产有关的新技术、新工艺、新材料的出现和发展趋势以及应用前景。在过去的半个世纪里,最迅速的变化就发生在技术领域,像微软、惠普、通用电气等高技术公司的崛起改变着世界和人类的生活方式。同样,技术领先的医院、大学等非营利性组织,也比没有采用先进技术的同类组织具有更强的竞争力。

(三) PEST 分析法的优缺点

1. PEST 分析法的优点

(1) 外部因素主要包括 P、E、S、T 四个方面,作为战略决策依据,PEST 可以从宏观角度全面地分析外部环境,如表 4-4 所示。

表 4-4 PEST 分析实例

政治(包括法律)	经 济	社 会	技 术
环境制度	经济与增长	收入分布	政府研究开支
税收政策	利率与货币政策	人口统计、人口增长率与年龄分布	产业技术关注
国际贸易章程与限制	政府开支	劳动力与社会流动性	新型发明与技术发展
合格执行法 消费者保护法	失业政策	生活方式变革	技术转让率
雇用法律	征税	职业与休闲态度 企业家精神	技术更新速度与生命周期
政府组织/态度	汇率	教育	能源利用与成本
竞争规则	通货膨胀率	潮流与风尚	信息技术变革
政治稳定性	商业周期的所处阶段	健康意识、社会福利与安全感	互联网的变革
安全规定	消费者信心	生活条件	移动技术变革

（2）从利用不同的角度，从变动的因素上探求某个行业可能的发展潜能，对企业的发展前景有一个大的整体把握。

（3）对于各方面的变动可以及时地做出反应，制定出对应的改变策略。

2. PEST 分析法的缺点

（1）变化因素大。

（2）企业决策需要考虑各种因素。PEST 只分析了宏观市场因素，故不全面。

五、理论拓展——波特五力模型[①]

（一）定义

波特五力分析模型（Michael Porter's Five Forces Model），又称波特竞争力模型，是迈克尔·波特（Michael Porter）于 20 世纪 80 年代初提出，用于分析行业竞争态势的工具，可以有效地分析企业的竞争环境，对企业战略制定产生全球性的深远影响。五种力量分别为同行业内现有竞争者的竞争能力、潜在竞争者进入的能力、替代品的替代能力、供应商的讨价还价能力、购买者的讨价还价能力。

（二）分析方法

图 4-2 为波特五力分析模型。

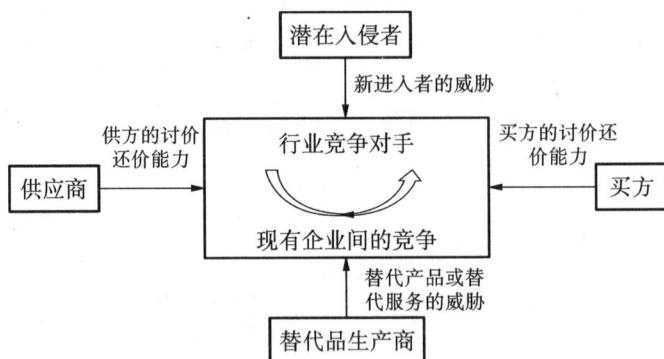

图 4-2 波特五力分析模型

1. 现有企业间的竞争研究

现有企业间的竞争状态取决于如下因素：

（1）现有竞争者的力量和数量；

---

① 参见周三多,等.管理学(第四版)[M].北京:高等教育出版社,2014;汤晓丹. 波特"五力竞争理论"的管理理念批判及改进[J].中国商论,2016(02):170-172;魏浩月.基于波特五力模型的快递企业竞争力研究[D].长安大学,2016.

（2）产业增长速度；

（3）固定或库存成本；

（4）产品特色或转移购买成本；

（5）生产能力增加状态；

（6）竞争对手类型；

（7）战略利益相关性；

（8）退出成本。

2. 入侵者研究

某一行业被入侵的威胁大小主要取决于行业的进入障碍,影响行业进入障碍的因素主要有：

（1）规模经济；

（2）产品差别化；

（3）转移购买成本；

（4）资本需求；

（5）在位优势；

（6）政府政策。

3. 替代品生产商研究

替代品生产商研究主要包括两项内容：

（1）判断哪些产品是替代品；

（2）判断哪些替代品可能对本企业经营构成威胁。

4. 买方的讨价还价能力研究

其影响因素主要有：

（1）买方是否大批量或集中购买；

（2）买方这一业务在其购买额中的份额大小；

（3）产品或服务是否具有价格合理的替代品；

（4）买方面临的购买转移成本的大小；

（5）本企业的产品、服务是否是买方在生产经营过程中的一项重要投入；

（6）买方是否采取"后向一体化"策略；

（7）买方行业获利状况；

（8）买方对产品是否具有充分信息。

5. 供应商的讨价还价能力研究

其影响因素主要有：

（1）要素供应方行业的集中化程度；

（2）要素替代品行业的发展状况；

（3）本行业是否是供方集团的主要客户；

（4）要素是否为该企业的主要投入资源；

（5）要素是否存在差别化或其转移成本是否低；

（6）要素供应者是否有"前向一体化"的威胁。

（三）企业案例分析

星巴克是美国一家连锁咖啡公司，1917年成立，为全球最大的咖啡连锁店，其总部坐落在美国华盛顿西雅图市。星巴克旗下零售产品包括30多款全球顶级的咖啡豆、手工制作的浓缩咖啡和多款咖啡冷热饮料、新鲜美味的各式糕点食品以及丰富多样的咖啡机、咖啡杯等商品。星巴克在全球范围内已经有近12 000间分店遍布北美、南美洲、欧洲、中东及太平洋区。

1. 行业竞争强度分析

行业竞争结构：连锁咖啡兴起，并占据世界绝大部分市场，星巴克作为全球主流品牌，具有竞争优势。

需求状况：尽管全球咖啡消费有所下降，但咖啡是世界上第二大消费饮料，仅次于水；国际市场仍存在大量空白。

成本状况：固定投资不高，咖啡业普遍盈利水平较高。

行业退出壁垒的高度：行业退出壁垒不高，在非常时期，可以通过去掉部分店面等方式提升盈利能力；星巴克通过多元化经营的方式降低产业退出壁垒。

2. 潜在竞争者分析

规模经济：新进入的咖啡生产者严重缺乏成本优势。

品牌忠诚：对咖啡行业来说，品牌的影响力很大。星巴克通过店面设计、店面氛围、产品设计、品牌化运作保证了客户的忠诚度，2003年在《品牌周刊》的"超级品牌名单"上排名第八。

绝对成本优势：星巴克的供应商体系、集中化采购、标准化合同、运营水平和资金成本都形成绝对成本优势。

顾客转移成本：星巴克通过多图VISA卡增加了顾客转移成本，如果顾客转移，将不能获得星巴克卡的奖励。

政府管制：无太大壁垒。

结论：潜在竞争者对星巴克无法形成太强的竞争力。

3. 购买者讨价还价的能力分析

星巴克作为一种休闲文化品牌，有自己的价格体系，价格固定毫无弹性，消费者讨价还价的能力低；星巴克主要消费者人群是有兴趣、高教育程度、高消费水平的消费者，消费星巴克他们能承担得起，消费者对价格的敏感度较低。

结论：购买者讨价还价能力低。

4. 替代品分析

咖啡用户是否会选择另一种类型的饮料或休闲活动取代咖啡？

茶、软饮料店缺乏全球有影响力的连锁店面品牌，从销售地点来看，大部分在超市、商店出售，少量在店内出售。星巴克店内氛围、主题设计、商品陈列等营造出具有活力的环境，无法替代；增加产品线，包括豆奶、饮料、茶、精致小食，甚至根据客户需求定制客户化饮料。利用品牌优势进入超市与茶、软饮料展开竞争；与冰激凌店、酒店、百事可乐等公司合资，获得极好的销售量。

结论：在超市、商店等零售市场，有替代品威胁，但在连锁店面市场，不具可替代性。

5. 供应商讨价还价的能力

全球采购战略：星巴克的主要供应商是咖啡豆供应商和牛奶供应商，咖啡豆的质量对于星巴克咖啡而言非常重要，咖啡豆的来源大约有50％来自拉丁美洲，35％来自太平洋周边，以及15％来自东非。

长期供应商合作伙伴：星巴克通常是通过直接与供应商合作以及提供给他们培训，所以星巴克和供应商之间一直保持着密切的关系。对于供应商而言，星巴克大约40％的合同期限为5年。

公平贸易认定咖啡：星巴克直接与农户和合作者加强联系，让生活在贫困边缘的人们得到的咖啡销售收入不仅能补偿种植成本，而且可以供养家庭。加入国际公平贸易标志组织，和小型农户合作采购咖啡豆。

结论：在星巴克的采购策略下，星巴克的供应商不具有强大的讨价还价能力。

第二节　理解相关方的需求和期望

一、标准条款

> **4.2　理解相关方的需求和期望**
> 由于相关方对组织稳定提供符合顾客要求及适用法律法规要求的产品和服务的能力具有影响或潜在影响，因此，组织应确定：
> a）与质量管理体系有关的相关方；
> b）与质量管理体系有关的相关方的要求。
> 组织应监视和评审这些相关方的信息及其相关要求。

二、理解要点

（1）相关方：可影响决策或活动，或被决策或活动所影响，或他自己感觉到被决策或活动所影响的个人或组织。包括顾客、所有者、组织内的员工、供方、银行、监管者、工会、合作伙伴，以及可包括竞争对手或反压力集团的社会。

（2）识别和理解相关方的需求及期望的方法：

① 收集相关方信息的方法，判断需求和期望，主要包括主动调查（如监视顾客需求、期望及满意）、被动调查等；

② 通过建立与相关方的相关性准则判断相关方的需求和期望，并保持其记录；

③ 相关方及其要求是动态变化的，因此应定期进行监控和评审。

（3）组织应定期识别、监控和评审相关方要求。

三、理论拓展——利益相关者理论①

利益相关者理论是 20 世纪 60 年代左右在西方国家逐步发展起来的、进入 80 年代以后其影响迅速扩大，并开始影响美英等国的公司治理模式的选择，并促进了企业管理方式的转变。之所以会出现利益相关者理论，是有其深刻的理论背景和实践背景的。利益相关者理论立足的关键之处在于：它认为随着时代的发展，物质资本所有者在公司中地位呈逐渐弱化的趋势。所谓弱化物质所有者的地位，指利益相关者理论强烈地质疑"公司是由持有该公司普通股的个人和机构所有"的传统核心概念。

"利益相关者"这一词最早被提出可以追溯到 1984 年，弗里曼出版了《战略管理：利益相关者管理的分析方法》一书，明确提出了利益相关者管理理论。利益相关者管理理论是指企业的经营管理者为综合平衡各个利益相关者的利益要求而进行的管理活动。与传统的股东至上主义相比较，该理论认为任何一个公司的发展都离不开各利益相关者的投入或参与，企业追求的是利益相关者的整体利益，而不仅仅是某些主体的利益。利益相关者图，如图 4-3 所示。

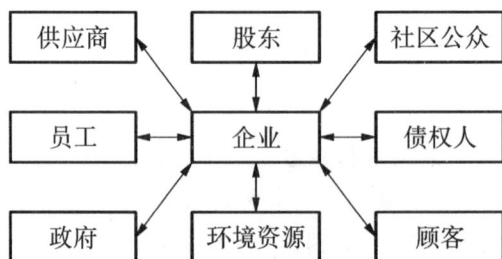

图 4-3 利益相关者图

Penrose 在 1959 年出版的《企业成长理论》中提出了"企业是人力资产和人际关系的集合"的观念，从而为利益相关者理论构建奠定了基石。直到 1963 年，斯坦福大学研究所才明确地提出了利益相关者的定义："利益相关者是这样一些团体，没有其支持，组织就不可能生存。"这个定义在今天看来，是不全面的，它只考虑到利益相关者对企业单方面的影响，并且利益相关者的范围仅限于影响企业生存的一小部分。但是，它让人们认识到，除了股东以外，企业周围还存在其他的一些影响其生存的群体。随后，瑞安曼（Eric Rhenman）提出了比较全面的定义："利益相关者依靠企业来实现其个人目标，而企业也依靠他们来维持生存。"这一定义使得利益相关者理论成为一个独立的理论

① 参见赵爽.利益相关者视角的企业内部控制体系研究[D].中国海洋大学,2013;张兆国,梁志钢,尹开国.利益相关者视角下企业社会责任问题研究[J].中国软科学,2012(02):139-146;部分网络整理资料。

分支。

在此后的 30 年间,对利益相关者的定义达三十多种,学者们从不同的角度对利益相关者进行定义。其中,以弗里曼(Freeman)的观点最具代表性,他在《战略管理:一种利益相关者的方法》一书中提出:"利益相关者是能够影响一个组织目标的实现,或者受到一个组织实现其目标过程影响的所有个体和群体。"Freeman 的定义,大大丰富了利益相关者的内容,使其更加完善。显然,Freeman 界定的是广义上的利益相关者,他笼统地将所有利益相关者放在同一层面进行整体研究,给后来的实证研究和实践操作带来了很大的局限性。

克拉克森认为:"利益相关者以及在企业中投入了一些实物资本、人力资本、财务资本或一些有价值的东西,并由此而承担了某些形式的风险;或者说,他们因企业活动而承受风险。"克拉克森的定义引入了专用性投资的概念,使利益相关者的定义更加具体。国内学者综合了上述的几种观点,认为"利益相关者是指那些在企业的生产活动中进行了一定的专用性投资,并承担了一定风险的个体和群体,其活动能够影响或者改变企业的目标,或者受到企业实现其目标过程的影响"。这一定义既强调了投资的专用性,又将企业与利益相关的相互影响包括进来,应该说是比较全面和具有代表性的。

第三节　确定质量管理体系的范围

一、标准条款

4.3　确定质量管理体系的范围

组织应确定质量管理体系的边界和适用性,以确定其范围。

在确定范围时,组织应考虑:

a) 4.1 中提及的各种外部和内部因素;

b) 4.2 中提及的相关方的要求;

c) 组织的产品和服务。

如果本标准的全部要求适用于组织确定的质量管理体系范围,组织应实施本标准的全部要求。

组织的质量管理体系范围应作为成文信息,可获得并得到保持。该范围应描述所覆盖的产品和服务类型,如果组织确定本标准的某些要求不适用于其质量管理体系范围,应说明理由。

只有当所确定的不适用的要求不影响组织确保其产品和服务合格的能力或责任,对增强顾客满意也不会产生影响时,方可声称符合本标准的要求。

二、理解要点

(1) 本条款的意图是在组织确定范围后，避免对环境相关事宜、相关方及其需求、组织产品及服务的描述过于宽泛或受限，并对每一要求的适用性进行正确评估。

(2) 在确定 ISO 9001:2015 质量管理体系范围时，组织应考虑以下问题：

① 相关的外部及内部事宜；

② 可能影响质量管理体系的相关方要求。

(3) 范围的确定应考虑下列各项：

① 产品及服务；

② 质量管理体系的基础设施，包括不同现场及活动；

③ 由外部供应的相关过程；

④ 商业方针及战略；

⑤ 集中/外部供应活动/过程/产品及服务；

⑥ 组织知识。

(4) 为确定质量管理体系范围，应通过下列活动获取输入信息：

① 评估 ISO 9001 要求的适应性，并对不适用的要求进行调整，列明这些不适用要求不会影响达成产品或服务一致性的能力和责任；

② 基于已识别的事宜影响、组织能力、相关方及法律要求，对已收集信息进行分析；

③ 确定为确保产品及服务一致性，以及提升顾客满意度所需的过程、产品及服务。

(5) 组织需将确定的管理体系范围形成文件化信息。形成文件的信息包括对不适用条款的理由说明。

三、理论拓展——价值链[①]

(一) 定义

价值链(Value Chain)的概念由迈克尔·波特于 1985 年提出。波特认为企业的价值创造是通过一系列活动构成的，这些活动可分为基本活动和辅助活动两类，基本活动包括内部后勤、生产作业、外部后勤、市场和销售、服务等；而辅助活动则包括采购、技术开发、人力资源管理和企业基础设施等。这些互不相同但又相互关联的生产经营活动，构成了一个创造价值的动态过程，即价值链。

---

① 参见徐可,何桢,王瑞.供应链关系质量与企业创新价值链——知识螺旋和供应链整合的作用[J].南开管理评论,2015,18(01):108-117;陈剑.基于价值链理论的节能服务企业成长动力机制研究[D].天津大学,2015;部分网络整理资料。

这与后来出现的全球价值链(Global Value Chain)概念有一定的共通之处。2001年,格里芬在分析全球范围内国际分工与产业联系问题时,提出了全球价值链概念。全球价值链概念提供了一种基于网络、用来分析国际性生产的地理和组织特征的分析方法,揭示了全球产业的动态性特征。

(二)价值链分析法

价值链分析法是由美国哈佛商学院教授迈克尔·波特提出来的,是一种寻求确定企业竞争优势的工具。即运用系统性方法来考察企业各项活动和相互关系,从而找寻具有竞争优势的资源。

(三)基本活动

(1)进料后勤:与接收、存储和分配相关联的各种活动,如原材料搬运、仓储、库存控制、车辆调度和向供应商退货。

(2)生产作业:与将投入转化为最终产品形式相关的各种活动,如机械加工、包装、组装、设备维护、检测等。

(3)发货后勤:与集中、存储和将产品发送给买方有关的各种活动,如产成品库存管理、原材料搬运、送货车辆调度等。

(4)销售:与提供买方购买产品的方式和引导它们进行购买相关的各种活动,如广告、促销、销售队伍、渠道建设等。

(5)服务:与提供服务以增加或保持产品价值有关的各种活动,如安装、维修、培训、零部件供应等。

(四)辅助活动

(1)采购与物料管理:指购买用于企业价值链各种投入的活动,采购既包括企业生产原料的采购,也包括辅助活动相关的购买行为,如研发设备的购买等;另外也包含物料的管理作业。

(2)研究与开发:每项价值活动都包含技术成分,无论是技术诀窍、程序,还是在工艺设备中所体现出来的技术。

(3)人力资源管理:企业基础制度支撑了企业的价值链条,如会计制度、行政流程等。

(五)分析方法的角度

(1)内部价值链分析:企业内部可分解为许多单元价值链,商品在企业内部价值链上的转移完成了价值的逐步积累与转移。每个单元链上都要消耗成本并产生价值,而且它们有着广泛的联系,深入分析这些联系可减少那些不增加价值的作业。

(2)纵向价值链分析:它分析了企业与供应商、销售商之间的相互依存关系,这为企业增强其竞争优势提供了机会。

（3）横向价值链分析：这是企业确定竞争对手成本的基本工具，也是公司进行战略定位的基础。

（六）价值链的作用

价值链在经济活动中是无处不在的，上下游关联的企业与企业之间存在行业价值链，企业内部各业务单元的联系构成了企业的价值链，企业内部各业务单元之间也存在着价值链联结。价值链上的每一项价值活动都会对企业最终能够实现多大的价值造成影响。价值链对收益、国际分工以及经营战略具有重大作用。

波特的"价值链"理论揭示，企业与企业的竞争，不只是某个环节的竞争，而是整个价值链的竞争，而整个价值链的综合竞争力决定企业的竞争力。用波特的话来说："消费者心目中的价值由一连串企业内部物质与技术上的具体活动与利润所构成，当你和其他企业竞争时，其实是内部多项活动在进行竞争，而不是某一项活动的竞争。"

第四节　质量管理体系及其过程

一、标准条款

4.4　质量管理体系及其过程

4.4.1　组织应按照本标准的要求，建立、实施、保持和持续改进质量管理体系，包括所需过程及其相互作用。

组织应确定质量管理体系所需的过程及其在整个组织中的应用，且应：

a）确定这些过程所需的输入和期望的输出；

b）确定这些过程的顺序和相互作用；

c）确定和应用所需的准则和方法（包括监视、测量和相关绩效指标），以确保这些过程的有效运行和控制；

d）确定这些过程所需的资源并确保其可获得；

e）分配这些过程的职责和权限；

f）按照 6.1 的要求应对风险和机遇；

g）评价这些过程，实施所需的变更，以确保实现这些过程的预期结果；

h）改进过程和质量管理体系。

4.4.2　在必要的范围和程度上，组织应：

a）保持成文信息以支持过程运行；

b）保留成文信息以确信其过程按策划进行。

二、理解要点

（1）确定这些过程所需的输入和期望的输出。确定过程的输入和输出是什么、过程的预期和非预期结果的特征是什么、过程的输出是否是期望的输出。

（2）确定这些过程的顺序和相互作用。确定过程的总体流程、过程之间的接口等问题。

（3）确定和应用所需的准则和方法，以确保这些过程有效运行和控制。确定过程监视、测量和分析的准则、分析过程结果中所期望的特性和不期望的特性等。

（4）确定这些过程所需的资源及可用性。确定过程所需的资源、沟通渠道、反馈、职责与期限等。

（5）应对 6.1 的要求所确定的风险和机遇。识别、评估和控制 6.1 的要求所确定的风险和机遇。

（6）评价这些过程及变更，以确保实现这些过程的预期结果。过程绩效的监视与测量、文件的保持、结果的评价。

（7）持续改进过程和质量管理体系。纠正和预防措施的有效性、质量管理体系持续改进的有效性。

三、理论拓展——业务流程管理理论①

（一）定义

业务流程管理（Business Process Management，BPM），是一套达成企业各种业务环节整合的全面管理模式，是指根据业务环境的变化，推进人与人之间、人与系统之间以及系统与系统之间的整合与调整的经营方法与解决方法的 IT 工具。

BPM 涵盖了人员、设备、桌面应用系统、企业级 Backoffice 应用等内容的优化组合，从而实现跨应用、跨部门、跨合作伙伴与客户的企业运作。BPM 通常以 Internet 方式实现信息传递、数据同步、业务监控和企业业务流程的持续升级优化。显而易见，BPM 不但涵盖了传统"工作流"的流程传递、流程监控的范畴，而且突破了传统"工作流"技术的瓶颈。BPM 的推出，是工作流技术和企业管理理念的一次划时代飞跃。

（二）生命周期

从整体上将 BPM 生命周期划分为五个阶段，分别是业务流程发掘（Business Process Discovery）、业务流程设计（Business Process Design）、业务流程执行（Business Process Execution）、业务流程管理维护（Business Process Administration），以及业务

---

① 参见业务流程管理. https://wiki.mbalib.com/wiki/%E4%B8%9A%E5%8A%A1%E6%B5%81%E7%A8%8B% E7%AE%A1%E7%90%86 [DB/OL].2020.

流程最优化(Business Process Optimization)。对于这五个阶段,各个厂商之间并不存在过多的异议。五个阶段之间的关系,如图4-4所示。

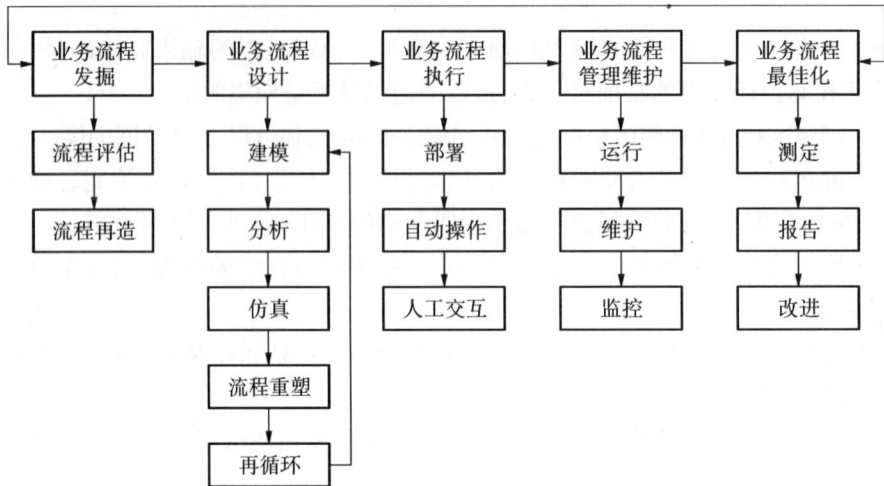

图4-4 BPM生命周期模型

1. 业务流程发掘

企业要全面应用BPM,首先面临的工作当然是要搞清楚指导企业现行流程的工作方式与工作状况,其中,最为重要的是当前流程中的信息流、事件流以及控制流。在这个阶段,通常有两个方面的工作需要进行。第一个工作是进行流程评估,一般的做法是聘请企业外部的顾问管理公司或者行业专家进行,评估的范围可能涵盖策略与管理目标与流程的连结。完成了流程评估之后,接下来就是配合导入一些管理主题(如ISO质量管理体系或六西格玛等),进行流程再造。然后,将得到的信息和数据反馈到第二个阶段。

2. 业务流程设计

这个阶段是根据前期的工作对未来进行流程的定位和设计。本阶段分为四个步骤,分别是建模、分析、模拟和流程重构。

需要注意的是,建模并不是孤立的,在建模之后企业一定要进行流程执行动作前的分析与仿真,以便验证设计出来的流程是否正确并且适用于本企业,此外它还能提供初步设计的流程可能遇到的瓶颈信息,以避免在业务流程执行后才发现相关问题进而导致重大的运营损失。与此同时,如果分析和模拟出来的结果并不尽如人意,可以多次反复和循环本阶段的四个步骤,直至满意为止,对一些细微的流程变化做出实时有效的反应。

3. 业务流程执行

业务流程的执行分为三个步骤,分别是部署、自动操作和人机交互。如图4-4所示,这三个步骤并非一个循环的关系,而是由部署引出自动操作和人机交互两个步骤,自动操作与人机交互并行进行。

4. 业务流程管理维护

当流程上线后,伴随而来的自然是管理维护的问题,这其中包括三个步骤的工作:

运行、维护和监控。如图4-4所示,这三个工作并行进行,相互之间不存在递进或者循环的关系。

流程的监控步骤,由于在运营中,企业内外部各种状况不断出现,人员组织也会出现一些变更以及其他一些变化,业务流程的使用者或管理者需要随时掌握流程的执行状态与过程,因此他们就要求系统具备预警功能,同时可以让他们设定流程要追踪的关卡,并得到系统主动回报相关信息,及时处理相关问题。另外,服务器的流量与执行监控及流程存储的数据维护功能也相当重要。

5. 业务流程最佳化

这是所有五个阶段的最后一步,也是业务流程管理系统生命周期迈入下一个循环的"前夜",不是终结,而是开始。本阶段包括三个步骤:测定(Measurement)、报告(Reporting)和改进(Improvement)。三者呈逐步推进的关系,缺一不可。

测定能够向使用者和管理者提供流程的执行效率;通过报告工具(Reporting Tool),企业可以对自己的组织行为有充分的了解,并将之作为持续改善的依据,这样企业才有可能策划出改进与最佳化的策略;改进是个持续性的活动,不断反复,朝向最佳化迈进。

案例启示与分析

案例启示

不拉马的士兵①

一位年轻有为的炮兵军官上任伊始,到下属部队视察操练情况。他在几个部队发现相同的情况:在一个单位操练中,总有一名士兵自始至终站在大炮的炮管下面,纹丝不动。军官不解,询问原因,得到的答案是:操练条例就是这样要求的。军官回去后反复查阅军事文献,终于发现,长期以来,炮兵的操练条例仍遵循机械化时代的规则。在过去,大炮是由马车运载到前线的,站在炮管下的士兵的任务是负责拉住马的缰绳,以便在大炮发射后调整由于后坐力产生的距离偏差,减少再次瞄准所需的时间。现在大炮的自动化和机械化程度很高,已经不再需要这样一个角色了,而马车拉炮也早就不存在了,但操练条例没有及时调整,因此才出现了"不拉马的士兵"。军官的发现使他获得了国防部的嘉奖。

反思:

企业的管理者应有一根敏感的神经,应对外部环境的变化非常敏感,能较早地发现变革的导火线并采取相应的行动。同时,管理者要有系统的观念,在实施变革时不能忽

---

① 参见陈春花.中国管理问题10大解析[M].北京:机械工业出版社,2016.

略工作流程的调整,从而发现哪些工作已经不再需要,或者工作流程的哪些环节已发生了变化。

案例分析

北京鸭被退回①

日本精工(SEIKO)公司为伊斯兰教徒推出了功能新颖的"穆斯林"手表,此表能将世界各地 140 个城市的当地时间转换为伊斯兰教圣地——麦加的时间,每天鸣叫 5 次提醒使用者按时祈祷。这种表一经问世,就受到世界各地的 8 亿穆斯林的普遍欢迎。而我国某公司向科威特出口北京鸭,因未按照伊斯兰教的屠宰方法处理,违反该国宗教禁忌,致使全部货物退回,不仅经济上受到了损失,政治上也造成了不良影响。

思考:

1. 请以 ISO 9001:2015 质量管理体系标准的内容分析"北京鸭"被退回的原因是什么?

2. 如果你是该公司领导,你该如何杜绝此类事件再次发生?

微信扫码,
加入[本书话题交流群]
与同读本书的读者,讨论本
书相关话题,交流阅读心得

---

① 参见 2017 年国家注册质量管理体系审核员笔试试题。

第五章　领导作用

领导在质量管理中的作用是极其关键的,其主要作业是将本组织的宗旨和经营方向与内部环境统一起来,创造一个紧张而团结,活跃而又高效的充满集体主义色彩的组织文化和环境,使全体员工能充分参与质量管理的各项活动,达到组织的预定目标。

第一节　领导作用和承诺

一、标准条款

5.1　领导作用和承诺

5.1.1　总则

最高管理者应通过以下方面,证实其对质量管理体系的领导作用和承诺:

a) 对质量管理体系的有效性负责;

b) 确保制定质量管理体系的质量方针和质量目标,并与组织环境相适应,与战略方向相一致;

c) 确保质量管理体系要求融入组织的业务过程;

d) 促进使用过程方法和基于风险的思维;

e) 确保质量管理体系所需的资源是可获得的;

f) 沟通有效的质量管理和符合质量管理体系要求的重要性;

g) 确保质量管理体系实现其预期结果;

h) 促使人员积极参与,指导和支持他们为质量管理体系的有效性做出贡献;

i) 推动改进;

j) 支持其他相关管理者在其职责范围内发挥领导作用。

注:本标准使用的"业务"一词可广义地理解为涉及组织存在目的的核心活动,无论是公有、私有、营利或非营利组织。

5.1.2　以顾客为关注焦点

最高管理者应通过确保以下方面,证实其以顾客为关注焦点的领导作用和承诺:

a) 确定、理解并持续地满足顾客要求以及适用的法律法规要求;

b) 确定和应对风险和机遇,这些风险和机遇可能影响产品和服务合格以及增强顾客满意的能力;

c) 始终致力于增强顾客满意。

二、理解要点

(1) 通过持续的绩效监视和定期管理评审来确保质量管理体系的有效性和适宜性,并承担责任。

(2) 在制定或更新质量方针和目标时,确保其与组织内外部环境、战略和承诺相一致,并支持总体经营过程。

(3) 确保质量管理体系过程和其他职能过程接口(财务、顾客支持等)在组织中无缝对接。

(4) 确保部门之间相互合作,体现系统方法,以实现过程间有效接口和将输入转化为输出时的有效性为目的,协同进行风险评估和风险处置。

(5) 监视当前及预期的工作任务、进度,确保在必要时获得充足的质量管理体系资源(如人力、工具及设备、软件等)。

(6) 通过内部信息会议、邮件、集体讨论、组织会议等形式,就质量管理体系的价值和效益进行沟通。

(7) 监视质量管理体系的输出,当期望结果未能实现时,确保纠正措施落实到个人或团队。

(8) 使其他管理者和员工担当指导和支持他们为质量管理体系的有效性做出贡献,因岗用人,人尽其能。

(9) 确保内部审核、二三方审核,管理评审等提出的关于改进的信息和建议在组织内进行有效沟通。

(10) 促进改进,包含对产品和服务的改进,以及针对过程和质量管理体系的改进,该过程至少包含以下活动:改进机会的识别;改进优先顺序的判断和决策;改进目标的确定;改进措施的选择和决策;改进效果的跟踪和评价。

(11) 以顾客为关注焦点,最高管理者在考虑风险和机遇的基础上进行决策时,应与顾客要求和期望关联起来,制定方针、行动准则,进行资源配置;最高管理者应时刻关注顾客需求,将顾客需求转化为产品要求、服务要求、过程要求和 QMS 要求,通过体系有效运行使要求得到满足,并监视顾客满意的信息,持续改进。

三、理论拓展——情境领导模型①

（一）定义

情境领导理论是由美国行为学家保罗·赫塞博士(Paul Hersey)提出的领导力理论。该理论认为人们在领导和管理团队时，不能用一成不变的方法，而要随着情况和环境的改变及员工的不同来改变我们领导和管理的方式。

情境领导理论的核心是情境领导模型。情境领导模型由两部分构成：被领导者的准备度水平和领导者的行为模式。情境领导模型，如图 5-1 所示。

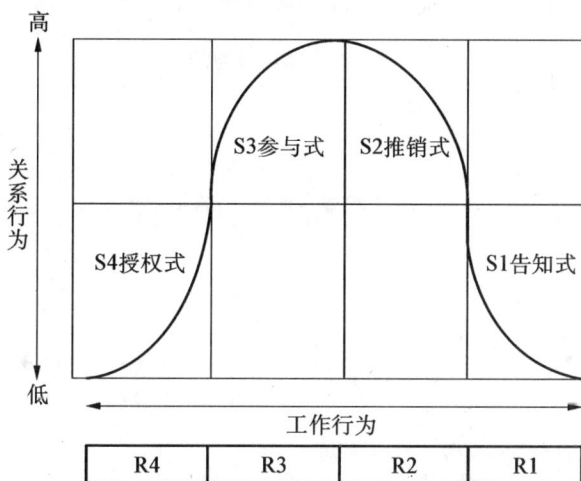

图 5-1 情境领导模型

1. 被领导者的准备度水平

准备度水平是指人们在每项工作中所表现出的能力和意愿的不同组合。情境领导理论认为，领导者若要实施有效的管理，就必须善于区分和把握被领导者当下的状态。经过大量的实证研究，保罗·赫塞博士发现，按能力和意愿的高低程度，同一人常常表现出四种不同的准备度水平：

（1）准备度水平 1(R1)：没能力，没意愿，不安；

（2）准备度水平 2(R2)：没能力，有意愿，自信；

（3）准备度水平 3(R3)：有能力，没意愿，不安；

（4）准备度水平 4(R4)：有能力，有意愿，自信。

2. 领导者行为模式

领导者的行为模式体现为四种领导风格。针对上述四种准备度，领导者可以采用四种领导风格：

---

① 参见周三多,等.管理学(第四版)[M].北京:高等教育出版社,2014.

（1）告知型领导风格（S1）：领导者对于被领导者给予明确的指导并近距离监督。

（2）推销型领导风格（S2）：领导者对于被领导者进行监督、指导、倾听、鼓励和允许试错，并鼓励对方参与决策。

（3）参与型领导风格（S3）：领导者鼓励被领导者自主决策，鼓励他们按照自己的方式做事情。

（4）授权型领导风格（S4）：由被领导者自己决策并执行。

（二）领导风格

情境领导模式针对员工在特定工作下将员工的成长过程分为四个阶段。相对于员工的四个不同阶段，领导应采取四种不同的领导风格，如表5-1所示。

表5-1　情境领导模型的内容

时　间	状　态	领导风格	做　法
第一阶段	R1："没能力，没意愿并不安"	S1：领导者要采取"告知式"来引导并指示员工	给予指示，告诉部属应该做什么，何时去做，如何去做；告诉部属对策与决策；仔细密切督察部属的工作状况；帮助部属提出及控制决策与问题解决；帮助部属计划活动；帮助部属澄清问题；帮助部属建立目标；帮助部属确定他/她的角色
第二阶段	R2："没能力，有意愿或自信"	S2：领导者要采取"推销式"来解释工作从而劝服员工	与部属一起研讨，订出行动计划；向部属解释为何如此决定并接纳他/她的意见；先听听他/她的意见，再一起共同做最后的决策；支持并赞美他/她的积极主动；指出问题；为他/她制定目标；指示他/她的工作方向；评估他/她的工作绩效
第三阶段	R3："有能力，没意愿或不安"	S3：领导者要采取"参与式"来激励员工并帮助员工解决问题	当他/她需要时，一起与他/她解决问题，制定决策；当他/她需要时，提供意见或资源给他/她；教导他/她如何去解决问题；确认他/她有完成工作的能力；问他/她如何可将工作做好或如何去做；帮助部属评估他/她的工作
第四阶段	R4："有能力，有意愿并自信"	S4：领导者则要采取"授权式"来将工作交付给员工	领导者只需做监控和考察的工作。允许他/她去制订计划，解决问题，做决策；让他/她自己评估他/她自己的工作；让他/她主动全权去做；将功劳归附于他/她；让他/她自己去发现问题，找出问题；一起共同设立目标，不定期偶尔看一下他/她的工作绩效

四、理论拓展——路径—目标领导理论①

（一）定义

路径—目标理论，是豪斯（R. House,1977）以俄亥俄州立大学的领导理论研究、激励理论中的期待理论为基础，提出路径—目标理论。"期待学说期望理论"，这一理论以弗罗姆的研究最有代表性，认为激励力量取决于他的期望值的大小（目标效价）以及通过自己努力得到这一期望值的概率高低（期望概率）。该理论认为，领导者的工作是帮助下属达到他们的目标，并提供必要的指导和支持以确保各自的目标与群体或组织的总体目标相一致。"路径—目标"的概念来自这种信念，即有效领导者通过明确指明实现工作目标的途径来帮助下属，并为下属清理各项障碍和危险，从而使下属的这一履行更为容易，如图5-2所示。

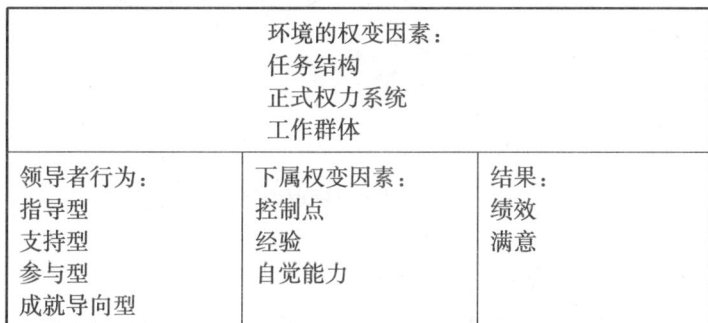

环境的权变因素： 任务结构 正式权力系统 工作群体		
领导者行为： 指导型 支持型 参与型 成就导向型	下属权变因素： 控制点 经验 自觉能力	结果： 绩效 满意

图5-2　路径—目标理论概念图

（二）主要内容

路径—目标理论认为，领导者的工作是利用结构、支持和报酬，建立有助于员工实现组织目标的工作路径。这里涉及两个主要概念：建立目标方向；改善通向目标的路径以确保目标实现。其内容包括四个方面：

（1）领导过程；

（2）目标设置；

（3）路径改善；

（4）领导风格。

路径—目标理论提出了两类情境作为领导行为与结果之间关系的中间变量，它们是下属控制范围之外的环境（任务结构、正式权力系统以及工作群体），以及下属个性特点中的一部分（控制点、经验和感知能力）。要想使下属的产出最多，环境因素决定了作

---

① 参见周三多,等.管理学（第四版）[M].北京:高等教育出版社,2014.

为补充所要求的领导行为类型,而下属个性特点决定了对环境和领导者行为做出何种解释。在工作环境中,领导者必须确认员工的任务是否已经结构化了;正式权力系统是否最适合于指挥型或参与型领导,以及现在的工作群体是否满足了员工的社会和尊重需要。

豪斯认为,作为领导者,无非就是做两件事:一是要让部下清楚,他的努力能够得到相应的报偿;二是要帮助部下,将期望转变为动力,并使部下找到实现这种期望的路径。路径—目标理论激励图如图 5-3 所示。

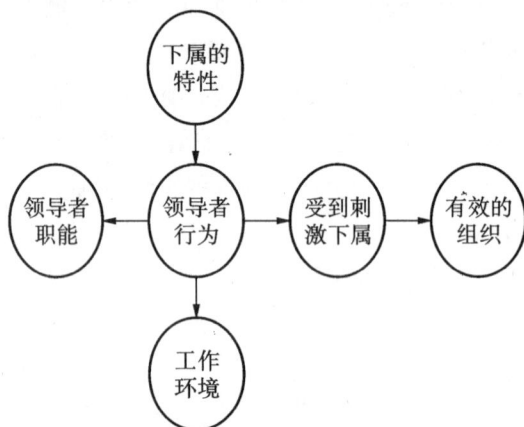

图 5-3 路径—目标理论激励图

(三)路径—目标领导理论的运用

领导者有三大要务,即定目标、选人和"修路"。领导者除了提出目标和要求,提供必要的资源财权,选定合适的人选,剩下的事情就是"修路",针对的是完成任务的路径,也可以叫作程序,在销售管理中,通路是至关重要的,甚至有"通路精耕"和"通路制胜"之说。在管理中也存在通路精耕和通路制胜的道理。当然,不同的规模和管理层次对路径的描述方法和程度是不同的。比如一个企业想要提高产品质量、最高决策者提出:"我需要合格的产品但不能增加成本和增添设备。"他所提出的路径就是——在不增加投入的前提下通过管理和技术手段来保证产品质量。而生产经理说:"明天一定拿出合格的产品,车间主任负责技术科协助。"此时的通路是技术科配合生产车间解决质量问题。后来技术科科长又对技术员发出指令:"明天去协助车间生产出合格的产品,首先看看我们的作业指导书还有什么问题,做好改进情况的记录,必要时可进行调整。"此时的通路也是明确地通过审核和调整操作规程的途径来保证产品质量。

如果换一种方式从上到下都是一种要求——合格的产品,让下属自己寻找通路。这样所有的领导都好当了。可是效果就难说了,除非你能保证你的下属都是"罗文"(即成熟的下属)。否则,当完不成任务的时候,领导者会说他尽到了自己的责任都怪下属不是"罗文"。

五、理论拓展——ACSI 顾客满意度指数模型[①]

（一）定义

ACSI 是一种衡量经济产出质量的宏观指标，是以产品和服务消费的过程为基础，对顾客满意度水平的综合评价指数。

（二）内容

图 5-4 为顾客满意度模型，科学地利用了顾客的消费认知过程，将总体满意度置于一个相互影响相互关联的因果互动系统中。该模型可解释消费经过与整体满意度之间的关系，并能指示出满意度高低将带来的后果，从而赋予了整体满意度前向预期的特性。ACSI 模型是由多个结构变量构成的因果关系模型，其数量关系通过多个方程的计算经济学模型进行估计。

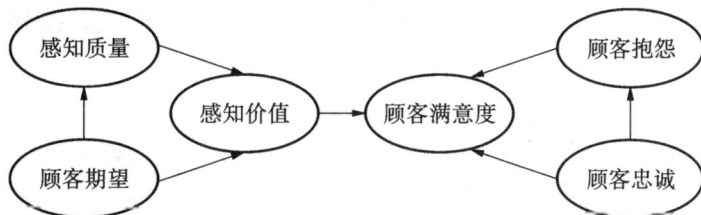

图 5-4　顾客满意度模型

该模型共有 6 个结构变量，顾客满意度是最终所求的目标变量，顾客期望、感知质量和感知价值是顾客满意度的原因变量，顾客抱怨和顾客忠诚则是顾客满意度的结果变量。模型中 6 个结构变量的选取以顾客行为理论为基础，每个结构变量又包含一个或多个观测变量，而观测变量则通过实际调查收集数据得到。

1. 顾客期望

顾客期望（Customer Expectations）是指顾客在购买和使用某种产品或服务之前对其质量的估计。顾客期望来源于以前的经验、广告宣传、他人的评价等，是以往产品质量水平的综合表现。决定顾客预期的观察变量有 3 个：产品顾客化（产品符合个人特定需要）预期、产品可靠性预期和对产品质量的总体预期。

可靠性期望是指顾客对产品或服务的可靠性质量特性的期望。顾客化期望是顾客对产品或服务满足其特定需求的期望。总体期望是建立在可靠性期望、顾客化期望基础上对产品总的看法。

[①]　参见李勇.顾客满意度指数模型及其测评方法研究[D].中国矿业大学（北京），2008.

2. 感知质量

感知质量(Perceived Quality)是指顾客在使用产品或服务后对其质量的实际感受，包括对产品顾客化即符合个人特定需求程度的感受、产品可靠性的感受和对产品质量总体的感受。

感知质量的3个观测指标与顾客期望的3个观测指标相对应。

3. 感知价值

感知价值(Perceived Value)体现了顾客在综合产品或服务的质量和价格以后对他们所得利益的主观感受；感知价值的观察变量有2个，即"给定价格条件下对质量的感受"和"给定质量条件下对价格的感受"。顾客在给定价格下对质量的感受，是指顾客以得到某种产品或服务所支付的价格为基准，通过评价该产品或服务质量的高低来判断其感知价值。

4. 顾客满意度

顾客满意度(Customer Satisfaction)这个结构变量是通过计量经济学变换最终得到的顾客满意度指数。ACSI模型在构造顾客满意度时选择了3个观察变量：实际感受同预期质量的差距、实际感受同理想产品的差距和总体满意程度。顾客满意度主要取决于顾客实际感受同预期质量的比较。同时，顾客的实际感受同顾客心目中理想产品的比较也影响顾客满意度，差距越小顾客满意度水平就越高。

5. 顾客抱怨

决定顾客抱怨(Customer Complaints)这个结构变量的观察变量只有1个，即顾客的正式或非正式抱怨。通过统计顾客正式或非正式抱怨的次数可以得到顾客抱怨这一结构变量的数值。

6. 顾客忠诚

顾客忠诚(Customer Loyalty)是模型中最终的因变量。它有2个观察变量：顾客重复购买的可能性和对价格变化的承受力。顾客如果对某产品或服务感到满意，就会产生一定程度的忠诚，表现为对该产品或服务的重复购买或向其他顾客推荐。

重复购买表现为顾客重复使用某一产品或接受某一服务。满意度越高，忠诚度也越高，重复购买的倾向也就越大；相反，不满意的顾客可能会降低重复购买的可能性，甚至转而成为竞争对手的顾客。涨价承受力是顾客对产品或服务降低而被打动的程度，低于某个程度，顾客将会购买本企业产品或接受本企业服务，甚至原来不满意的顾客继续购买本企业的产品或者接受本企业的服务。

上述两者含义不同。涨价承受力更多地针对满意的顾客，即对产品或服务满意的顾客，能容忍的最大涨价幅度；降低以引力更多地针对不满意的顾客，即对产品或服务不满意的顾客，能吸引其继续购买的最小降价幅度。同时，通过这两个指标不仅可以测评产品或服务，还有助于细分市场，制定营销策略。

七、理论拓展——服务质量差距模型[①]

(一)定义

服务质量差距模型是 20 世纪 80 年代中期到 90 年代初,美国营销学家帕拉休拉曼(A.Parasuraman)、赞瑟姆(Valarie A. Zeithamal)和贝利(Leonard L.Berry)等人提出的,5GAP 模型是专门用来分析质量问题的根源。顾客差距(差距5)即顾客期望与顾客感知的服务之间的差距——这是差距模型的核心。要弥合这一差距,就要对以下四个差距进行弥合:差距 1——不了解顾客的期望;差距 2——未选择正确的服务设计和标准;差距 3——未按标准提供服务;差距 4——服务传递与对外承诺不相匹配。

(二)模型简介

服务质量差距模型(Service Quality Model),也称 5GAP 模型,其模型如图 5-5 所示。

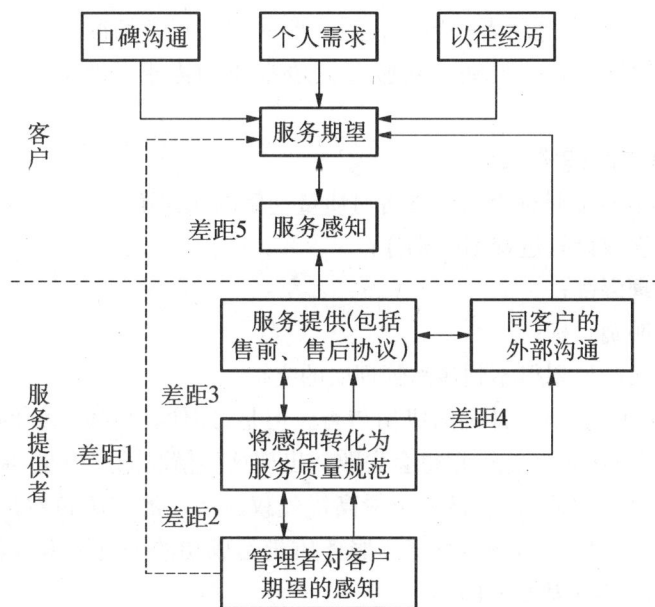

图 5-5 服务质量差距模型

分析和设计服务质量时,这个基本框架说明了必须考虑哪些步骤,然后查出问题的根源。要素之间有五种差异,也就是所谓的质量差距。质量差距是由质量管

① 参见许杭军.基于饭店企业内部服务质量差距模型的实证研究[D].中南财经政法大学,2006;卓芬.JP公司服务质量差距的弥合对策探讨[D].扬州大学,2018.

理前后不一致造成的。最主要的差距是期望服务和感知(实际经历)服务差距(差距5)

(三)差距分析

服务质量是服务质量差距的函数,测量企业内部存在的各种差距是有效地测量服务质量的手段,差距越大,顾客对企业的服务质量就越不满意,因此,差距分析可以作为复杂的服务过程控制的起点,为改善服务质量提供依据。五个差距以及它们造成的结果和产生的原因分述如下。

1.管理者认识的差距(差距1)

这个差距指管理者对期望质量的感觉不明确。产生的原因有:

(1)对市场研究和需求分析的信息不准确;

(2)对期望的解释信息不准确;

(3)没有需求分析;

(4)从企业与顾客联系的层次向管理者传递的信息失真或丧失;

(5)臃肿的组织层次阻碍或改变了在顾客联系中所产生的信息。

治疗措施各不相同。如果问题是由管理引起,显然不是改变管理,就是改变对服务竞争特点的认识。不过后者一般更合适一些。因为正常情况下没有竞争也就不会产生什么问题,但管理者一旦缺乏对服务竞争本质和需求的理解,则会导致严重的后果。

2.质量标准差距(差距2)

这一差距指服务质量标准与管理者对质量期望的认识不一致。原因如下:

(1)计划失误或计划过程不够充分;

(2)计划管理混乱;

(3)组织无明确目标;

(4)服务质量的计划得不到最高管理层的支持。

第一个差距的大小决定计划的成功与否。但是,即使在顾客期望的信息充分和正确的情况下,质量标准的实施计划也会失败。出现这种情况的原因是,最高管理层没有保证服务质量的实现,质量没有被赋予最高优先权。治疗的措施自然是改变优先权的排列。今天,在服务竞争中,顾客感知的服务质量是成功的关键因素,因此在管理清单上把质量排在前列是非常必要的。

总之,服务生产者和管理者对服务质量达成共识,缩小质量标准差距,远要比任何严格的目标和计划过程重要得多。

3.服务交易差距(差距3)

这一差距指在服务生产和交易过程中员工的行为不符合质量标准,它是因为:

(1)标准太复杂或太苛刻;

(2)员工对标准有不同意见,如一流服务质量可以有不同的行为;

(3)标准与现有的企业文化发生冲突;

（4）服务生产管理混乱；

（5）内部营销不充分或根本不开展内部营销；

（6）技术和系统没有按照标准为工作提供便利。

可能出现的问题是多种多样的，通常引起服务交易差距的原因是错综复杂的，很少只有一个原因在单独起作用，因此治疗措施不是那么简单。差距原因粗略分为三类：管理和监督；职员对标准规则的认识和对顾客需要的认识；缺少生产系统和技术的支持。

4. 营销沟通的差距（差距4）

这一差距指营销沟通行为所做出的承诺与实际提供的服务不一致。产生的原因是：

（1）营销沟通计划与服务生产没统一；

（2）传统的市场营销和服务生产之间缺乏协作；

（3）营销沟通活动提出一些标准，但组织却不能按照这些标准完成工作；

（4）有故意夸大其词，承诺太多的倾向。

引起这一差距的原因可分为两类：

一是外部营销沟通的计划与执行没有和服务生产统一起来；

二是在广告等营销沟通过程中往往存在承诺过多的倾向。

在第一种情况下，治疗措施是建立一种使外部营销沟通活动的计划和执行与服务生产统一起来的制度。例如，至少每个重大活动应该与服务生产行为协调起来，达到两个目标：

第一，市场沟通中的承诺要更加准确和符合实际；

第二，外部营销活动中做出的承诺能够做到言出必行，避免夸夸其谈所产生的副作用。在第二种情况下，由于营销沟通存在滥用"最高级的毛病"，所以只能通过完善营销沟通的计划加以解决。治疗措施可能是更加完善的计划程序，不过管理上严密监督也很有帮助。

5. 感知服务质量差距（差距5）

这一差距指感知或经历的服务与期望的服务不一样，它会导致以下后果：

（1）消极的质量评价（劣质）和质量问题；

（2）口碑不佳；

（3）对公司形象的消极影响；

（4）丧失业务。

第五个差距也有可能产生积极的结果，它可能导致相符的质量或过高的质量。感知服务差距产生的原因可能是本部分讨论的众多原因中的一个或者是它们的组合。当然，也有可能是其他未被提到的因素。

第二节 方 针

一、标准条款

5.2 方针

5.2.1 制定质量方针

最高管理者应制定、实施和保持质量方针,质量方针应:

a) 适应组织的宗旨和环境并支持其战略方向;

b) 为建立质量目标提供框架;

c) 包括满足适用要求的承诺;

d) 包括持续改进质量管理体系的承诺。

5.2.2 沟通质量方针

质量方针应:

a) 可获取并保持成文信息;

b) 在组织内得到沟通、理解和应用;

c) 适宜时,可为有关相关方所获取。

二、理解要点

质量方针的制定、实施和保持是组织的最高管理者的职责,其实施要满足下述要求:

(1) 在组织战略方向、组织的内外部的环境、顾客要求、法律法规要求、各利益相关方的需求和期望、组织的过程、产品和服务的性质和特点等基础上建立质量方针。

(2) 质量方针是制定和评审质量目标的框架和基础。组织制定的质量目标应在内容上与质量方针相吻合,是实现和落实质量方针的具体体现,而质量方针是否实现通常是通过评审质量目标的实现情况来衡量的。

(3) 对满足要求和持续改进质量管理体系适用性做出承诺。满足要求是指满足顾客的要求、适用的法律法规以及其他组织应达到的要求。质量管理体系适用性是指组织质量管理体系适合使用。

(4) 质量方针要有行业或企业的特点,结合产品和服务的类型,清晰表述组织在质量方面的意图和方向,并成为制定质量目标的原则和基准。

(5) 质量方针应简单、易记、易理解、易宣传,质量方针通过有效的渠道和方式与组织内各级员工进行沟通,使员工理解质量方针并应用于其工作中。

(6) 利益相关方应可获得质量方针,应向社会广泛宣传,最好是在组织内部比较显眼的地方进行宣传。

三、理论拓展——沟通分析理论①

沟通分析理论(Transactional Analysis,TA)是 20 世纪 60 年代美国心理学家埃里克·伯恩(Eric Berne)创立的一种人格理论。

TA 理论的主要内容包括结构分析(Structure Analysis);沟通分析(Transactional Analysis);抚爱(Strokes)和漠视(Discounts);时间构造分析(Time Structuring Analysis);心理游戏分析(Game Analysis);代用感情(Racket Feeling);人生状态(Life Position);人生脚本分析(Analysis)。

(一)结构分析

结构分析是 TA 理论中进行个人自我状态分析的重要工具,是以 P(Parent,父母)、A(Adult,成人)、C(Child,儿童)三种自我状态为基本架构的人格理论系统。其主要内容包括:

(1)结构型自我状态(Structural Model)。TA 理论认为,每个人都存在 P(Parent,父母)、A(Adult,成人)、C(Child,儿童)三种不同的自我状态。

(2)功能型自我状态(Functional Model)。典型的自我状态图:明朗外向型;苦闷孤独型;任劳任怨型;我行我素型;极端合理主义型;矛盾人生型;独裁专制型;幼稚顺从型;平凡中庸型;贴身保镖型;护士长型;图书管理员型;冒险家型;穷艺术家型;恩师型。

(3)自我状态形成过程。在每个人的自我状态形成过程中,父母和家庭环境起到了极其重要的作用。可以说,"父母是塑造孩子人格的首席工程师"。

(4)自我状态缺位(Ego State Exclusion),指没有成形的世界观和价值观,没有为人处世的哲学和原则等。

(5)自我状态污染(Ego State Contamination),指一种自我状态"侵犯"另一种自我状态,造成混乱和模糊。

(二)沟通分析

一个人发出某种刺激,另一个人给予一定反应的过程即是一种简单的沟通。简单的沟通一般只涉及两个自我状态,而复杂的沟通将涉及多个自我状态。在一个人发出刺激或做出反应时,他可以选择从某一个自我状态指向对方的某一个自我状态,并可随环境的不同而做出适当的调整。

1. 互补沟通

互补沟通在 P-A-C 图中呈平行线状。沟通中,双方对彼此的期望都给予了很好的回应。互补沟通只要保持互补,就可以永远继续下去,直到不想继续该话题为止。

---

① 参见刘欣.沟通分析理论在大学生心理健康教育中的应用[D].华东师范大学,2004;曹任飞,杨广柱.沟通分析理论综述[J].中国校外教育,2018(03):88-89+111.

2. 交叉沟通

交叉沟通在 P－A－C 图中呈交叉状,但有时也可呈平行状。在交叉沟通中,反应是对刺激表现出的非预期的反应,可引发不适当的自我状态,使沟通交错而中断。此时,人们可能退缩,逃避对方或者转换沟通方式。

3. 隐形沟通

隐形沟通包含了两个以上的自我状态,信息同时从一个或两个自我传达到其他两个自我。其传达的信息包括一个公开的、社会层次的信息,以及另一个隐藏的、心理层次的信息。隐形沟通的结果是由心理层次的内容决定的,而非口头的社会层次信息。

(三)抚爱与漠视

抚爱:表示承认对方或自己的言行和态度。抚爱给人以安心、欣慰、勇气和幸福。
漠视:对他人或自己的存在、价值和能力表示轻视、无视和否定的言行和态度。漠视给人以不安、忧郁、打击和痛苦。

(四)时间构造分析

TA 理论认为人们进行沟通的一个重要目的是获得抚爱。因而,TA 还从时间角度,研究人们把时间都花在什么样的相互交流活动上,以及从这些交流活动中获得的抚爱有多少。这就是时间构造分析。

(五)心理游戏分析

在日常生活中,虽然不是有意识的,但不知为什么却总是一次又一次地反复发生在两人或多人之间的,事后令人不愉快、令人后悔的一连串的对话反应。在心理游戏中有三个角色登场:迫害者、受害者、援救者,如图 5-6 所示。当迫害者过分地攻击、指责,受害者过于接受攻击和谴责,援助者过于热心地帮助解救被害者的时候,心理游戏便开始,这些行为便成为游戏的内容。

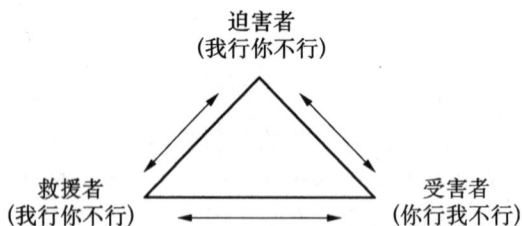

图 5-6　卡普曼的戏剧三角形

(六)代用感情分析

当一个人本来具有的感情遭到禁止或抑制时,作为基本感情的代用感情就产生了,如表 5-2 所示。

表5-2 基本感情和代用感情(非正常感情)

	基本感情(一次感情)	代用感情(非正常感情)
抚爱	喜(乐)	寂寞
漠视	怒	烦躁、焦躁、憋气、怨恨
悲(哀)	忧郁、耻辱感、罪恶感、悔恨、孤独、沮丧	
恐(惧)	不安、紧张、担心、妄想、混乱、虚张	

(七)人生态度分析

人们的人生态度深深影响着其对自己及世界的理解,就如同戴着太阳眼镜却不自知,而视野却被着上了颜色。人生态度分析,如图5-7所示。

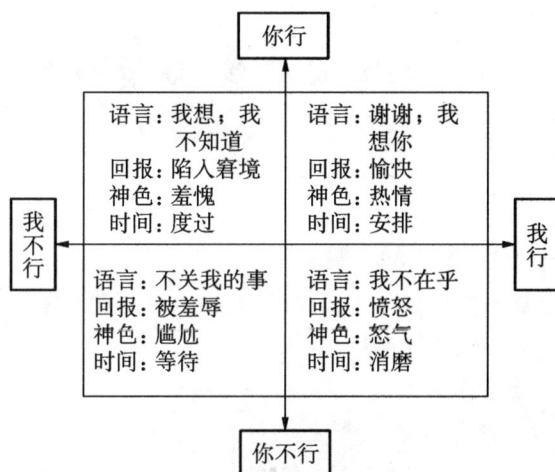

图5-7 人生态度分析

(八)人生剧本分析

所谓人生剧本就是一个人在父母、家庭等成长环境的影响下在无意识中写成的关于自己的人生故事。影响人生剧本形成的要素有:

(1)父母养育孩子的方法;

(2)抚爱和漠视的接受方式;

(3)代用感情;

(4)人生态度的位置;

(5)父母的强化令和禁止令;

(6)心理游戏。

其形成过程,如图5-8所示。

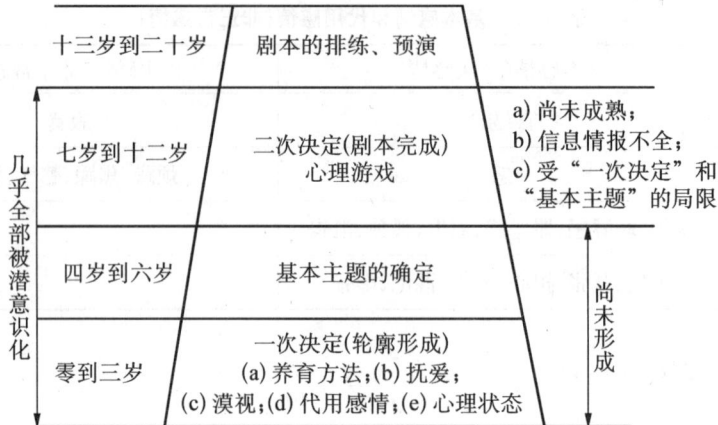

图 5-8　人生剧本图

第三节　组织的岗位、职责和权限

一、标准条款

5.3　组织的岗位、职责和权限

最高管理者应确保组织相关岗位的职责、权限得到分配、沟通和理解。

最高管理者应分配职责和权限，以：

a) 确保质量管理体系符合本标准的要求；

b) 确保各过程获得其预期输出；

c) 报告质量管理体系的绩效以及改进机会(见 10.1)，特别是向最高管理者报告；

d) 确保在整个组织推动以顾客为关注焦点；

e) 确保在策划和实施质量管理体系变更时保持其完整性。

二、理解要点

总经理通过与管理者代表及各部门经理的策划，将公司现有各质量管理过程融入基于 ISO 9001:2015 标准之质量管理体系的对应要素之中，并针对每项质量管理活动分配职责权限。总经理分配公司质量管理相关过程职责和权限的目的是：

（1）确保公司经策划的质量管理体系(质量方针与目标、组织机构、职责权限、资源与管理过程等)符合 ISO 9001:2015 标准的要求。

（2）通过分配各质量体系程序文件的职责，即"负管理责任者"——对应人员或部门经理负责编制所主管或协调质量管理过程对应的程序文件，确保各质量管理过程的输出明确并可以在切实执行后获得预期的目的。

（3）各程序文件规定的"负管理责任者"应按照其中具体的规定向对应的"负监督评价责任"者定期报告各过程的业绩与改进机会（意见、建议）。

（4）通过《顾客要求确定、理解与持续满足管理程序》《适用质量管理法规标准识别、遵守与合规评价管理程序》两程序的策划、实施与改进，持续推动在公司内部"以顾客为关注焦点"意识、理念形成、巩固与具体落地的机制、氛围与质量管理文化。

（5）确保与质量管理的任何过程有机融入公司基于 ISO 9001：2015 的质量管理体系之中，且新增或得到变更的过程及其过程管理不会有损于质量管理体系的完整性，即持续提供符合顾客要求与适用法规要求产品和服务的这一核心能力。

三、理论拓展——权限管理模型[①]

（一）定义

基于角色的权限控制（Role-Based Access Control，RBAC），通过角色关联用户，角色关联权限的方式间接赋予用户权限。传统的权限管理模型是直接把权限赋予用户；而在 RBAC 中，则是增加了"角色"的概念，首先把权限赋予角色，再把角色赋予用户，从而使得授权更加灵活方便，如图 5-9 所示。

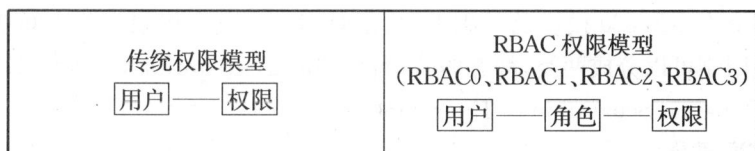

图 5-9 传统权限模型与 RBAC 权限模型

（二）基本模型 RBAC0

RBAC0 是基础，很多产品只需要基于 RBAC0 就可以搭建权限模型。在这个模型中，我们把权限赋予角色，再把角色赋予用户。用户和角色都是多对多的关系。用户拥有的权限等于他所有的角色持有的权限之和，如图 5-10 所示。

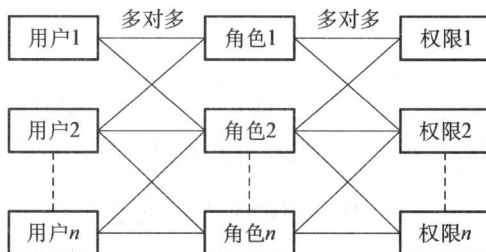

图 5-10 RBAC0 基本模型

---

① 参见韩江丽.产品数据管理系统中 ET-RBAC 权限管理模型的研究与应用［D］.吉林大学，2014；刘先锐.PDM 中权限管理模型的研究与应用［D］.吉林大学，2013；部分网络资料。

（三）角色分层模型 RBAC1

基于 RBAC0 模型，进行了角色分层，将角色再分成几个等级，每个等级的权限都不一样，即引入了继承概念，子角色可以继承父角色的权限，如图 5-11 所示。

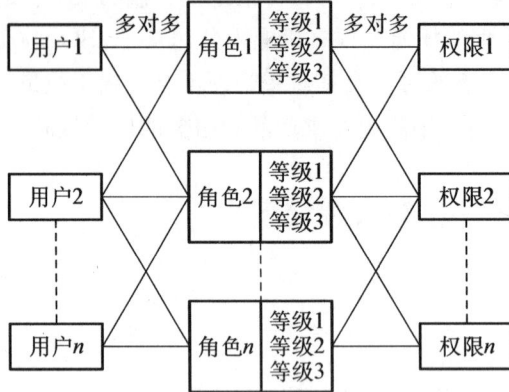

图 5-11　RBAC1 角色分层模型

（四）角色限制模型 RBAC2

同样建立在 RBAC0 模型的基础上，只是对用户、角色、权限三者之间增加了一些限制。这些限制可以分成两类，静态职责分离（Static Separation of Duty，SSD）和动态职责分离（Dynamic Separation of Duty，DSD）。

1. 静态职责分离

（1）互斥角色限制：同一个用户在两个互斥的角色中只能选一个；

（2）基数限制：一个用户拥有的角色是有限的，一个角色拥有的权限也是有限的；

（3）先决条件限制：用户想拥有更高级的角色，首先必须拥有低级角色。

2. 动态职责分离

动态地限制用户及其拥有的角色。例如，一个用户可以拥有两个角色，但运行时只能激活一个角色。

（五）统一模型 RBAC3

RBAC3 是最全面级的权限管理，它是基于 RBAC0 模型的基础上，将 RBAC1 和 RBAC2 进行的整合，同时具备角色等级和角色限制。即

$$RBAC3＝RBAC1＋RBAC2$$

一般情况下，RBAC3 可以解决以上的问题，但当角色等级和条件限制存在一些矛盾，如测试工程师和程序员角色是互斥，项目管理角色同时具有测试工程师和程序员角色的权限，违反角色约束的互斥性。一般高级角色违反这种约束是可以接受的，但其他情形下，则需考虑这种排斥。因此，运用 RBAC3 时，需根据系统的实际安全需求来制定合理约束。

案例启示与分析

案例启示

海州知府反对建盐场[1]

《梦溪笔谈》记载:海州知府孙冕很有经济头脑,他听说发运司准备在海州设置三个盐场,便坚决反对,并提出了许多理由。后来发运使亲自来海州谈盐场设置之事,还是被孙冕顶了回去。当地百姓拦住孙冕的轿子,向他诉说设置盐场的好处,孙冕解释道:"你们不懂得做长远打算。官家买盐虽然能获得眼前的利益,但如果盐太多卖不出去,三十年后就会自食恶果了。"然而,孙冕的警告并没有引起人们的重视。

他离任后,海州很快就建起了三个盐场,几十年后,当地刑事案件上升,流寇盗贼、徭役赋税等都比过去大大增多。由于运输、销售不通畅,囤积的盐日益增加,盐场亏损负债很多,许多人都破了产。这时,百姓才开始明白,在这里建盐场确实是个祸患。

反思:

一时的利益显而易见,人们往往趋利而不考虑后果。这种现象,古今皆然。看到什么行当赚钱,就一窝蜂而上,结果捷足先登者也许能获利,步人后尘者往往自食恶果。这样的例子可以说是数不胜数。

一个企业的经营者,在制定一个经营决策的时候,一定要综合考虑各方面的因素,而不能被一时的利益蒙蔽了眼睛。

一个团队的领导一定要学会发挥集体的力量,特别是做事关企业命运的决策的时候,万万不可因头脑一时发热,拍拍脑袋就制定个错误决策而毁掉自己经营一生的成果。

决策时拍脑袋,指挥时拍胸脯,失误时拍大腿,追查时拍屁股。这种"四拍"型领导需要反思了。

案例分析

难以推进的项目[2]

王经理从公司总部到分公司推进一项关于冰箱订单的项目,在分公司各部门经理的会议上,王经理对该项目的推进工作指出了一些问题,尤其对前段时间出现的大批量的高碳钢($C \geqslant 0.60\%$)采购到货后不合格现象提出批评,但是想不到的是采购部周经理说"我们采购部只负责购买,型号由生产部提供的,检验由质量部把关的,运输由销售部主导的,和我们没有关系";生产部许经理说"我们只负责提供所需的钢材型号,其他

---

[1]　参见孙道军,郑苏晖.管理案例教学实务指南[M].北京:中国市场出版社,2015.
[2]　参见2018年国家注册质量管理体系审核员笔试试题。

与我们无关";质量部霍经理说"我们质量部只负责入库前的经验和发货前的检验,采购来的钢材不归我们管";销售部张经理说"我们销售部只负责运输,其他一概不管"。大家争论不休,公说公有理婆说婆有理,项目推进十分困难……

思考:

1. 请以 ISO 9001:2015 质量管理体系标准的视角分析该项目问题到底出现在哪里。

2. 如果你是该分公司负责人,你该如何解决此类事件? 如何梳理该公司的管理流程?

第六章　策　划

组织在运行过程中,各种如偏离战略方向、方针、质量目标、过程目标等的绩效风险,违反环境和相关方要求(如法定要求、合同、订单等)而导致相关方不满意风险,引起产品和服务质量下滑或体系不稳定状态风险等,各种风险时常发生。伴随风险可能产生的是采用新实践、推出新产品、开辟新市场、赢得新顾客、建立合作伙伴关系、利用新技术等机遇。如何规避风险,为寻求机遇承担风险,消除风险源,改变风险的可能性或后果,分担风险,或通过信息充分的决策而保留风险是每一位管理者都需面对的重要问题。

第一节　应对风险和机遇的措施

一、标准条款

6.1　应对风险和机遇的措施

6.1.1　在策划质量管理体系时,组织应考虑到4.1所提及的因素和4.2所提及的要求,并确定需要应对的风险和机遇,以:

a) 确保质量管理体系能够实现其预期结果;

b) 增强有利影响;

c) 预防或减少不利影响;

d) 实现改进。

6.1.2　组织应策划:

a) 应对这些风险和机遇的措施;

b) 如何:

1) 在质量管理体系过程中整合并实施这些措施(见4.4);

2) 评价这些措施的有效性。

应对措施应与风险和机遇对产品和服务符合性的潜在影响相适应。

注1:应对风险可选择规避风险,为寻求机遇承担风险,消除风险源,改变风险的可能性或后果,分担风险,或通过信息充分的决策而保留风险。

注2:机遇可能导致采用新实践、推出新产品、开辟新市场、赢得新顾客、建立合作伙伴关系、利用新技术和其他可行之处,以应对组织或其顾客的需求。

二、理解要点

"应对风险和机遇"是新版 ISO 9001:2015 标准的新要求,组织确定其风险和机遇并策划应对它们的措施的目的在于防止不合格(符合),包括不合格输出,以及确定可能增强顾客(客户)满意度或达成组织质量目标的机会。

质量管理体系不能达成目标的风险包括过程、产品、服务不能满足要求,或不能实现顾客满意。机遇的例子包括识别潜在的新客户、确定新产品或服务的需求并将它们引入市场,确定通过采用新工艺、新技术装备、新材料来提升产品质量、服务或过程效率。

所谓"应考虑到 4.1 所提及的因素和 4.2 所提及的要求"就是说风险和机遇直接与组织顾客、有关相关方及其要求直接相关。

组织在满足本条款要求时,只要编制一个"公司质量管理风险与机遇识别、评估与应对措施确定及其评价信息一览表"即可,每年在管理评审之前由管代召集相关人员对这些应对措施的有效性进行评价,并将结果作为输入提交管理评审,该评价及其评价结果可作为《质量手册》实施的记录。

组织质量管理相关的风险识别、评价与控制措施确定应由懂体系、过程管理以及风险管理方法的技术管理人员来实施,标准中没有强制要求应用风险管理手段。

以下的情形应当在组织的 ISO 9001 管理体系控制之内,不应视为"风险"及其管理的对象,因为已有管理手段(措施)的有效实施完全可以控制其后果,不应纳入所谓的风险识别及其应对措施一览表中。不应纳入风险管理的情形包括:

(1) 过程或产品分析不准确可能导致不合格在制品或成品的交付;

(2) 检验人员粗心误录入检验数据与结果判定;

(3) 检测仪器仪表突然失灵而导致大量不合格品的出现;

(4) 成品仓库漏雨使得待交付成品要经过返工(重新包装后)才能出货;

(5) 关键设备没有维护好导致该过程输出产品不合格率高。

以下情形可纳入组织质量管理体系的风险管理之中:

(1) 员工突然大批离职导致停产而完不成客户订单;

(2) 关键设备突然故障导致在一定时间内完不成客户订单;

(3) 供应商提供的原料突然断供或大幅度不符合接收标准要求;

(4) 供应商突然终止合同,宁愿接受合同规定的处罚;

(5) 突发恶劣天气导致原材料进不了厂、产品出不了厂;

(6) 国际政治、战争、贸易壁垒等原因导致关键原材料进口中断;

(7) 组织短期内无法满足客户新提出的产品特性标准;

(8) 由于竞争对手的退出,导致订单猛增,一时难以满足;

(9) 客户或消费者对质量投诉处理不满意,要告到媒体或法院;

（10）一时无法满足新发布或修订的行业生产规范或产品标准；

（11）生产许可证延期申请与评审过程出现问题导致到期后一段时间无法生产；

（12）竞争对手发布贬低组织及其产品形象的媒体宣传；

（13）竞争对手采用行业最新最先进的技术装备，其产品功能特性明显超出组织产品；

（14）进口的核心原料突然涨价，导致多交付产品意味着多亏损；

（15）国家产业结构调整对生产及市场的负面冲击；

（16）贷款银行突然银根紧缩，导致无法购买足够的原料和实现订单；

（17）核心客户未能按照合同要求准时付款导致一时资金周转困难；

（18）核心技术人员突然离职去竞争对手那里，导致产品竞争的劣势；

（19）核心销售人员突然离职并带走关键性客户导致市场份额流失，等等。

以上"不应纳入风险管理的情形"与"应纳入风险管理的例子"皆是基于组织内部懂得风险管理基本理论与方法的技术管理人员所定性识别的例子，将类似后者的各类情形纳入组织风险和机遇控制一览表即可。

非常正规、大型或国际化的组织，也可采用正式的风险管理体系（如 ISO 31000 风险管理体系，包括实施与认证该体系）来确定和应对包括质量管理相关在内的风险和机遇。组织可以采选适合自身需要的方法，IEC 31010《风险管理　风险评估技术》提供了一系列风险评估工具和技术。

这些大型国际化组织在确定风险和机遇过程中，组织可考虑 SWOT（优势、劣势、机会与威胁的态势分析）、PESTLE（政治因素、经济因素、社会因素、技术因素、环境因素与法律因素大环境因素分析法），其他技术性评价方法有 FMEA（失效模式与影响分析）、FMECA（失效模式影响与危害度分析）。规模较小与国际化程度不高的组织可采用简洁实用的技术方法，诸如头脑风暴、SWIFT（结构化假设分析）、（风险出现）概率与后果（严重程度）矩阵等评价方法。

例如，某组织某一决定产品质量的关键性原材料仅有一个供应商，其管理应引入风险和机遇管理范围，因为一旦出现质量问题或断供就会对产品质量及其按期交付产生致命影响。经评价为重大风险。寻找第二个该原材料的供应商，没有第二个时，适当提高预期采购量与存库量、建立有效沟通机制甚至派人长住该供应商处等都是有效应对的措施。

下列情形下，组织质量管理相关风险和机遇管理的信息应当涉及：战略会议、管理评审、内部审核、各类质量会议、质量目标制定会议、新产品和服务的设计和开发的策划阶段、生产与服务过程的策划阶段等。

最终在管理评审之前，管代应针对所有风险和机遇的管理及其结果（即应对措施有效性评价结果及其改进性分析）作为输入提交管理评审，以持续改进风险和机遇及其应对措施管理整个过程。

三、理论拓展——潜在失效模式及后果分析

（一）定义

失效模式与影响分析或潜在失效模式及后果分析（Failure Mode and Effects Analysis，FMEA）是一种可靠性设计的重要方法。它实际上是 FMA（故障模式分析）和 FEA（故障影响分析）的组合。认可并评价产品或过程中的潜在失效以及该失效的后果，确定能够消除或减少潜在失效发生机会的措施，并且将其全部过程形成文件。

FMEA 是对确定设计或过程必须做哪些事情才能使顾客满意这一过程的补充，FMEA 是：

（1）以系统（产品）以及工序、设备等的构成要素为对象；

（2）利用所谓的"故障模式 Failure Mode"思考方式；

（3）事先排除可能出现的问题；

（4）通过故障的原因和影响说明问题的重要性；

（5）连接设计（工艺）的手法。

（二）目的

能够容易、低成本地对产品或过程进行修改，从而减轻事后修改的危机，并找到能够避免或减少这些潜在失效发生的措施。

（三）分类

由于产品故障可能与设计、制造过程、使用、承包商/供应商以及服务有关，因此 FMEA 又细分为 DFMEA：设计（Design）FMEA；PFMEA：过程（Process）FMEA；EFMEA：设备（Equipment）FMEA；SFMEA：系统（System）FMEA。

其中设计 FMEA 和过程 FMEA 最为常用。

设计 FMEA（也记为 d-FMEA）应在一个设计概念形成之时或之前开始，并且在产品开发各阶段中，当设计有变化或得到其他信息时及时不断地修改，并在图样加工完成之前结束。其评价与分析的对象是最终的产品以及每个与之相关的系统、子系统和零部件。需要注意的是，d-FMEA 在体现设计意图的同时还应保证制造或装配能够实现设计意图。

过程 FMEA（也记为 p-FMEA）应在生产工装准备之前，在过程可行性分析阶段或之前开始，而且要考虑从单个零件到总成的所有制造过程。其评价与分析的对象是所有新的部件/过程、更改过的部件/过程及应用或环境有变化的原有部件/过程。需要注意的是，虽然 p-FMEA 不是靠改变产品设计来克服过程缺陷，但它要考虑与计划的装配过程有关的产品设计特性参数，以便最大限度地保证产品满足用户的要求和期望。

FMEA 分类,如表 6-1 所示。

表 6-1　FMEA 分类

	系统 FMEA	设计 FMEA	过程 FMEA
对象	产品(系统)	产品(零配件等)	过程(实际操作)
目的	确保系统性的完整性评估	确保设计的完整性;找出产品的故障形态及其对策	确保设计的完整性;找出工程、材料、操作的故障形态及其对策
实施阶段	概念、计划阶段	计划、设计阶段	验证、工程设计阶段至批量前
故障(不良)式样预测对象	系统、子系统、装配	产品的构成要素、子系统间的交互作用	工程作业、材料
影响	产品(系统)性能	产品不良	后期工程
故障模式	功能丧失、整机故障现象	停止、异常输出、无动作变形、龟裂、短路、破损等	尺寸不良、破损、连接不合格、落入异物等
共同点	——用表格整理; ——相对评价发生频度、影响度、检知度等并找出主要故障(不良)模式; ——策划各种故障(不良)模式的对策		
三者的联系	——设计 FMEA 的故障模式和影响分别是从系统 FMEA 中得到问题原因和影响; ——过程 FMEA 的故障模式是从设计 FMEA 中得到的问题原因,其影响与设计 FMEA 相同		

(四) FMEA 概述

在新版 FMEA 中,AP:Action Priority(行动优先)取代了 RPN(风险优先系数)。综合考虑严重度(S)、频度(O)、探测度(D)三要素,AP=SOD,单独检查 S、O 和 D 评级,并将三个因素的组合用于降低风险,优先考虑高、中或低。高度优先的是要求采取风险降低措施,以改进预防/探测控制或证明当前控制措施充分的理由。根据不同的 S(严重度)、O(频度)、D(探测度)组合,可以通过查表确定相应的风险控制措施的优先级(AP)。

(1) 优先级 H:评审和措施的最高优先级。团队需要确定适当的措施来改进预防控制,或证明并记录为何当前的控制足够有效。

(2) 优先级中 M:评审和措施的中等优先级。团队应该确定适当的措施来改进预防控制,或由公司自行决定,证明并记录为何当前的控制足够有效。

(3) 优先级低 L:评审和措施的低优先级。团队可以确定措施来改进预防控制。

(五) FMEA 案例(失效模式与效应分析在血液科护理安全风险中的应用)

本案例在实战中将 FMEA 主要分为五个步骤。

(1) 确定研究主题:血液科护理风险识别。

（2）建立专家咨询小组：强调专家小组的专业性和权威性，在相关领域内具有举足轻重的作用，高标准纳入成员 20 名，其中 60% 学历在研究生及以上。

（3）信息收集与流程图绘制：小组成员共同讨论，从质量和安全的角度出发，列出血液科护理所涉及的所有风险，按服务流程形式，探寻可能产生的原因。

（4）评估：风险评估是 FMEA 操作成败的关键，运用行动优先：AP＝SOD，通过查表确定相应的风险控制措施的优先级（AP），如表 6-2～表 6-6 所示。

表 6-2　护理风险发生的频度(O)

分值(分)	风险等级	等级描述
1	罕见	5～20 年可能发生
2～4	偶尔	3～5 年可能发生
5～6	不常	1～2 年发生次数低于 5 次
7～8	时常	每年发生次数低于 5 次
9～10	极为常见	每年发生至少 10 次

表 6-3　护理风险发生的探测度(D)

分值(分)	可侦测程度	分值(分)	可侦测程度
1	非常容易	7～8	比较困难
2～4	比较容易	9～10	非常困难
5～6	一般		

表 6-4　护理风险发生的严重度(S)

分　值	1	2	3	4	5	6	7	8	9	10
风险等级	无	极为轻微	比较轻微	轻微	一般	严重	比较严重	很严重	非常严重	极为严重

表 6-5　风险控制措施的优先级(AP)-1

S	O	D	AP	S	O	D	AP
2～3	8～10	7～10	L	4～6	8～10	7～10	H
		5～6	L			5～6	H
		2～4	L			2～4	M
		1	L			1	M
	6～7	7～10	L		6～7	7～10	M
		5～6	L			5～6	M
		2～4	L			2～4	M
		1	L			1	L

S	O	D	AP	S	O	D	AP
2~3	4~5	7~10	L	4~6	4~5	7~10	M
		5~6	L			5~6	L
		2~4	L			2~4	L
		1	L			1	L
	2~3	7~10	L		2~3	7~10	L
		5~6	L			5~6	L
		2~4	L			2~4	L
		1	L			1	L
	1	1~10	L		1	1~10	L

表6-6　风险控制措施的优先级(AP)-2

S	O	D	AP	S	O	D	AP
7~8	8~10	7~10	H	9~10	8~10	7~10	H
		5~6	H			5~6	H
		2~4	H			2~4	H
		1	H			1	H
	6~7	7~10	H		6~7	7~10	H
		5~6	H			5~6	H
		2~4	H			2~4	H
		1	M			1	H
	4~5	7~10	H		4~5	7~10	H
		5~6	M			5~6	H
		2~4	M			2~5	H
		1	M			1	M
	2~3	7~10	M		2~3	7~10	H
		5~6	M			5~6	M
		2~4	L			2~4	L
		1	L			1	L
	1	1~10	L		1	1~10	L

　　据优先级判断,等级越高代表越需要优先处理。结果显示:由高到低依次为输血风险、用药风险,以及职业暴露、针刺伤、坠床跌倒、患者投诉、压疮和医疗器械风险。输血风险、用药风险和职业暴露排名居前三位,因此,是此次亟待改进的区域。分析原因,制

定解决方案。对服务流程中可能潜在的风险、薄弱环节予以重新设计和改善。最后固化了 5 个内容：

一是加强制度管理，落实质量控制；

二是提高护理人员业务与素质能力；

三是完善应急预案，健全安全管理体系；

四是重视医患沟通，加强健康教育；

五是营造安全文化氛围，规范工作行为。

四、理论拓展——ISO 31000:2018 风险管理指南①

（一）定义

ISO 31000 提供了一个风险管理框架，支持所有活动，包括组织内各个层次的决策。ISO 31000 框架及其流程应与管理系统集成，以确保组织的所有领域管理控制的一致性和有效性。风险被定义为"不确定性对目标的影响"，其侧重于事件或环境的不完全知识对组织决策的影响。这需要改变对传统风险的理解，迫使组织根据自己的需求和目标量身定制风险管理——这是该标准的关键优势。而风险管理是指针对风险指挥和控制组织的协调活动。

（二）风险管理的原则

风险管理的目的是创造和保护价值。它提高了绩效，鼓励创新并支持目标实现。图 6-1 中概述的原则指出了有效和高效地风险管理的工作特点，并为其提供指导，同时传达了风险管理的价值并阐明了其目标。这些原则是管理风险的基础，在建立组织的风险管理框架和流程时应该予以考虑。组织可使用这些原则来管理不确定性对其目标的影响。

图 6-1　风险管理原则

————————

① 参见 ISO 31000:2018,风险管理指南[S].

（三）风险管理的框架

风险管理框架的目的是帮助组织将风险管理整合到重要的活动和职能中。风险管理的有效性将取决于它能否被整合到组织治理和决策中去，这需要利益相关方，尤其是最高管理层的支持。框架开发围绕整个组织中风险管理的整合、设计、实施、评价和改进。图 6-2 表明整个框架的构成。

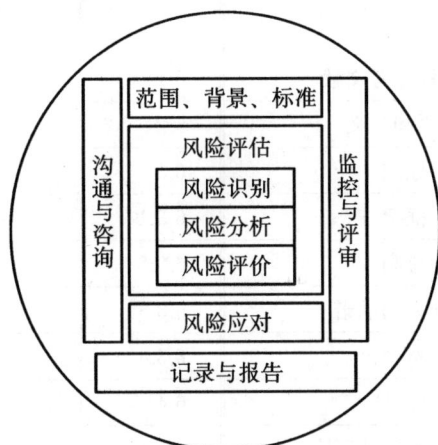

图 6-2 风险管理框架

（四）风险管理的流程

风险管理流程包括系统地将政策、程序和实践应用于沟通和咨询，进行评估、处理、监测、审查、记录和报告风险的活动。这个过程如图 6-3 所示。

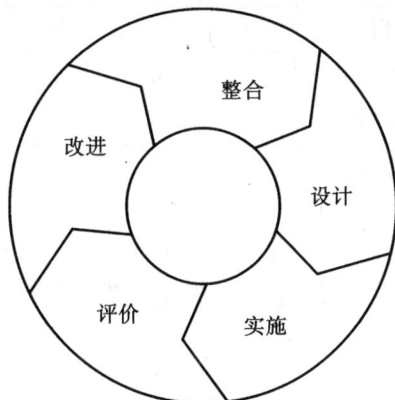

图 6-3 风险管理流程

风险管理流程应该是管理和决策的组成部分，并融入组织的结构、运营和流程。它可应用于战略、运营、方案或项目等层面。组织中可能有许多风险管理流程的应用程式，这些应用程式是为实现目标而定制的，并且适用于其内外部环境。在整个风险管理流程中，都应考虑到人类行为和文化的动态性和变化性。尽管风险管理流程通常表现为有一定的顺序性,但在实践中流程步骤可以是循环反复的。

(五)风险管理的内容

风险管理的内容,如表6-7所示。

表6-7 ISO 31000:2018 标准条款

条款号	标 准	条款号	标 准
1	范围	6	流程
2	规范性参考文献	6.1	总则
3	术语和定义	6.2	沟通与咨询
4	原则	6.3	范围、环境和标准
5	框架	6.3.1	总则
5.1	总则	6.3.2	定义范围
5.2	领导力和承诺	6.3.3	外部和内部环境
5.3	整合	6.3.4	定义风险标准
5.4	设计	6.4	风险评估
5.4.1	了解组织及其环境	6.4.1	总则
5.4.2	明确风险管理承诺	6.4.2	风险识别
5.4.3	分配组织角色、权力、职责	6.4.3	风险分析
5.4.4	资源分配	6.4.4	风险评估
5.4.5	建立沟通和咨询渠道	6.5	风险应对
5.5	实施	6.5.1	总则
5.6	评价	6.5.2	风险应对方案的选择
5.7	改进	6.5.3	准备和实施风险应对计划
5.7.1	适应性	6.6	监控和审查
5.7.2	持续改进	6.7	记录和报告

第二节 质量目标及其实现的策划

一、标准条款

6.2 质量目标及其实现的策划

6.2.1 组织应针对相关职能、层次和质量管理体系所需的过程建立质量目标。

质量目标应:

a)与质量方针保持一致;

b) 可测量；

c) 考虑适用的要求；

d) 与产品和服务合格以及增强顾客满意相关；

e) 予以监视；

f) 予以沟通；

g) 适时更新。

组织应保持有关质量目标的成文信息。

6.2.2 策划如何实现质量目标时，组织应确定：

a) 要做什么；

b) 需要什么资源；

c) 由谁负责；

d) 何时完成；

e) 如何评价结果。

二、理解要点

（1）质量目标应在质量方针、战略、愿景的框架内展开和具体化，其内容应包括满足产品特性要求，服务承诺或行业的技术经济指标，并保留形成文件的信息。

（2）应在相关职能部门、管理权限或过程项目中建立相关质量目标。不同层次应有相应的过程，过程的 KPI 和服务承诺，是管理服务部门的质量目标。

（3）质量目标 SMART 原则。可测量的、测量定量或定性、可通过时段考评予以考评、测评量化。

（4）质量目标应有一定的依据，包括考虑历史数据，同行业水平，目标具有先进性和可实现性。

（5）质量目标应是动态的，随着内外部环境的变化，组织应适时对质量目标的持续适宜性进行评审，以符合组织的实际。

（6）建立质量目标的考核机制，包括考核办法；考核时间；归口管理部门；考核频次（半年、一年考核一次）；根据统计数据计算目标实现率；技术经济指标加权系数的确定；顾客和相关方的反馈意见；不能完成目标的原因；改进措施。

示例：供电企业的质量目标有供电量、供电可靠率、产值、安全天数、设备完好率、调电计划完成率、电压、频率、谐波合格率、线损率、服务承诺指标、顾客满意率等方面。

提问：以下质量目标合理吗？

（1）来料不良率≤2%，责任部门：IQC；

（2）成品合格率≥98%，责任部门：QA；

（3）订单及时交付率≥98%，责任部门：业务部；

（4）培训合格率100%，责任部门：人事部；

（5）客户投诉及时处理率100％，责任部门：QA；

（6）客户满意度≥98％，责任部门：业务部。

三、理论拓展——SMART原则[①]

（一）定义

SMART原则即目标管理，是由彼得·德鲁克提出，是企业日常用的质量管理工具之一和制订计划的重要管理工具。它是一个能使工作由被动变主动的一个很好的工具和能够更加明确高效地工作的好伙伴。同时，它更是很多公司为员工制定绩效考核目标和考核标准的利器。

（二）原则详解

（1）绩效指标必须是具体的（Specific）；

（2）绩效指标必须是可以衡量的（Measurable）；

（3）绩效指标必须是可以达到的（Attainable）；

（4）绩效指标要与其他目标具有一定的相关性（Relevant）；

（5）绩效指标必须具有明确的截止期限（Time-bound）。

无论是制定团队的工作目标还是员工的绩效目标都必须符合上述原则，五个原则缺一不可。制定目标的过程也是自身能力不断增长的过程，经理必须和员工一起在不断制定高绩效目标的过程中共同提高绩效能力，其目标管理考核流程图如图6-4所示。

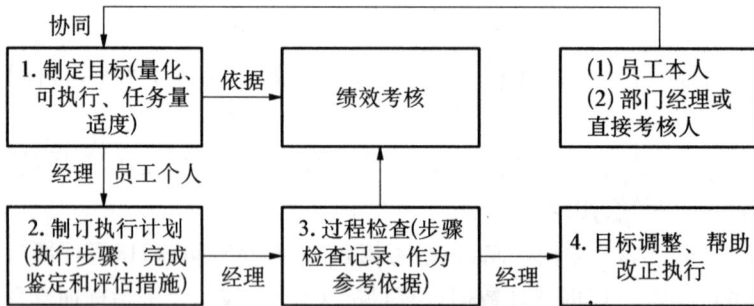

图6-4　目标管理考核流程图

（三）五大原则

1. S(Specific)——明确性

所谓明确就是要用具体的语言清楚地说明要达成的行为标准。有特定的工作指

①　参见李梅.应用SMART原则目标管理实现生物高效课堂的实践研究[D].天津师范大学,2015;李林,曹文华,毕海普.基于SMART原则的企业安全文化评价体系研究[J].中国安全科学学报,2007(02):121-128+1.

标,不能笼统。

实施要求:目标设置要有项目、衡量标准、达成措施、完成期限以及资源要求,使考核人能够很清晰地看到部门或科室月计划要做哪些事情,计划完成到什么样的程度。

2. M(Measurable)——衡量性

衡量性就是指目标应该是明确的,是可以衡量的,而不是模糊的。应该有一组明确的数据,作为衡量是否达成目标的依据。

实施要求:目标的衡量标准遵循"能量化的量化,不能量化的质化"。使制定人与考核人有一个统一的、标准的、清晰的可度量的标尺,杜绝在目标设置中使用形容词等概念模糊、无法衡量的描述。可以将完成目标的工作进行细分化、流程化。

3. A(Attainable)——可实现性

目标是要可以让执行人实现、达到的。不要一下子把目标定得太高太难,当自己完不成目标时会有很大的落差感,对自己的信心也会造成打击。

实施要求:目标设置要坚持员工参与、上下左右沟通,使拟定的工作目标在组织及个人之间达成一致。

4. R(Relevant)——相关性

目标的相关性是指实现此目标与其他目标的关联情况。如果实现了这个目标,但对其他的目标完全不相关,或者相关度很低,那这个目标即使被达到了,意义也不是很大。

实施要求:个人目标与公司、部门目标相关;长、中、短期目标相关;目标与岗位职责相关;目标之间彼此不冲突。

5. T(Time-based)——时限性

目标特性的时限性就是指目标是有时间限制的。

实施要求:目标设置要具有时间限制,定期检查项目的完成进度,及时掌握项目进展的变化情况,以方便对下属进行及时的工作指导,以及根据工作计划的异常情况变化及时地调整工作计划。

第三节 变更的策划

一、标准条款

6.3 变更的策划

当组织确定需要对质量管理体系进行变更时,变更应按所策划的方式实施(见4.4)。

组织应考虑:

a) 变更目的及其潜在后果;

b) 质量管理体系的完整性;

c) 资源的可获得性;

d) 职责和权限的分配或再分配。

二、理解要点

(1) 当组织内外部环境发生变化时(市场变化、机构职能变化、设备设施更新、法律法规变化等),组织应该进行策划的变更或调整,提前预防变更造成的不良影响,确保在可控条件下进行。

(2) 体系变更可能是反应式的(如不合格频繁发生导致返工),也可能是颠覆性的(如大规模机构改革),组织应进行论证,试验,确定变更的可能性,分析变更后可能带来的新的风险,体系变更应得到主管部门批准后实施。

(3) 体系变更应以稳妥、系统的方式来进行,保持体系的完整性和连续性,同时,要理顺部门职能和岗位职责的相互关系,确保资源的可获得性。

(4) 应对体系变更实施监控并进行有效性评价。

三、理论拓展——变更管理

(一) 定义

变更管理(Change Management)是指项目组织为适应项目运行过程中与项目相关的各种因素的变化,保证项目目标的实现而对项目计划进行相应的部分变更或全部变更,并按变更后的要求组织项目实施的过程。

(二) 介绍

变更管理(Change Management)有变更的需求就要有变更的控制和管理。它的主要任务包括:

(1) 分析变更的必要性和合理性,确定是否实施变更;

(2) 记录变更信息,填写变更控制单;

(3) 做出更改,并交上级审批;

(4) 修改相应的软件配置项(基线),确立新的版本;

(5) 评审后发布新版本。

软件生存周期内全部的软件配置是软件产品的真正代表,必须使其保持精确。软件工程过程中某一阶段的变更,均要引起软件配置的变更,这种变更必须严格加以控制和管理,保持修改信息,并把精确、清晰的信息传递到软件工程过程的下一步骤。软件变更管理包括建立控制点和建立报告与审查制度。

(三) 变更的流程

以下是变更生命周期中的几个主要过程和这些过程的要求。

1. 提出

记录变更的详细信息,相当于一个备忘。需要记录的信息可能根据不同组织和不同项目的规定而不同。要点在于变更提出者能简明扼要地记录下有价值的信息,比如缺陷发生时的环境,要变更的功能……

变更管理工具不仅要能方便地记录信息,而且要给记录者一些记录的提示信息,帮助记录者准确地记录变更。

2. 审核

首先,审核者要确认变更的意义,确认是否要修改;其次,审核者要确认变更可能产生的影响,根据影响分析决定是否要修改变更的内容以及对项目其他方面做同步改变;最后,指派项目成员实施该变更。

在这里,关键是审核者要能对变更的相关影响有清楚的认识,这认识并不是说如何修改变更,而是如果修改了该变更,有可能带来什么影响,是否值得修改。很显然,这些信息不是变更提出者在记录时会给出的,而应该是审核者自己辅助其他系统或者工具进行判断。

3. 实施修改

根据变更要求进行修改。

首先要保证修改实施是完全而彻底的,比如提出了一个需求变更,不能只改了需求文档而不改代码或者用户文档。在组织分工情况下,如何协调多个小组同步变更并保证工作产品一致性正成为一个很严峻的问题。

实现变更的一个初始目的就是为了项目的跟踪回溯,那么,针对变更而做的修改也应该被记录下来并被和变更关联起来,实现 why、what 的双向跟踪。

4. 确认

确认验证变更确实得到了确实实施(或者拒绝变更的理由是合理的)。查询和度量分析:项目管理者需要了解项目中各个变更的当前状态,根据变更状态做出各种管理决定;度量分析变更数据,了解项目质量状况;定期进行复盘,寻找变更根源,进行有针对性,甚至是制度化的改进。

关键是要确定要分析哪些数据,如何分析,其详细的流程图如图 6-5 所示。

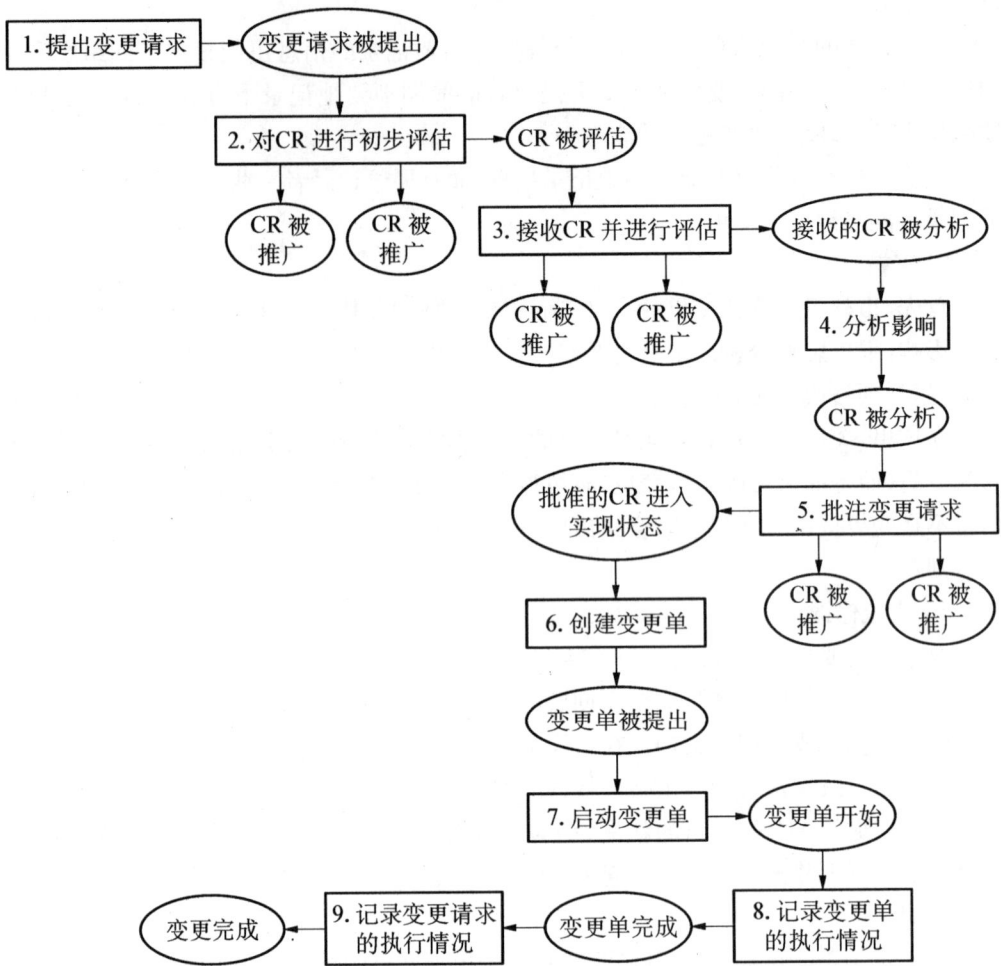

图 6-5 变更管理流程图①

案例启示与分析

案例启示

扁鹊三兄弟②

魏文王问名医扁鹊说："你们家兄弟三人,都精于医术,到底哪一位医术最好呢?"

扁鹊回答说:"大哥最好,二哥次之,我最差。"

---

① 参见变更管理. https://baike.baidu.com/item/%E5%8F%98%E6%9B%B4%E7%AE%A1%E 7%90% 86/9827003? fr=aladdin[DB/OL].2020.

② 参见孙道军,郑苏晖. 管理案例教学实务指南[M].北京:中国市场出版社,2015.

文王再问:"那么为什么你最出名呢?"

扁鹊答说:"我大哥治病,是治病于病情发作之前。由于一般人不知道他事先能铲除病因,所以他的名气无法传出去,只有我们家里的人才知道。我二哥治病,是治病于病情刚刚发作之时。一般人以为他只能治轻微的小病,所以他只在我们的村子里才小有名气。而我扁鹊治病,是治病于病情严重之时。一般人看见的都是我在经脉上穿针管来放血、在皮肤上敷药等大手术,所以他们以为我的医术最高明,因此名气响遍全国。"

文王连连点头称道:"你说得好极了。"

反思:

事后控制不如事中控制,事中控制不如事前控制,可惜大多数的事业经营者均未能体会到这一点,等到错误的决策造成了重大的损失才寻求弥补。弥补得好,当然是声名鹊起,但更多的时候是亡羊补牢,为时已晚。

企业的领导者应对风险可选择规避风险,为寻求机遇承担风险,消除风险源,改变风险的可能性或后果,分担风险,或通过信息充分的决策而保留风险。

案例分析

疫情风险①

安徽某金属制品有限公司的销售经理在向其董事长汇报发生在 2020 年 3 月向武汉的某客户发货失败事件。

董事长:"小王啊,这个月的销售情况如何啊?"

王经理:"董事长,这个月整体销售还不错,但是销往武汉的货在路上被卡在高速路上了,去往武汉的高速公路封路了。"

董事长:"为什么会出现这个情况?"

王经理:"这是发生了全国性的疫情,武汉是最严重的,所有通往武汉的高速公路、铁路、航空全都封了,所以我们的货发不过去了,所造成的的损失我们正在和客户协商。"

董事长:"出现疫情这个情况,是任何人都无法避开的,但是我们企业销售部门,为什么在出现疫情的时候,没有将这种运输风险考虑到?"

王经理:"是的,董事长,是我们疏忽了,我们接下来会把各种类似风险都考虑到我们的运营中来。"

思考:

1. 请以 ISO 9001:2015 质量管理体系标准视角分析此次事件如何整改。

2. 如果你是董事长,你该如何站在企业运营的角度应对企业的风险和机遇?

微信扫码,
加入[本书话题交流群]
与同读本书的读者,讨论本书相关话题,交流阅读心得

① 来源于编者审核案例。

第七章 支 持

组织的硬实力(如基础设施、测量设备等)、软实力(如组织过程运行环境、知识、员工能力、意识等)都是支持组织识别、评价和控制风险,带来新机遇的必需条件。

第一节 资 源

一、标准条款

7.1 资源

7.1.1 总则

组织应确定并提供所需的资源,以建立、实施、保持和持续改进质量管理体系。

组织应考虑:

a) 现有内部资源的能力和局限;

b) 需要从外部供方获得的资源。

7.1.2 人员

组织应确定并配备所需的人员,以有效实施质量管理体系,并运行和控制其过程。

7.1.3 基础设施

组织应确定、提供并维护所需的基础设施,以运行过程,并获得合格产品和服务。

注:基础设施可包括:

a) 建筑物和相关设施;

b) 设备,包括硬件和软件;

c) 运输资源;

d) 信息和通讯技术。

7.1.4 过程运行环境

组织应确定、提供并维护所需的环境,以运行过程,并获得合格产品和服务。

注:适宜的过程运行环境可能是人为因素与物理因素的结合,例如:

a) 社会因素(如非歧视、安定、非对抗);

b) 心理因素(如减压、预防过度疲劳、稳定情绪);

c) 物理因素(如温度、热量、湿度、照明、空气流通、卫生、噪声)。

由于所提供的产品和服务不同,这些因素可能存在显著差异。

7.1.5 监视和测量资源

7.1.5.1 总则

当利用监视或测量来验证产品和服务符合要求时,组织应确定并提供所需的资源,以确保结果有效和可靠。

组织应确保所提供的资源:

a) 适合所开展的监视和测量活动的特定类型;

b) 得到维护,以确保持续适合其用途。

组织应保留适当的成文信息,作为监视和测量资源适合其用途的证据。

7.1.5.2 测量溯源

当要求测量溯源时,或组织认为测量溯源是信任测量结果有效的基础时,测量设备应:

a) 对照能溯源到国际或国家标准的测量标准,按照规定的时间间隔或在使用前进行校准和(或)检定,当不存在上述标准时,应保留作为校准或验证依据的成文信息;

b) 予以识别,以确定其状态;

c) 予以保护,防止由于调整、损坏或衰减所导致的校准状态和随后的测量结果的失效。

当发现测量设备不符合预期用途时,组织应确定以往测量结果的有效性是否受到不利影响,必要时应采取适当的措施。

7.1.6 组织的知识

组织应确定必要的知识,以运行过程,并获得合格产品和服务。

这些知识应予以保持,并能在所需的范围内得到。

为应对不断变化的需求和发展趋势,组织应审视现有的知识,确定如何获取或接触更多必要的知识和知识更新。

注1:组织的知识是组织特有的知识,通常从其经验中获得,是为实现组织目标所使用和共享的信息。

注2:组织的知识可基于:

a) 内部来源(如知识产权、从经验获得的知识、从失败和成功项目吸取的经验和教训、获取和分享未成文的知识和经验,以及过程、产品和服务的改进结果);

b) 外部来源(如标准、学术交流、专业会议、从顾客或外部供方收集的知识)。

二、理解要点

（一）7.1.1　总则

建立、实施、改进质量管理体系需要资源，是必须的。
（1）首先依据范围评审内部资源的能力和受限条件；
（2）然后制订资源配置计划；
（3）考虑外部能够提供的资源；
（4）添置提供所需资源；
（5）展现在年度经营计划或规划里的资源配置。

（二）7.1.2　人员

应理解：
（1）公司应确定有效实施质量管理体系及其过程所需的人员数量。
（2）应考虑人员的相关经验、现有工作量和资格。
（3）目的：履行体系中的职能。
注：为了某个目标，可以聘用外部人员或将服务外包给备选供应商，但必须建立服务水平协议或对服务供方进行审核，或者进行培训。
（4）开展的工作："三定"和"选、用、育、留"的结合。
① 识别需求人员（用人需求的提出，编制业务匹配人力资源规划）；
② 招聘到合适的人员（选对人）；
③ 员工异动（把人放对位置），尤其注意检验、测试、审核、客户投诉处理、设计开发、质量技术、特殊工种等直接影响质量绩效的岗位异动；
④ 外包、外聘特定项目人员；
⑤ 展示组织机构图、岗位一览表、公司花名册等。

（三）7.1.3　基础设施

（1）基础设施：建筑物和配套设施、制造设备、包装、配送、运输、IT 系统、办公室、行业专家。
（2）公司确定运行过程和实现目标必要的基础设施：
① 应考虑哪些设施才能提供合格的产品和服务；
② 基于顾客、法律法规、组织的知识。
（3）策划提供和维护必要的基础设施：
展示公司资源提供计划书、资产清单（台账、档案、说明书）、安全使用规程、维护维修计划、维护维修记录。
（4）建议：通过开展"差距分析"来检查目前的基础设施、识别新需求以及采取的行动。

（5）建议：建立基础设施的需求提出和分析、选型、购置、安装、使用、维护保养、检修、报废的全生命周期管理模式。或采用 TPM 管理工具，借鉴《ISO 55000 资产管理》的适用要求。

（6）注意：设施信息系统和 SAP（R/3 模块化企业管理解决方案）、ERP（企业资源计划系统）、MES（生产执行系统）等业务信息系统的兼容和协调一致。

（四）7.1.4 过程运行环境

公司根据每一个过程输出结果的不同，确定每一个过程所需要的环境，并提供、保持过程运行所需的环境。开展的工作：

（1）识别公司产品和服务实现过程所需要的环境：

① 人文——上下班工作时间、因工作需要的工作、更衣、饮水、卫生、排便等环境；

② 物理——防噪、防尘、温湿、强光、空气流通等环境；

③ 社会——和谐、无歧视、无对抗等环境。

（2）评审所需要的环境。

（3）提供所需要的环境。

（4）保持（维护和管理）所需要的环境：6S 是一个非常好的管理模式，或如"工完料尽场地清"管理等。

展示：项目（产品）开发策划书里对具体环境的要求——如油漆的无尘化环境、特定环境要求的现场、上下班（倒班）相关规定、安全文明生产（办公）管理办法、10S 作业标准、10S 检查记录等文件。

（五）7.1.5 监视和测量资源

（1）监视：观察、检查质量状态，可以是简单的目视检查、量规检查、询问等。

（2）测量：通过使用适当的测量资源确定数量、大小、尺寸，或使用已经确认的服务反馈模式。

（3）公司应当依据建立的 QMS 过程，识别过程监视测量点、识别监视和测量所需要的资源、提供所需要的资源，检定校准、使用、维护、管理这些资源，并形成相关的文件证明实现了结果（目的）和结果有效或者实现追溯。

（4）开展的工作（确定、识别、评审、确认）：

① 确定监视、测量的内容：标准、方法；

② 确定监视测量点（每个过程）；

③ 确定每个监视测量点所需要的监视测量资源；

④ 提供这些资源（购买、自制、外包）；

⑤ 检定或校准，或既检定也校准这些资源；

⑥ 使用这些资源；

⑦ 维持、维护、管理这些资源；

⑧ 形成（编写）文件，指导上述工作，记录上述工作的结果；

⑨ 存档这些文件——产品标准、试验规范和检验作业指导书、过程流程图（显示测量点）、监视测量设备台账（含档案、说明书）、监视测量设备安全操作规程、检定校准计划、内校作业指导书、检定校准结论（标识）、维护维修计划、维护维修记录、停用（报废）处置记录。

（5）注意事项：

① 有些监视和测量需要专业/主题专家来进行。

② 监视和测量资源的搬运（特别是远距离搬运），应有防止失效失准的措施。

③ 测量的追溯，评审结果从无须采取措施到需要召回都有可能，这取决于产品和服务符合性可能造成的风险。

④ 测量设备如果用于验证符合要求并为测量结果的准确性提供信任，公司就必须考虑如何验证和/或校准、控制、存放、使用并维护其准确性。根据产品和服务符合性测量的风险和重要性，制定测量设备的校准计划和维修检查。对照能溯源到国际、国内的测量标准时，校准或检定周期应符合相关要求，目前还没有国际、国内测量标准时，公司应编制自校规程，并在规定的间隔、时间内，由相应能力/资质的人员进行校准。检定、校准状态应易于识别。测量设备停用后应予以封存和标识。应及时发现和纠正测量设备的不正确使用/存放方法。检定、校准、实验人员应具有相应的资质或专业背景，在允许或规定的范围内工作。

（6）重点关注：

① 列入强制性校准或检定的监视测量设备设施；

② 非强制性规定的检验/试验用计量器具；

③ 作为工具使用的计量器具；

④ 设备上的表计；

⑤ 低值易耗计量器具；

⑥ 自检自校计量器具/工装；

⑦ 监视和测量软件或装置；

⑧ 依据《中华人民共和国计量法》。

（六）7.1.6　组织的知识

（1）组织知识：过程运行以及实现产品和服务符合性的必要知识。包括但不限于：

① 设计、工艺、制造、服务过程中获取的经验教训、失效分析等，包括对各类疏失、突发事件、特殊质量问题的措施；

② 典型、批量、惯性问题的发生情况处置方法、结果记录、分析和结论意见等；

③ 先进的管理理念、管理方法、最佳实践、工作方法、技能技艺、检测方法等；

④ 科研成果、工艺成果、QC 成果等；

⑤ 产品性能说明书、产品使用说明书、产品故障分析、产品维护指南等；

⑥ 知识产权（含专利和企业标准）等。

（2）知识的来源：人员及其经验是组织知识的基础。

① 从失败、临近失败的情况和成功中汲取经验教训；

② 获取组织内部人员的知识和经验；

③ 从顾客、供应商和合作伙伴方面收集知识；

④ 获取组织内部存在的知识（隐性和显性的），如辅导和继任计划；

⑤ 与竞争对手比较；

⑥ 与相关方分享组织知识，以确保组织的可持续性；

⑦ 根据改进的结果更新必要的组织知识。

（3）组织知识的管理：识别、获取、吸收（创新）、传播、应用等方面的一组过程。

① 目的：正确的时间、正确的地段、具有正确的知识；

② 识别：结合公司过程运作、产品和服务实现所需，列出名目，评审；

③ 获取：公司获取、员工获取——编辑发布、邮件采集、网页监采、经验库、知识库、行业数据库；

④ 吸收（创新）：将知识形成公司的管理文件、作业指导书、操作指南，等等；

⑤ 传播：手册、网站、微信、看板、座谈会等；

⑥ 应用：采取措施、借助工具将各类知识导入流程（过程）各环节。分三个阶段：一是知识的生成阶段：借助于引擎搜集、利用数据挖掘、知识工具合成等形成一个知识体系；二是知识的编码阶段：通常按流程知识、事实知识、编目知识和文化知识对获取的知识进行标准化编纂，或建立知识地图，目的有序化，方便获取；三是知识的转移和流动：网上培训、知识推送等。

（4）特别关注：

数据未分析、重复开发已存在的知识、同类问题重复发生、问题解决未纳入规范、重要隐性知识掌握在少数人手中又无防流失措施、相同工作因人不同绩效差异较大。

（5）开展的工作（落地）：

① 建立知识管理过程。手册、指导书等是重要的输出结果。

② 建立专门的知识管理人员和机构。

③ 指派负责人。

④ 搜集已有知识，编纂成册（或知识地图）。

⑤ 培训传播。

⑥ 经验分享，及时更新，成册（或知识地图）再版。

三、理论拓展——TPM 全员生产维护[①]

（一）定义

全员参与的生产保全（Total Productive Maintenance，TPM），简称"全员生产维

---

① 参见王欢喜. 基于 TPM 的企业设备管理体系构建与改善[D].湖南大学,2014;李晓飞. 基于 TPM 的万里公司设备管理体系的完善[D].兰州理工大学,2013.

护"，也称为"全员生产保全"。这是日本人在 20 世纪 70 年代提出的，是以提高设备综合效率为目标，以全系统的预防维护为过程，全体人员参与为基础的设备保养和维护管理体系。在非日本国家，由于国情不同，对 TPM 的理解是：利用包括操作者在内的生产维护保全活动，提高设备的全面性能。

(1) 事后维修(Breakdown Maintenance,BM)，这是最早期的维修方式，即出了故障再修，不坏不修。

(2) 预防维护(Preventive Maintenance,PM)，这是以检查为基础的维修，利用状态监测和故障诊断技术对设备进行预测，有针对性地对故障隐患加以排除，从而避免和减少停机损失，分定期维修和预知维修两种方式。

(3) 改善维护(Corrective Maintenance,CM)，改善维修是不断地利用先进的工艺方法和技术，改正设备的某些缺陷和先天不足，提高设备的先进性、可靠性及维修性，提高设备的利用率。

(4) 维护预防(Maintenance Prevention,MP)，维修预防实际就是可维修性设计，提倡在设计阶段就认真考虑设备的可靠性和维修性问题。从设计、生产上提高设备品质，从根本上防止故障和事故的发生，减少和避免维修。

(5) 生产维护(Productive Maintenance,PM)，是一种以生产为中心，为生产服务的一种维修体制。它包含了以上四种维修方式的具体内容。对不重要的设备仍然实行事后维修，对重要设备则实行预防维修，同时在修理中对设备进行改善维修，设备选型或自行开发设备时则注重设备的维修性(维修预防)。

(二) TPM 的特点

TPM 的特点就是三个"全"，即全效率、全系统和全员参加。

(1) 全效率，指设备寿命周期费用评价和设备综合效率；

(2) 全系统，指生产维修系统的各个方法都要包括在内，即 PM、MP、CM、BM 等都要包含；

(3) 全员参加，指设备的计划、使用、维修等所有部门都要参加，尤其注重的是操作者的自主小组活动。

(三) TPM 的三大管理思想

TPM 拥有众多的活动机制，但是，这些活动机制归根结底都是建立在预防哲学、"零"目标、全员参与和小集团活动这三大管理思想基础之上的。

1. 预防哲学

预防哲学是 TPM 的核心管理思想。在工厂管理中，要做到"预防为主，治疗为辅"。通过确立预防的条件，防患于未然。进行日常预防、健康检查和提前治疗，从而排除物理性、心理性缺陷，排除强制劣化，消灭工厂中长期存在的慢性不良疾患，延长工厂、设备和工具的使用寿命，减少浪费的发生。

2. "零"目标

目标是引导企业向前发展的路标。在制定企业目标的时候,TPM 要求企业一定追求"零"目标,即追求一种极限目标。例如,追求零缺陷(ZD),就是要求企业充分发挥人的主观能动性来进行经营管理,生产者要努力使自己的产品、业务没有缺点,并向着高质量标准目标而奋斗。因此,"零"目标是管理理念的最高境界,需要我们持之以恒地去追求。零缺陷、零事故、零灾害等"零"目标可以从两个方面来加以理解:如果竞争对手或者同行的管理水平还没有达到"零"目标时,企业就应当追求"零"目标;如果竞争对手也在追求"零"目标,或者已经接近"零"目标,那么企业就应该用速度制胜,加速达到"零"目标。一句话,追求"零"目标就是为了建立企业的竞争优势,其目标示意图如图 7-1 所示。

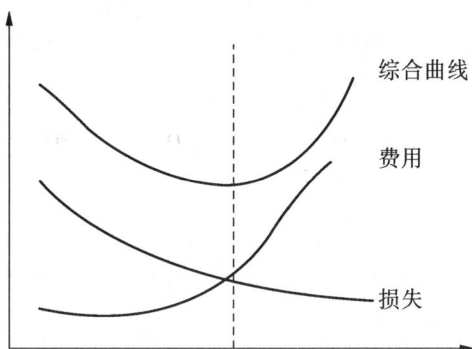

图 7-1　TPM 目标示意图

3. 全员参与和小集团活动

全员参与是当代企业管理的普适理念,只有全员参与,才能长久、持续地维持企业的改善和革新活动。因此,对于企业管理者来说,最重要的是要建立起各种各样的小集团活动机制,提高组织成员参与的热情和参与能力,建设被激活的团队,实现组织成果的最大化。组织成果的最大化要求将某一个改善团队成功的事例及时地向所有团队、所有部门进行推广。这样,不但能够让成功团队的成员在心理上获得满足,使其有进一步改善的信心和动机,还能激起其他团队成员的好胜心,带动整个团队的改善活动。

(四)TPM 两大活动基石

TPM 活动的两大基石分别是彻底的 5S 活动和小集团活动机制。

1. 彻底的 5S 活动

5S 包括整理(Seiri)、整顿(Seiton)、清扫(Seiso)、清洁(Setketsu)、素养(Shitsuke)5 个项目,因日语的罗马拼音均以"S"开头,故简称为 5S。一般说来,彻底的 5S 活动是TPM 活动推进的基础台阶,脱离了 5S 活动是不可能实现 TPM 的。它的核心内容是将整理、整顿、清扫部分具体化,并从细微处开始确立并遵守规则,以便创造有规则、有秩序、整洁的工厂,实现可视化管理。5S 活动的作用是基础性的,任何有 TPM 意图的企业都应先推行 5S。但是,如果企业只推行 5S 而不推行 TPM,那么管理水平就无法获得更大的提高,即无法达到 TPM 的零消耗目标。因此,5S 和 TPM 都非常重要,两者之间相辅相成、缺一不可。

2. 小集团活动机制

小集团活动的机制是 TPM 活动的另一个重要基石。小集团是实施改善项目或革新项目的基本单位。企业应当在其组织内部构建起小集团活动机制,创造全员改善的氛围,倡导员工参与到一个或多个改善团队中去。如果缺乏这种小集团活动机制,企业的 TPM 活动也就失去了活动基础,这是很难成功的。

(五) TPM 八大支柱

TPM 活动的展开有八个重点,也被称为 TPM 八大支柱。八大支柱包括了工厂管理中方方面面的内容,具体分别是指自主保全、个别改善、专业保全、初期管理、品质保全、人才培养、事务改善和环境安全。其中,自主管理是 TPM 中最为核心的内容之一,如图 7-2 所示。

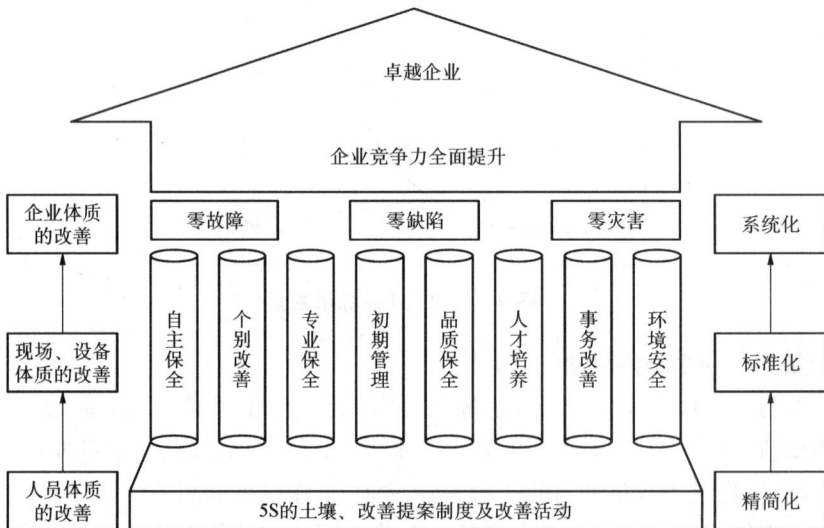

图 7-2 TPM 八大支柱示意图

在实际管理过程中,企业内各部门的分割必然带来管理效率的整体下降,而八大支柱通常需要跨部门的机制来实现。这样,通过开创跨部门的改善活动,以重叠式的小组活动来达到意识和行为的变更,能够使整个管理环节连贯起来,进而达到最佳的设备综合效率和经营效率。

四、理论拓展——9S 管理[①]

(一) 定义

9S 包括整理(Seiri)、整顿(Seiton)、清扫(Seiso)、清洁(Seiketsu)、节约(Saving)、安

---

① 参见 9S 管理.https://wiki.mbalib.com/wiki/9S%E7%AE%A1%E7%90%86[DB/OL].2020.

全(Safety)、服务(Service)、满意(Satisfaction)、素养(Shitsuke)。

（二）介绍

1. 整理

整理就是将混乱的现场的状态收拾成井然有序的状态。9S管理是为了改善整个企业的体质,整理也是为了改善企业的体质,因此,在工作场所里没有用处的东西就不必配备。也就是说,首先判断哪些是不必要的东西,再将这些不必要的东西丢掉。因此,工厂的整理:

（1）区分哪些是必要的东西,哪些是不必要的东西;

（2）抛弃不必要的东西;

（3）将必要的东西收拾得井然有序。

2. 整顿

整顿,就是整理散乱的东西,使其处于整齐的状态,目的是在必要的时候能迅速找到必要的东西。整顿比整理更深入一步,表现在:能迅速取出;能立即使用;处于能节约的状态。

3. 清扫

清扫就是清除垃圾、污物、异物等,把工作场所打扫得干干净净,工厂推行9S运动时,清扫的对象是:地板、天花板、墙壁、工具架、橱柜等;机器、工具、测量仪器等。

4. 清洁

清洁就是保持工作场所没有污物,非常干净的状态,即一直保持清扫后的状态。通过一次又一次的清扫,使地板和机器都保持得干干净净,让人看了之后受到感动。

5. 节约

节约,即为减少浪费,降低成本。随着产品的成熟,成本趋向稳定。相同的品质下,谁的成本越低,谁的产品竞争能力就越强,谁就有生存下去的可能。通过节约活动可以减低各种浪费、勉强、不均衡,提高效率,从而达成最优化。推行节约活动可以避免场地浪费,提高利用率;减少物品的库存量;减少不良的产品;减少动作浪费,提高作业效率;减少故障发生,提高设备运行效率等。

6. 安全

安全活动是指为了使劳动过程在符合安全要求的物质条件和工作秩序下进行,防止伤亡事故、设置事故及各种灾害的发生,保障劳动者的安全健康和生产、劳动过程的正常进行而采取的各种措施和从事的一切活动。干净的场所,物品摆放井然有序,通道畅通,能很好地避免意外事故的发生。安全活动的目的还在于对员工的培养,员工建立了自律的心态,养成认真对待工作的态度,必能极大地减少由于工作马虎而引起的安全事故。

7. 服务

服务是指要经常站在客户(外部客户、外部客户)的立场思考问题,并努力满足客户要求。许多企业都非常重视外部客户的服务意识,却忽视对内部客户(后道工序)的服务,甚至认为都是同事,谈什么服务。而在 9S 活动中的服务,尤其是工厂管理中,必须注意内部客户(后道工序)的服务。

服务不是对客户说的,而是要向客户实实在在的做的,要深入企业方方面面。让员工从心里接受客户就是上帝的观念并身体力行,而不是停留在口头上。

8. 满意度

满意是指客户(外部客户、内部客户)接受有形产品和无形服务后感到需求得到满足的状态。满足活动是指企业开展一系列活动以使各有关方满意。

9. 素养

素养就是在仪表和礼仪两方面做得好,严格遵守企业推行 9S 运动规定,并做到:养成良好 9S 运动习惯。素养是"9S"活动的核心,没有人员素质的提高,各项活动就不能顺利开展,就是开展了也坚持不了。

五、理论拓展——GB/T 29490—2013 企业知识产权管理规范①

(一) 概述

本标准通过提供一套企业知识产权管理模型,用于指导企业策划、实施、运行、评审和改进知识产权管理体系。

企业知识产权管理体系作为企业管理体系的一部分,采用过程方法建立企业知识产权管理模型;与其他管理体系的过程一致,分为知识产权管理的策划、实施、检查和改进四个环节,如图 7-3 所示。

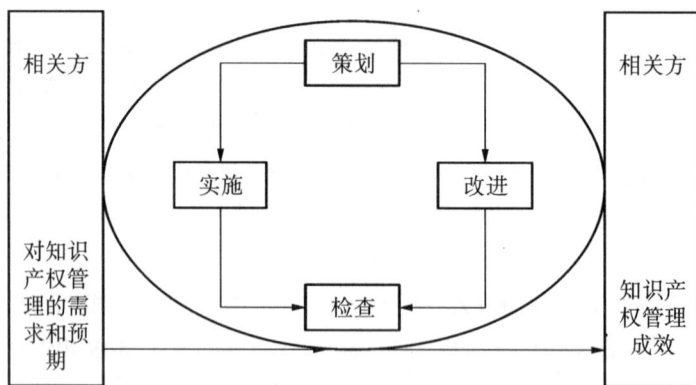

图 7-3　知识产权过程方法

使用资源将输入转化为输出的任何一项或一组活动均可视为一个过程。通常,一个过程的输出将直接成为下一个过程的输入。知识产权管理体系作为一个整体过程,输入是企业经营发展对知识产权管理的需求和预期,通常来说,包括:

---

① GB/T 29490—2013,企业知识产权管理规范[S].

（1）企业的知识产权没有进行科学系统的管理，存在知识产权流失和侵权风险；

（2）知识产权没有发挥应有的作用，没有合理利用现有成果；

（3）知识产权投入较大，成效不突出。

通过持续实施并改进的知识产权管理体系，可以提高企业核心竞争力，防范知识产权风险，体现在：

（1）通过知识产权提升企业市值，提高股东满意度；

（2）降低企业因知识产权侵权和被侵权而带来的经济损失；

（3）在业务过程中运用知识产权提升产品价值，提高客户满意度；

（4）促进企业技术创新，提升技术创新对企业发展的贡献。

（二）过程方法

本标准鼓励采用知识产权管理体系的过程方法：

（1）理解企业知识产权管理需求，制定知识产权方针和目标；

（2）知识产权管理的总体目标是为了提高企业核心竞争力，防范知识产权风险；

（3）在企业的业务环节（产品的立项、研发、采购、生产、销售和售后）中实现对知识产权的获取、维护、运用和保护；

（4）对知识产权管理效果进行监控和评审；

（5）根据评审结果对知识产权管理体系进行持续改进。

（三）实施原则

针对所有相关方的需求，实施并保持持续改进其业绩的知识产权管理，在实施过程中宜遵循以下原则。

1. 战略导向

企业要在战略层面统一部署经营发展、研究开发和知识产权管理，使企业的经营发展、研究开发和知识产权管理互相支撑、互相促进。

2. 领导作用

领导者的支持和参与是系统实施知识产权管理的关键。对领导者、管理者的培训和教育是取得知识产权管理成功的前提。

3. 全员参与

知识产权涉及全体员工、各业务领域和各业务环节，需要动员全员参与，发挥企业系统整体的力量，才能保证知识产权管理体系的有效实施。

（四）影响因素

企业按照本标准的要求，设计和实施知识产权管理体系时，充分考虑以下因素的影响：

（1）经济、社会、文化、法律、政策和市场环境；

（2）企业持续发展的要求、竞争策略、组织规模和组织结构；

（3）企业的产品及其依赖的核心技术、业务流程。

（五）知识产权内容

表 7-1 为知识产权管理规范内容目录。

表 7-1　知识产权管理规范内容目录

条款号	标　准	条款号	标　准	条款号	标　准
2	范围	6.3.1	知识产权管理体系策划	8.3	运用
3	规范性引用文件	6.3.2	知识产权目标	8.3.1	实施、许可和转让
4	术语和定义	6.3.3	法律法规和其他要求	8.3.2	投资融资
4.1	知识产权	6.5	职责、权限和沟通	8.3.3	合并与并购
4.2	过程	6.5.1	管理者代表	8.3.4	标准化
4.4	产品	6.5.2	机构	8.3.5	联盟及相关组织
4.5	体系	6.5.3	内部沟通	8.4	保护
4.6	管理体系	6.6	管理评审	8.4.1	风险管理
4.7	研究开发	6.6.1	评审输入	8.4.2	争议处理
5	知识产权管理体系	6.6.2	评审输出	8.4.3	涉外贸易
5.1	总要求	7	资源管理	8.5	合同管理
5.2	文件要求	7.1	人力资源	8.6	保密
5.2.1	总则	7.1.1	知识产权工作人员	9	实施和运行
5.2.2	文件控制	7.1.2	教育与培训	9.1	概念阶段
5.2.3	知识产权手册	7.1.3	人事合同	9.2	研究开发
5.2.4	外来文件与记录文件	7.1.4	入职	9.3	采购
5.3	编制形成文件的程序	7.1.5	离职	9.4	生产
5.4	一致性要求	7.1.6	激励	9.5	销售和售后
5.5	附录 A 要求	7.2	基础设施	10	审核和改进
5.6	附录 B 要求	7.3	财务资源	10.1	总则
6	管理职责	7.4	信息资源	10.2	内部审核
6.1	管理承诺	8	基础管理	10.3	分析与改进
6.2	知识产权方针	8.1	获取		

第二节 能 力

一、标准条款

> **7.2 能力**
>
> 组织应：
>
> a) 确定在其控制下工作的人员所需具备的能力，这些人员从事的工作影响质量管理体系绩效和有效性；
>
> b) 基于适当的教育、培训或经验，确保这些人员是胜任的；
>
> c) 适用时，采取措施以获得所需的能力，并评价措施的有效性；
>
> d) 保留适当的成文信息，作为人员能力的证据。
>
> **注：**适当措施可包括对在职人员进行培训、辅导或重新分配工作，或者聘用、外包胜任的人员。

二、理解要点

(1) 公司应当识别履行质量职责所需要的必要能力并采取措施确保人员能够胜任。

(2) 开展的工作：

① 识别和界定从事影响质量绩效和效率的岗位——组织机构图、岗位一览表。

② 确定岗位能力要求，进行岗位分析和岗位能力分析——编制岗位说明书：岗位分析可采用横向对比（均衡系数法——定量法则）、水平对比等方法，建立岗位的胜任力模型、明确岗位的适任条件、确定员工能力考核方法和准则——体现在"岗位说明书、能力测评指导书"里。

③ 对已经在岗人员，进行能力评价：

a. 初步适任的，可以使用激励、绩效考核等手段，确保人员能力持续适任。

b. 能力达不到岗位任职要求的，可以换岗、提出培训要求。

c. 综合考虑公司人力资源规划、自身人才培养目标、岗位的培训需求，统筹考虑培训预算安排，汇总成培训计划，采用师带徒、脱产培训、业余培训等多种措施组织实施。

d. 围绕培训目标，设计培训有效性的评价方式和内容，理论考试、实际操作测评、业绩评定、行为观察等，展示培训和评价的过程资料、培训评价结果。

(3) 注意：

① 当法律法规或内部有要求时，相关岗位人员必须持有效的资质证书，体现在岗

位一览表的资质要求一栏里,资质证书(原件或复印件)。

② 特殊情况下,考虑延伸培训(如迪士尼乐园户外清洁工使用各类相机、摄影机的技能培训)——展示培训计划、培训和培训评价过程资料、培训评价结果。

③ 使用外部提供时,要有控制措施。展示:外包过程评审、外包协议(含能力和服务水平要求)、验证外部提供的产品和服务(标准、验证指导书、记录)。

三、理论拓展——HR 三支柱模型[①]

(一) 定义

"HR 三支柱模型"概念,是代维·尤里奇(Dave Ulrich)1996 年提出来的,即 COE(专家中心)、HRBP(人力资源业务伙伴)和 SSC(共享服务中心)。以三支柱为支撑的人力资源体系源于公司战略,服务于公司业务,其核心理念是通过组织能力再造,让 HR 更好地为组织创造价值,如图 7-4 所示。HR 三支柱模型本质上是基于对企业人力资源组织和管控模式上的创新。传统意义上的 HR 的组织架构是按专业职能划分的,比如常说的六大模块,招聘、培训、薪资福利、绩效、员工关系作为不同的职能板块。

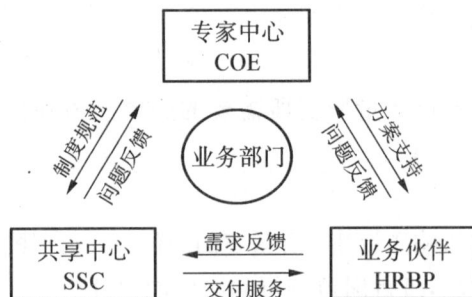

图 7-4　HR 三支柱模型图

(二) 人力资源共享服务中心(HRSSC)

将企业各业务单元中所有与人力资源管理有关的基础性行政工作统一处理。比如员工招聘、薪酬福利核算与发放、社会保险管理、人事档案、人事信息服务管理、劳动合同管理、新员工培训、员工投诉与建议处理、咨询服务等集中起来,建立一个服务中心来统一进行处理。HRSSC 角色和职责:

(1) 员工呼叫中心:支持员工和管理者发起的服务需求;

(2) HR 流程事务处理中心:支持由 COE 发起的主流程的行政事务部分(如发薪、招聘);

---

① 参见马海刚,彭剑锋,西楠.HR+三支柱:人力资源管理转型升级与实践创新[M].北京:中国人民大学出版社,2017.

（3）HRSSC 运营管理中心：提供质量、内控、数据、技术（包括自助服务）和供应商管理支持。

HRSSC 是 HR 效率提升的驱动器，其使命是为 HR 服务目标群体提供高效、高质量和成本最佳的 HR 共享服务。为此，HRSSC 通常地需要一个分层的服务模式来最大化工作效率。

（三）人力资源业务合作伙伴（HRBP）

HRBP 是人力资源内部与各业务经理沟通的桥梁。HRBP 既要熟悉 HR 各个职能领域，又要了解业务需求，既能帮助业务单元更好地维护员工关系，处理各业务单元中日常出现的较简单的 HR 问题，协助业务经理更好地使用各种人力资源管理制度和工具管理员工。同时，HRBP 也能利用其自身的 HR 专业素养来发现业务单元日常HRM 中存在的种种问题，从而提出并整理发现的问题交付给人力资源专家，采用专业和有效的方法更好地解决问题或设计更加合理的工作流程完善所在业务单元的运营流程。HRBP 的角色和职责：

（1）战略伙伴：在组织和人才战略、核心价值观传承方面推动战略的执行；
（2）解决方案集成者：集成 COE 的设计，形成业务导向的解决方案；
（3）HR 流程执行者：推行 HR 流程，支持人员管理决策；
（4）变革推动者：扮演变革的催化剂角色；
（5）关系管理者：有效管理员工队伍关系；

（四）人力资源专家（COE）

主要职责是为业务单元提供人力资源方面的专业咨询。包括人力资源规划、人事测评、培训需求调查及培训方案设计、绩效管理制度设计、薪酬设计和调查等专业性较强的工作，同时帮助 HRBP 解决在业务单元遇到的人力资源管理方面的专业性较强的难题，并从专业角度协助企业制定和完善 HR 方面的各项管理规定，指导 HRSSC 开展服务活动。HRCOE 的角色和职责：

（1）设计者：运用领域知识设计业务导向、创新的 HR 的政策、流程和方案，并持续改进其有效性；
（2）管控者：管控政策、流程的合规性，控制风险；
（3）技术专家：对 HR BP/HR SSC、业务管理人员提供本领域的技术支持。

注：对于全球性/集团型的大型公司来说，由于地域/业务线的复杂性，HR COE 需要为不同的地域/业务线配置专属资源，以确保设计贴近业务需求。其中，总部 COE 负责设计全球/全集团统一的战略、政策、流程和方案的指导原则，而地域/业务线 COE 则负责结合地域/业务线的特点进行定制化，这样的 COE 设置可以实现在全公司一致的框架下，允许业务所需的灵活性。

（五）HR 三支柱模型的适用条件

并非所有的企业都适用于三支柱模式，但这个设定不影响其他类型企业按需转型，按需去发展适应本企业的单个 HRBP，而完整地架设三支柱模式的公司，适用条件主要有：

（1）企业具有一定的规模：企业有庞大的下属子公司或者机构，员工数量众多；各子公司或分支机构中均设立人力资源部，且各人力资源部均重复性地设立了很多职能相似的部门。

（2）人力资源活动的相似性：各子公司或下设机构的人力资源活动有较高的相似性，可以将某些人力资源工作从下面收归到集团层面来进行统一处理。

（3）公司高层领导的重视度：高层领导重视人力资源管理，有从人力资源管理方面提升企业竞争力的愿望。

四、理论拓展——人力资源管理 5P 模型[①]

（一）定义

关于人力资源管理的 5P 模型，不同学者有不同的看法。

林泽炎博士的著作《3P 模式：中国企业人力资源管理操作方案》，从职务分析（Position）、绩效评估（Performance）、薪酬设计（Payment）3 个方面展开了人力资源管理的内容，但是这 3P 并未涉及人力资源管理的另外两大核心内容，即人员招聘与培训。于是，有人在林泽炎博士的 3P 模型的基础上进行补充，又提出了人员挑选与人员培训（People）以及工作积极性（Positive Attitude），以此形成了人力资源管理 5P 模型（见图 7-5）。

图 7-5　人力资源管理 5P 模型

郑晓明博士在《现代企业人力资源管理导论》一书中提出人力资源管理的"5P"模式："识人（Perception）、选人（Pick）、用人（Placement）、育人（Professional）、留人（Preservation）"，为企业建立一整套科学有效的人力资源管理体系提供了比较有价值的借鉴意义。一般我们以这"5P"来指导企业未来战略的制定和新员工对公司的深入了解。

---

①　参见廖建桥.5P 模型——一种新的人力资源管理分类方法[J].管理学报，2004(01):71-75+4；夏宋明，李妍蓉.新形势下人力资源管理的 5P 模型[J].重庆交通大学学报(社会科学版)，2009,9(05):66-68.

（二）人力资源管理 5P 模式概述

1. 识人

人才识别是以科学的人才观念为指导，借助科学的人才测评技术和手段，识别符合企业需求的真正的人才。只有正确识别出人才的知识、技能与能力，才能为人才的选用提供科学的依据，为人力资源管理奠定基础。

2. 选人

选人是"先导"，选人必须在"识人"的基础上进行，围绕岗位胜任力模型，设计科学的选拔方案，同时借助科学的选拔工具和手段提高选拔的信度和效度。首先，必须在工作分析的基础上建立并完善岗位说明书，并定期进行岗位评价，实施动态管理。其次，采用现代化的手段和工具，引入诸如网络面试、角色扮演、情景模拟等人才测评手段，采用网络化和科学化的测评工具，提高选人的科学性。

3. 用人

用人是"核心"，企业的人力资源管理的出发点和落脚点在于用人，通过对人力资源的合理配置和使用，达到人尽其才、才尽其用，同时达成组织既定的目标。具体来说，首先，应在企业发展战略的基础上，制定人力资源战略规划，并分解制定科学合理的年度招聘计划，严格界定需引进人才的数量、层次和结构等内容；其次，在人力资源配置过程中，遵循"量才适用、科学合理配置"的原则，建立和完善人员流动机制。

4. 育人

育人是"动力"，育人必须以战略为导向，既注重满足当前需求的培训，更注重满足未来需求的开发，着力建立一套科学的培训与开发体系。首先，应从战略层次提出企业当前和未来发展所必需的人力资源数量和素质特征。其次，针对企业当前的对人力资源素质的需求，制订培训计划并实施，以化解企业当前的技能风险。第三，针对企业未来发展对人力资源的数量和素质的需求，制定具体的开发方案，以化解企业未来的技能风险。

5. 留人

留人是"目的"，留人要解决"留什么人，怎样留人"问题，必须围绕"持续激励人"这个核心，建立科学的考核与薪酬体系。显然，企业应该留住的是人才，而人才又可以分为"现实的人才"和"潜在的人才"两类。对于前者，我们要给予奖励和晋升，激励他们继续为企业工作；对于后者，我们要给予培训与开发，使他们尽快成为现实的人才。

（三）人力资源管理 5P 模式探讨

现代人力资源管理的基本任务是：根据企业发展战略的要求，有计划地对人力资源进行合理配置，通过对企业中员工的招聘、培训、使用、考核、评价、激励、调整等一系列过程，调动员工的积极性，发挥员工的潜能，为企业创造价值，确保企业战略目标的实现。为了实现这个目标，应着力构建以识人、选人、用人、育人和留人为子系统的 5P 模

型,并围绕建立以下五大系统:

1. 以识人为基础的"素质测评与岗位分析系统"

企业首先要明确地知道各个职位需要什么样的员工,建立工作分析系统可以帮助企业明晰对员工工作的要求。为此,人力资源部首先必须清楚地了解企业整个组织机构的设置情况,建立各职能部门档案。进行岗位描述,将整个系统按生产、销售和物流等各种职能分开,对工作所包含的各种任务、活动进行详细的描述,说明要做好这项工作,员工应该具有的知识、技能及各种能力,并确定这项工作与其他工作的关系,制定出各部门所需要的人才对象和数量。同时还应根据企业的整体战略适时调整组织机构及其职权,进行系统的工作分析。为获取大量信息,常用的工作分析方法如表7-2所示。

表7-2 常用的工作分析方法

观察法	人力资源管理分析者直接观察员工的工作情况和行为举止,或通过录像来了解这些信息
访谈法	对从事各项工作的员工进行全面访谈,了解各方面的信息
问卷法	编制与员工工作活动有关的问题,整理分析出所有可能存在的工作活动内容
技术会议方法	从专业知识丰富的各类主管人员或相关管理者那里获得关于各项工作的具体特点
日记法	让做各项工作的员工在每天的日记中记下他们的活动内容

2. 以选人为先导的"招聘与选拔系统"

招聘与选拔是为了挑选企业的潜在员工,有效的人员招聘和选拔的目标是使员工的个人特点(能力、经验等)与工作要求相匹配。人员的招聘和选拔应该包括内部招聘选拔和外部招聘选拔两种途径,可以通过多种方式进行。例如,申请表、面试、录用测验、背景核查和个人推荐信,等等。在进行外部招聘与选拔的过程中应该采取更细致的方法,细致的过程可以帮助管理者对应聘者的素质做出更准确、更合理的判断,有利于应聘者对企业的了解,使员工将来能够更好地适应企业环境。

3. 以用人为核心的"配置与使用系统"

人员配置与使用不当,员工的工作绩效和满意度都会受到不利影响,因而把合适的人安排到合适的岗位是非常重要的。这就要求管理人员善于观察和发现员工的能力、兴趣。对于企业的人力资源来说,如果能实现人才回流,则可以促进企业的变革以使人力资源的配置与使用达到更高水平。人才回流是促使业务产生乘数效应的重要一环。

4. 以育人为动力的"培训与开发系统"

员工的技能会随着时间的推移和新技术的应用而老化,变得陈旧、过时,对员工进行培训是激烈竞争、技术变革和提高生产率水平的必然要求。这种培训与开发系统不仅仅只是培训技术技能还应该包括员工的品德修养、人际交往技能、解决问题技能等等,使员工成为技术精良、人格健全的人。21世纪的成功企业属于那些善于学习的企业,创建学习型组织造就在学习和训练中提高员工的素质和技能,形成良性的培训和开发系统。

5. 以留人为目的的"考核与薪酬系统"

人力是一种资源,因而在对员工进行培训,帮助员工获得更好的成长空间的同时,能把优秀的员工留在企业是人力资源管理的最终目的。合理的考核与薪酬体系不但能够促进员工的爱岗、敬业精神、良性竞争意识,也能让员工看到自己努力的回报,找出自身存在的不足,最终也能够留住有用之才,让他们与企业未来共进退。从心理学的角度来说,员工不仅需要满足物质需求还需要满足精神需求。这种精神需求可能是鼓励也可能是职位的升迁。因此,必须了解员工的需求,建立合理的薪酬体系,用事业留人也用感情留人,让那些优秀人才永远成为企业的中坚力量。

五、理论拓展——能力素质模型①

(一)定义

能力素质是个体的一种潜在特质,它与一个人在工作中或某一情境中所表现出的与绩效关联的有效的或高绩效的行为有着明显的因果关联。它可预测一个人在一般的、常见的情境下和在一个持续的、特定的时期内的行为方式、思维方式。

能力素质模型(Competency Model)指担任某一特定的任务角色,所需要具备的能力素质的总和,如图7-6所示。1973年,麦克利兰博士在《美国心理学家》杂志上发表一篇文章 *Testing for Competency Rather Than Intelligence*,它的发表是能力素质运动的开端。

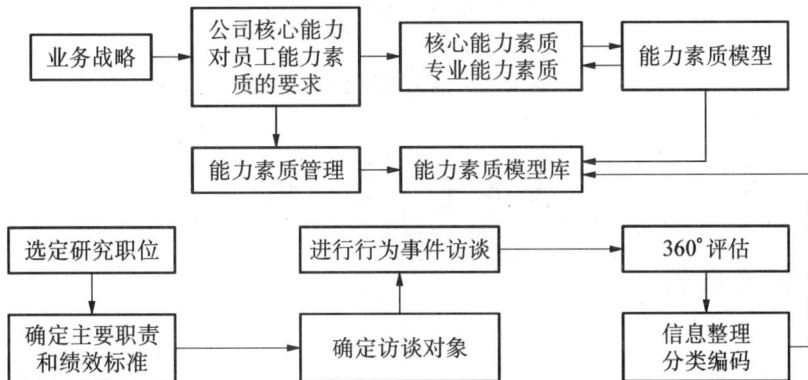

图7-6　能力素质模型

---

①　参见李建明.能力素质模型在H电力企业中的应用研究[D].海南大学,2015;王卫玲.基于能力素质模型的宜家人力资源管理体系研究[D].北京工业大学,2013.

（二）能力素质模型的三类能力

（1）通用能力指适用于公司全体员工的工作胜任能力。它是公司企业文化的表现，是公司内对员工行为的要求，体现公司公认的行为方式。

（2）可转移的能力指在企业内多个角色都需要的技巧和能力，但重要程度和精通程度有所不同。

（3）独特的能力指某个特定角色和工作所需要的特殊的技能。通常情况下，独特的能力大多是针对岗位来设定的。

（三）能力素质模型的五个层次

麦克利兰把能力素质划分为五个层次：① 知识（Knowledge）；② 技能（Skill）；③ 自我概念（Self-Concept）：态度、价值观和自我形象等；④ 特质（Traits）；⑤ 动机（Motives）。他把人的能力素质形象地描述为漂浮在海面上的冰山（冰山理论），如图 7-7 所示。

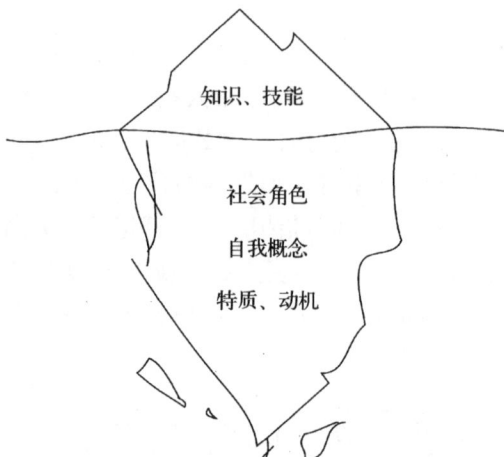

图 7-7 能力素质之冰山模型

第三节 意 识

一、标准条款

7.3 意识

组织应确保在其控制下工作的人员知晓：

a）质量方针；

b）相关的质量目标；

c）他们对质量管理体系有效性的贡献，包括改进绩效的益处；

d）不符合质量管理体系要求的后果。

二、理解要点

(1) 质量意识是一个企业从领导决策层到每一个员工对质量和质量工作的认识和理解,这对质量行为起着极其重要的影响和制约作用。也就是对质量的一种敬畏心里。

(2) 公司确保质量体系范围内开展工作的人员知晓质量方针、相关的质量目标、对质量管理体系有效性的贡献,以及不符合质量管理体系要求可能引发的后果,对"可接受"的产品和服务与"不合格"的产品和服务的知识和理解,以及当产品和服务不满足既定规范时,应知道如何去做。

(3) 开展的工作:

① 从质量价值观、质量方针层面,形成并固化公司的质量文化,培训并推广到高层、中层、基层以及其他人员。

② 培训并知晓满足顾客要求、法律法规要求的重要性,以及不能满足这些要求所造成的不良后果。

③ 培训并知晓自己从事的活动与公司发展的关联性和重要性。

④ 培训并知晓自己应承担的质量责任,质量是自己的事,不仅仅是质量控制和质量保证人员的事。培训并知晓自己所做的每一项工作可能产生的负面影响,降低负面影响的控制措施和目标/指标,并自觉实施(在绩效考核的约束氛围中)。

⑤ 展示:培训计划、培训的活动资料、培训的评价结果。

(4) 注意:

① 沟通,是确保意识养成的重要手段。如评审会议、顾客和供方的会议与反馈等,要确保相关人员知晓。

② 培训形式应该多元化,灵活地进行,研讨会也是一种有价值的培训。

③ 鼓励员工参与管理和改进,进一步为实现质量目标做贡献。

④ 应对新进员工进行入职培训,其内容应包括公司在质量方面的战略定位、发展规划、质量方针、质量目标及质量职责。

三、理论拓展——意识层次模型

(一) 定义

肯威尔伯的意识层次模型叫作阶梯理论。心理学家肯威尔伯把意识分为10层:感知运动阶段;情绪幻想阶段;表象式思维阶段;具体运算阶段;形式运算阶段;统观逻辑阶段;灵性阶段;精微光明阶段;无相阶段;不二阶段。并把这10层比喻为阶梯的10根横梁,意在说明意识的进化必须依次经历各个阶段而不能随意跳过。

（二）意识进化

意识从低级阶段一直到最高阶段，即灵性的阶段或者后人本的阶段。这是内在我通向终极同一性的不同阶段。从潜意识到自我意识，再到超意识，大精神自身不断发展，形成意识发展的特别弧线。

（三）水平

每一社会都有特定的重心，可以说，其文化的伦理、规范、法则和基本制度都是围绕它组织起来的。该重心也为社会提供基本的文化凝聚力和社会整合。这一文化重心如同发展的调速器，在个人发展中扮演着磁石一样的角色。如果你在大众水平以下，它会把你往上拉；如果你想超越它，它又会把你往下拖。

所以，任何文化中都存在着大众水平和最先进个人水平的差别。例如，伏羲、释迦牟尼、老子、孔子。事实上，几千年前的先知、圣人只是凤毛麟角，他们往往在王国里独一无二，几乎无人能达到他们的觉知水平。

（四）观念

把"意识的基本结构"图理解为一系列同心圆圈或相套的球体（见图7-8），每一个更高的阶段都超越和涵括了它的前一阶段。它是一个实现层次，每一阶段先是扩展，后是以相套的方式涵括先前的阶段。"意识的基本结构"图只是切开的同心馅饼的一瓣。我们可以把全图画成同心圆的形式：物质（感知运动阶段）、生命（情绪幻想）、心智（表象式思维至统观逻辑阶段）、灵魂（灵性阶段、精微光明阶段）和大我（无相阶段和不二阶段）。这个意识大等级就是世界伟大智慧传统的脊梁，它跨越文化，普遍存在。

图7-8　意识的基本结构

（五）基本结构

1. 梯子

这五个阶段或者圆圈就是意识的基本结构。

记清这些阶段并不必要，但可以作为参照，意识包括：感觉和知觉（感知运动阶段），冲动和形象（情绪幻想阶段），符号和概念（表象式思维阶段），具体规则（具体运算阶段，或规则/角色心智阶段），有条理的反思（形式运算阶段），洞察力—逻辑（统观逻辑阶段），然后是高级的超个人阶段：灵性阶段、精微光明阶段和无相阶段。

2. 攀登者

那些阶段就是意识之梯或者意识等级的基本横档。但那还不是行动过程的真正所在。我们粗略地把基本结构的发展画作梯子，真正的行动过程还需要攀登者的参与。攀登者就是自我的特征。自我即攀登者有着梯子所不具备的显著特点和功能。因为梯子根本上是无我的，它的每个横档上都没有内在的自我感。但自我占据了横档，并与之同一，从而产生多种自我身份或者自我成长的阶段。

3. 变化的观念

有了梯子和它的基本横档，有了自我或者攀登者，以及它的支架和由此产生的不同观念。在发展的每个阶段都会产生一种不同的世界景观：关于自我以及其他的不同观点。在发展的不同横档上，世界看起来并不一样（实际上也不一样）。我们时常可以看到，随着意识的发展，不同的空间、不同的世界在不断形成，没有一个预先给定的只被一种方式反映的世界。在不同的横档上，会获得不同类型的自我感、自我需要和道德态度。

四、理论拓展——人格结构理论[①]

（一）定义

弗洛伊德的人格结构理论是指在弗洛伊德的学说中，人格被视为从内部控制行为的一种心理机制，这种内部心理机制决定着一个人在一切给定情境中的行为特征或行为模式。

（二）概述

弗洛伊德认为完整的人格结构由3大部分组成，即本我、自我和超我。

（1）所谓本我，就是本能的我，完全处于潜意识之中。本我是一个混沌的世界，它容纳一团杂乱无章、很不稳定的、本能性的被压抑的欲望，隐匿着各种为现代人类社会伦理道德和法律规范所不容的、未开发的本能冲动。本我遵循"快乐原则"，它完全不

---

① 参见王婵娇.基于人格结构理论解析《夜色温柔》中迪克·戴弗的人格堕落[D].鲁东大学,2018.

懂什么是价值,什么是善恶和什么是道德,只知道为了满足自己的需要不惜付出一切代价。

(2)自我是面对现实的我。它是通过后天的学习和环境的接触发展起来的,是意识结构的部分。自我是本我和外界环境的调节者,它奉行现实原则,它既要满足本我的需要,又要制止违反社会规范、道德准则和法律的行为。

(3)超我,是道德化了的我,它也是从自我中分化和发展起来的,它是人在儿童时代对父母道德行为的认同,对社会典范的效仿,是接受文化传统、价值观念、社会理想的影响而逐渐形成的。它由道德理想和良心构成,是人格结构中专管道德的司法部门,是一切道德限制的代表,是人类生活较高尚行动的动力。它遵循理想原则,通过自我典范(即良心和自我理想)确定道德行为的标准,通过良心惩罚违反道德标准的行为,使人产生内疚感。

弗洛伊德认为,本我、自我和超我三者之间相互作用、相互联系。本我不顾现实,只要求满足欲望,寻求快乐;超我按照道德准则对人的欲望和行为多加限制,而自我则活动于本我和超我之间,它以现实条件实行本我的欲望,又要服从超我的强制规则,它不仅必须寻找满足本我需要的事物,而且还必须考虑到所寻找的事物不能违反超我的价值观。因此,在人格的三方面中,自我扮演着难当的角色,一方面设法满足本我对快乐的追求;另一方面必须使行为符合超我的要求。所以,自我的力量必须强大能够协调它们之间的冲突和矛盾,否则,人格结构就处于失衡状态,导致不健全人格的形成。

弗洛伊德认为,完整的人格结构由三大系统组成,即本我、自我和超我。对一个心智健全的人而言,这三大系统是和谐统一的整体,它们的密切配合使人能够卓有成效地展开与外界环境的各种交往,以满足人的基本需要和欲望,实现人的崇高理想与目的。反之,如果人格的三大系统难以协调、相互冲突,人就会处于失常状态,内外交困,活动效率也随之降低,甚至危及人的生存和发展。

(三)解析

1. 本我

弗洛伊德认为,人刚出生的时候只有一个人格结构,即本我。

本我遵循快乐原则,只关心如何满足个人需要,不受任何物质和社会的约束,属于人格结构的生物成分。比如婴儿看到想要的东西,就会去拿,无论这个东西属于谁。

然而现实生活中,想要的东西并不会全部得到,因此本我会通过愿望实现来满足自身需要。比如婴儿肚子饿了,周围没有食物,本我就会开始想象食物,以暂时满足自己的需要。

弗洛伊德认为本我完全隐藏于无意识中,大部分的本我冲动与性和攻击有关。事实上,人们常常无法察觉到本我。

2. 自我

在生命的初期,随着婴儿与环境的相互作用,人格结构的第二部分——自我,开始发展起来。

自我遵循现实原则,通过考虑情境现实性,控制本我盲目的冲动,调节本能与环境的关系,负责本我、超我与外界世界的联系,属于人格结构的心理成分。

现实中,由于本我的冲动并不为社会所接受,因此会对自我构成威胁。自我的任务是将本我的冲动控制在无意识当中。

自我不仅仅控制本我的冲动,还会以考虑后果的方式,尝试着满足本我的需要,以减轻本我需要没有被满足的紧张感。比如肚子饿了,婴儿会通过到父母的碗里抓取食物来减轻紧张状态。逐渐长大后,他懂得了社会的规定和约束,虽然饿的时候本我的冲动会驱使他去获取食物,然而自我明白这种行为是不当的。

自我在意识、前意识、无意识中自由活动。关于自我和本我的关系,弗洛伊德曾说过,自我好像是骑在马背上的人,驾驭着这匹桀骜不驯的马(本我),约束着它前进的方向。

3. 超我

儿童5岁左右,人格结构的第三部分——超我,开始形成。

超我代表社会的理想、价值观,尤其是父母的价值和标准,对个体行为的好坏与善恶有着道德规范的限制,通过抑制本我的冲动,说服自我以合乎道德方式来取代现实的目标,属于人格结构的社会成分。

比如一个人在朋友家的桌子上看到了五万元钱,本我的冲动会想要占为己有;自我会意识到这样做可能产生的后果,但会试图寻找拿走钱不被人发现的办法;当他想到了不被人发现的办法,超我将以偷钱违反道德原则的罪恶感来禁止这一行为,他会想如果拿走了钱,事后他可能会不安心,睡不好觉等。

因此,也有人把超我直接称为良心。

超我代表着奖惩。不仅对人的行为进行惩罚、使人形成内疚感和自卑感,也会对合乎道德的行为提供奖励,使人形成自尊和骄傲感。

如果因为教养方式的错误,导致一个孩子没有充分建立起超我,那么成年以后他就会缺乏对偷窃和撒谎等行为的内控机制。

有些人的超我过于强大、过于遵循道德原则,将会面临着难以实现的完美标准,进而不断体验到道德焦虑,如羞愧感和罪恶感。

4. 本我、自我、超我三者关系

心理能量决定了个体的行为,心理能量在本我、自我、超我三者之间的分配,决定了人格的动态性。

本我、自我、超我三者相互补充、相互对立。其中一个获得了主要能量,另外两个就要失去一定的能量。

健康人的心智中,强大的自我不允许本我或超我掌管人格,因此三者的斗争永不停止。我们每个人意识下的某个部分,永远存在着放纵自我、考虑现实、遵循道德标准三者的紧张状态。

（四）评价

弗洛伊德的人格理论，自创建以来，在全世界一直发生着广泛的影响。世人对它的评价，有褒有贬，但始终没有一个定论。我们认为，对弗洛伊德人格理论的评价要采取一分为二，实事求是的态度。

第四节　沟　通

一、标准条款

> **7.4　沟通**
>
> 组织应确定与质量管理体系相关的内部和外部沟通，包括：
>
> a）沟通什么；
>
> b）何时沟通；
>
> c）与谁沟通；
>
> d）如何沟通；
>
> e）谁来沟通。

二、理解要点

（1）沟通是质量管理体系能够有效运行的一个重要因素，不仅需要展开内部沟通，还要进行外部沟通，如何进行沟通，本条款给出了指导意见。

（2）开展的工作：

① 识别所沟通的信息——明确、相关、被接收者理解。

② 确定沟通对象：供方、顾客、流程接口、外部相关方，等等。

③ 确定沟通方法。内部：灵活、非正式、正式；外部：报告、规范、发票、协议。

④ 决定由谁沟通，沟通内容、对象、方法、时机。

（3）落地：

建立一个沟通过程，编写沟通规范。规定：

① 信息收集人——所有一线、与顾客和相关方打交道的人员。

② 信息汇总人——建议各产品和服务实现过程的质量负责人。

③ 知晓性、决策性正式信息的发布方式、渠道、时间、人员——板报、网站、会议、文件等。

④ 连贯性、交流性、研讨性信息，建议联系会，通过专题会、质量例会等方式沟通。外部信息沟通，通过拜访、来访或联系会的方式进行沟通，以正式文件输出结果；过程内

会议,由过程质量负责人负责主持沟通;流程间会议,由公司负责质量的领导主持沟通,以"会议决议项"的结果形式输出。

⑤ 沟通的有效性和及时性,通过"可利用信息"/"免责证据"进行评估。

(4) 注意:

① 沟通的主要内容:市场信息;各项工作的职责权限及其接口;法律法规/技术规范/上级或行业要求;相关方的需求和期望;顾客反馈的信息;对相关方施加的影响;策划的结果;过程控制和改进的要求;资源需求/提供/配置信息;产品要求及检验结果;管理绩效考核及完成情况;体系实施/变更的有关信息;审核/评审结论;数据统计和分析的信息;决议/决定。

② 沟通的对象:工作有接口关系的外部相关方,如政府、协会、母公司之间;工作有接口关系的不同职能部门之间;工作有接口关系的不同层次岗位之间;领导与不同层次的员工之间;部门/岗位与有工作接口关系的相关方之间。

③ 沟通的主要方式:文件资料传递;例会/专题会/座谈;口头/书面汇报;培训/技术交底;网络信息平台;警示标志/统一的辨识标志;通知、通报、内部、刊物、声像、电子、媒体。

④ 独立项目:可编制一份详细的沟通计划或安排。

三、理论拓展——萨提亚沟通模型[①]

(一) 定义

萨提亚是美国当代一位著名的心理治疗大师,她发起的全名是维吉尼亚·萨提亚(Virginia Satir,1916—1988 年)。她的家庭治疗流派在当今世界极负盛名。为了纪念这位家庭治疗的先驱,该模式被命名为"斯提亚模式家庭治疗"。萨提亚模式是一种心灵体验的过程,最大特点是着重提高人的自尊、改善沟通及帮助人活得更"人性化"。她帮助我们认识,每一个生命都有着独特的成长脉络,无论旧有的成长模式带给我们什么样的经历和感受,都值得尊重,治疗的最终目标是个人达致"身心整合,内外一致",实现个人潜能的最大限度发挥。

(二) 要素

萨提亚模式沟通三个要素:自我、他人、情境,如图 7-9 所示。

图 7-9 萨提亚派沟通模型

"我自己":内在和谐、做自己的主人;

"我"与"另一个人":关系和睦;

"我"所处的人际系统(家庭或组织):社会和谐、家庭或组织

---

① 参见陈茂雄.看不见的沟通——激发员工潜力的萨提亚教练模式[M].北京:华夏出版社,2017.

成员之间和谐、协作，有凝聚力等。

萨提亚模式在深邃广博的心理学与人们日常生活间建立起一座桥梁，使每一个人都有机会得到萨提亚温暖而有力的心理支持，达致全新的生命境界。

（三）沟通模型

1. 讨好型

占人群的 50%。讨好别人，只有他人和环境，没有自己。试图远离对自己产生压力的人或减轻自己因某些人所带来的压力。

2. 指责型

占人群的 30%。攻击别人，只有自己和环境，没有他人。试图表明不是自己的过错，让自己远离压力的威胁。

3. 超理智型

人数较少，占人群的 15%。压抑感觉，逃避感受。只有情境，没有自己和他人。逃避现实的任何感受，也回避因压力所产生的困扰和痛苦。

4. 打岔型

更少，占人群的 0.5%。避重就轻，习惯闪躲。自己、环境和他人都没有。经常改变话题来分散注意力，不能专注在一件事上，避开个人或情绪上的话题、讲笑话、打断话题、词不达意、不愿意真正去面对。让别人在与自己交往时分散注意力，也减轻自己对压力的关注，想让压力因素与自己保持距离。

5. 一致型

占人群的 4.5%，重视自我、他人和情境，具有高自尊，内在和谐。语言上带有感受、思维，可以表达自己的期待、愿望、不喜欢，是开放的。愿意聆听他人，相互分享，尊重自己、他人，也能顾及环境。认可压力的存在，正视自己处于压力之中，承担起自己在压力中的责任，为有效地应对压力而做出努力。

前四种沟通模式，不论表现形式如何，内在的自我价值都是偏低的。只有一致型的沟通模式，才是真正提高自我价值，是欣赏他人、悦纳自己的表现。

四、理论拓展——高效沟通的 7C 原则[①]

高效沟通的 7C 原则是指清晰、简明、具体、正确、连贯、完整和礼貌原则。

（一）清晰原则（CLEAR）

切忌含糊其词、模棱两可、词句晦涩难懂，表达得越清晰越不容易出错。

（二）简洁原则（CONCISE）

强调沟通要简洁，越短越好，这样才能保证对方清楚明白。通常以简明的语言进

---

① 参见陈赞.高效沟通[M].北京:当代世界出版社,2018.

行,所用词汇对沟通者和接受者都代表同一含义。对于复杂的内容,要列出标题或采用分类的方法,使其明确与简单。信息传递所要经过的中间环节越多,就越应该简单明确。

(三) 具体原则(CONCRETE)

呈现的信息要比较具体,附带适量的细节内容并提供生动的事实,有重点突出的特征。

(四) 正确原则(CORRECT)

信息内容、逻辑要正确。

(五) 连贯原则(COHERENT)

连贯原则要求信息的所有内容都必须为同一个主题服务。信息的连贯性比较好其逻辑性往往也比较强。

(六) 完整原则(COMPLETE)〗

要求在沟通中,双方务必将自己需要说的内容说完整。

(七) 礼貌原则(COURTEOUS)

沟通必须在友好、开放和诚实的环境下进行,不应该采取侮辱性的或者咄咄逼人的语气和别人交流,要有礼仪,措辞要有分寸,要互相尊重。

第五节 成文信息

一、标准条款

> **7.5 成文信息**
>
> 7.5.1 总则
>
> 组织的质量管理体系应包括:
>
> a) 本标准要求的成文信息;
>
> b) 组织所确定的、为确保质量管理体系有效性所需的成文信息。
>
> **注:** 对于不同组织,质量管理体系成文信息的多少与详略程度可以不同,取决于:
>
> ——组织的规模,以及活动、过程、产品和服务的类型;
>
> ——过程及其相互作用的复杂程度;
>
> ——人员的能力。

7.5.2　创建和更新

在创建和更新成文信息时,组织应确保适当的:

a) 标识和说明(如标题、日期、作者、索引编号);

b) 形式(如语言、软件版本、图表)和载体(如纸质的、电子的);

c) 评审和批准,以保持适宜性和充分性。

7.5.3　成文信息的控制

7.5.3.1　应控制质量管理体系和本标准所要求的成文信息,以确保:

a) 在需要的场合和时机,均可获得并适用;

b) 予以妥善保护(如防止泄密、不当使用或缺失)。

7.5.3.2　为控制成文信息,适用时,组织应进行下列活动:

a) 分发、访问、检索和使用;

b) 存储和防护,包括保持可读性;

c) 更改控制(如版本控制);

d) 保留和处置。

对于组织确定的策划和运行质量管理体系所必需的来自外部的成文信息,组织应进行适当识别,并予以控制。

对所保留的、作为符合性证据的成文信息应予以保护,防止非预期的更改。

注:对成文信息的"访问"可能意味着仅允许查阅,或者意味着允许查阅并授权修改。

二、理解要点

(一) 7.5　成文信息

(1) 成立小组:创建质量管理体系时,成立小组(或专业的职能机构),体系建立后,该小组可精简,成为体系维护小组(职能机构)。

(2) 编写文件(信息)管理办法(控制程序),把"形成文件以及文件的信息"作为一个过程,进行管理和控制。

(3) "文件(信息)管理办法"必须包含"对以下内容"的要求:责任人、权限、流程、控制内容和方式、绩效评价、违规过失处理。

① 文件的形成:编写、评审、批准以及责任人;

② 秘密管理:级别的分类和使用(范围);

③ 格式:语言、图片、版面(模版)、软件版本;

④ 媒介:纸质、电子、光盘;

⑤ 标识和说明:标题、日期(版本)、作者、索引编号;

⑥ 存档(存储):物质性存档、电子版存储,责任人;

⑦ 防护:防止丢失(缺损)、不当使用、非预期修改;

⑧ 检索(访问):形成文件地图(或目录、索引);

⑨ 分发(发送):物质性分发、电子版发送;

⑩ 更改(再批准):责任人、权限、流程;

⑪ 借阅(催还):责任人、权限、流程;

⑫ 回收、作废处置:处置方式(销毁、变卖、转让);

⑬ 外来文件的控制:只能存档,转化为公司文件后,按公司文件控制。责任人、权限流程。

(4) 绩效评价。

(5) 注意事项:

① 记录和档案用于阐明所取得的结果,一般为提供所完成活动的证据,形成此文件的信息可能会作为改进、决策的依据,应确保其真实性、可追溯性、规范性,并和档案管理的有关规定相一致;

② 记录和档案,也应对标识、贮存、保护、检索、保存期限、处置进行控制;

③ 记录和档案,尽可能格式化,采用标准模板,简洁明了,可采用纸质版、硬拷贝、电子媒体等信息技术;

④ 一般情况下,记录和档案,无须批准,但需编制(填写、记录)、评审(审核)证实其真实性;

⑤ 尽量做到简洁方便、内容完整不漏项、不烦琐,能用一张表格的,不用多张表格。

(二) 7.5.1　总则

(1) 建立文件化质量管理体系(注意不是一个文件体系)。

(2) 需要一套文件,这套文件必须具有可操作性、证据性,支持体系的运行。文件包括三类:质量管理体系标准要求的;保证质量管理体系有效性需要的;和体系及体系运行、有效性相关的外部文件。

文件的多少根据组织规模、产品服务类型、经营过程复杂程度、人员能力状况等有关。

(三) 7.5.2　创建和更新

建立文件化的质量管理体系,需要编制一套动态的文件。在编制文件时,需要把控五个方面,并形成专门的文件。对下述五个方面进行规定:

(1) 进行标识和说明——标题、日期(版本)、作者、索引编号。

(2) 统一格式——语言、图片、版面、软件版本等。

(3) 媒介——纸质、电子、光盘等。

(4) 编写、评审、审批和发布——编写对符合性负责,评审对符合性和可操作性负责,批准对实施的后果负责,发布对交流、使用负责。

(5) 动态——根据文件使用的适宜性对文件进行更改,更改仍然要把控以上四个方面。

（四）7.5.3　成文信息的控制

因建立体系、运行体系所需要的文件和有关文件的信息，在需要的时候，可以得到，并且在整个过程中得到保护和控制。

（1）需要时得到：检索、阅读、使用。

（2）防止丢失（缺损）、不当使用、非预期修改。

（3）控制：存档（存储）、访问、复制、借阅、分发（发送）、防护、更改、保留、处置（作废）。

注意：控制分级别（秘密级别）——可提供性（可用性）、不可提供性、保护。外来文件同样需要控制。

三、理论拓展——文件生命周期理论[①]

（一）定义

文件生命周期理论是研究文件从最初形成到最终销毁或永久保存的整个运动过程、研究文件属性与管理者主体行为之间关系的一种理论，是对文件—档案运动过程和规律的客观描述和科学抽象。它是文件管理理论的核心部分，使文件的整个生命运动过程都得到全貌控制，实现文件管理的高效化，也是指导文件—档案全过程管理的基本理论。

（二）发展背景

与文件中心有关，1950年，英国的艾利斯提出了文件运动的"三阶段论"，这种由文件中心的理论解释而衍生出的文件阶段的划分，就成为文件生命周期理论的研究起点。其中，有两部专著《文件的选择》和《文件生命周期研究》是较全面系统论述文件生命周期理论。20世纪80年代中后期以来，以陈兆祦为代表的档案学者提出的"文件运动周期论"全面揭示了文件从最初产生到最终归宿的整个过程以及这一过程的阶段性特征。

（三）基本内容

文件从其形成到销毁或永久保存，是一个完整的运动过程。

由于文件价值形态的变化，这一完整过程可划分为若干阶段。

文件在每一阶段因其特定的价值形态而与服务对象、保存场所和管理形式之间存在一种内在的对应关系。

[①]　参见张伟斌,周莉莉.文件生命周期理论研究中外比较[J].山西档案,2015(03):50-53;贾凡.谈文件生命周期理论[J].天津职业院校联合学报,2009,11(02):154-155.

（四）文件生命周期的四个阶段

（1）文件的制作阶段，是指借助于缮写、印刷、录音等信息记录手段来固定文件撰写的结果，形成具有法定效力的过程。

（2）文件的现实使用阶段，是指文件开始在规定的授权范围内运行，履行其现行作用，即实现制作文件的目的，在各项工作中发挥其作用的阶段。

（3）文件的暂存阶段，是指文件履行完自身的现行效用，完成了制作者的制作目的，其中一部分文件已无任何价值，就被销毁，而另一部分对日后工作仍有参考价值的将继续被保存。

（4）文件的永久保存阶段，是指部分文件完全失去了现行效用，对本机关已无明显的利用价值，而对社会和科学研究仍有久远的价值。

（五）从文件生命周期看提交流程

图7-10从文件状态的角度出发，指出了一个文件从创建到提交文件仓库再到脱离仓库追踪的整个过程可能经历的各种状态。

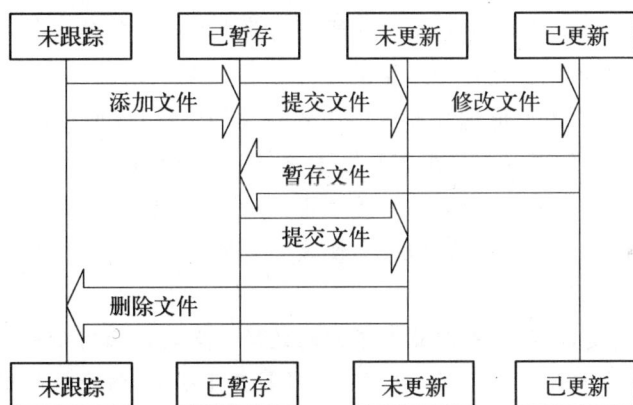

图7-10　文件生命周期流程

（六）意义

（1）准确地揭示了文件运动的整体性和内在联系，为文件的全过程管理奠定了理论基础；

（2）准确地揭示了文件运动的阶段变化，为文件的阶段式管理奠定了理论基础；

（3）准确地揭示了文件运动过程的前后衔接和各阶段的相互影响，为实现从现行文件到档案的一体化管理，为档案部门或人员对文件进行前端控制提供了理论基础；

（4）可以充当电子文件全过程管理的理论基础。确保电子文件真实以及完整归档的需要。文件生命周期理论的全过程管理思想和前端控制思想对电子文件同样是适用的，并且这两种思想在电子文件管理上实现了和谐的统一。

案例启示与分析

案例启示

多开 1 毫米的牙膏①

美国有一间生产牙膏的公司,产品优良,包装精美,深受广大消费者的喜爱,每年营业额蒸蒸日上。记录显示,前十年每年的营业增长率为 10%~20%,令董事部雀跃万分。不过,业绩进入第十一年、第十二年及第十三年时,则停滞下来,每个月维持同样的数字。董事部对此三年的业绩表现感到不满,便召开全国经理级高层会议,以商讨对策。会议中,有名年轻经理站起来,对董事长说:"我手中有张纸,纸里有个建议,若您要使用我的建议,必须另付我五万元!"总裁听了很生气,说:"我每个月都支付你薪水,另有分红、奖励,现在叫你来开会讨论,你还要另外要求五万元,是否过分?"

"总裁先生,请别误会。您支付的薪水,让我在平时卖力地为公司工作;但是,这是一个重大又有价值的建议,您应该支付我额外的薪水。若我的建议行不通,您可以将它丢弃,一毫钱也不必付。但是,不看,您损失的必定不只五万元。"年轻的经理解释说。

"好! 我就看看它为何值这么多钱!"总裁接过那张纸后,阅毕,马上签了一张五万元的支票给那位年轻经理。那张纸上只写了一句话:"将现在的牙膏开口扩大 1 毫米。"总裁马上下令更换新的包装。试想,每天早上,每个消费者多用 1 毫米的牙膏,每天牙膏的消费量将多出多少倍呢? 这个决定,使该公司第十四年的营业额增加了 32%。

反思:

一个小小的改变,往往会引起意料不到的效果。当我们面对新知识、新事物或新创意时,千万别将脑袋封闭置之于后,应该将脑袋打开 1 毫米,接受新知识、新事物。也许一个新的创见,能让我们从中获得不少启示,从而改进业绩,改善生活。

为应对不断变化的需求和发展趋势,组织应审视现有的知识,确定如何获取或接触更多必要的知识和知识更新。

案例分析

被带走的技术经验②

某机械制造公司新任王总经理与公司技术经理交谈,了解到公司已对专业技术进行了识别并要求技术部门人员及时整理归档技术资料,王总询问对老技工掌握的技术、经验是如何管理的,该公司技术经理说:"他们退休后,所掌握的经验技术就带走了,如何传承确实是个问题,我们目前也没有好办法。"

---

① 参见孙道军,郑苏晖.管理案例教学实务指南[M].北京:中国市场出版社,2015.
② 参见 2016 年国家注册质量管理体系审核员笔试试题。

王总在设备部经理交流时,发现公司的 Q/SH - 0234《设备润滑管理制度》规定了 A 类设备换油周期为 180 天,随机抽查了 5 台多级泵,其中编号为 1911 和 1912 的多级泵上次换油时间为 2019 年 6 月 23 日。设备经理说:"因为原来的设备管理员退休了,且他所管理的该项制度也找不到了,我上个月刚接手此工作,所以还来不及对多级泵进行换油及查找这个制度文件。"

思考:

1. 请以 ISO 9001:2015 质量管理体系的视角评价"被带走的技术经验"。

2. 如果你是王总,如何对本公司的知识进行管理?

第八章　运　行

组织应对风险和机遇,不仅需要组织的硬实力和软实力的支持,还需要组织确保运行过程受控,即需明确产品和服务的要求及评审、设计和开发、外部提供过程、产品和服务的控制,以及生产和服务提供的控制等。

第一节　运行的策划和控制

一、标准条款

> **8.1　运行的策划和控制**
>
> 为满足产品和服务提供的要求,并实施第 6 章所确定的措施,组织应通过以下措施对所需的过程(见 4.4)进行策划、实施和控制:
>
> a) 确定产品和服务的要求;
>
> b) 建立下列内容的准则:
>
> 1) 过程;
>
> 2) 产品和服务的接收。
>
> c) 确定所需的资源以使产品和服务符合要求;
>
> d) 按照准则实施过程控制;
>
> e) 在必要的范围和程度上,确定并保持、保留成文信息,以:
>
> 1) 确信过程已经按策划进行;
>
> 2) 证实产品和服务符合要求。
>
> 策划的输出应适合于组织的运行。
>
> 组织应控制策划的变更,评审非预期变更的后果,必要时,采取措施减轻不利影响。
>
> 组织应确保外包过程受控(见 8.4)。

二、理解要点

(1) 本章提出了对产品和服务的具体实现过程进行策划和控制的方法、步骤和要求。具体来说就是：

① 明确什么是合格和不合格——要什么。

a. 产品和服务的要求——顾客要什么；

b. 过程准则——实现过程要达到的要求、效果。

② 产品和服务的接收准则——实现的结果。

③ 识别、确认、提供、管控所需要的资源——达成产品和服务要求的过程。

④ 监督、检查、控制过程的运行。

⑤ 编制各类文件——留档、指导、监控过程的运行，证明产品和服务符合要求，证明过程的运行符合要求。

⑥ 注意变更的控制、外包过程的控制，过程和结果要和企业的自身情况相匹配（适应）。

(2) 工作开展（落地）：

① 建立产品和服务的标准体系——明确啥是合格、啥是不合格，通过文件、样品、样板明示（结合——明示、隐含、法规、目标、风险、机遇）。

② 建立验证（产品和过程的结果、绩效评价）系统——验证位置和项目、指标体系、验证（评价）指导书、验证（评价）器具资源。

③ 识别、确认、管控产品和服务实现的过程。

a. 明确过程要达成的结果；

b. 识别、确认、提供、管控过程所需的资源；

c. 明确达成结果所使用的方法、准则。

④ 建立工作流程——梳理过程与过程的关系，明确接口责任。

⑤ 验证产品和服务的结果是否达成、验证过程的运行效果是否符合准则、验证过程的绩效是否满意。

⑥ 识别需要改进的区域、位置、项目，适时安排改进。

⑦ 对上述各项工作进行文件化——留档、指导、证明。

(3) 注意事项：

① 各项工作必须和企业的具体情况相匹配、适应，落地、落地，再落地。

② 外包过程是产品和服务实现过程之一，本应是自己完成的，因不具备条件而外包，但责任是自己的，需要策划、担责、管控。

③ 变更：原有策划不适应时，需要变更。对变更过程进行策划控制——变更的区域、位置、项目、结果要求，变更的评审、变更的信息传递、变更验证等；留证据、指导、证明结果。

三、理论拓展——甘特图[①]

(一)定义

甘特图(Gantt Chart)又叫横道图、条状图(Bar Chart)。甘特图内在思想简单,即以图示的方式通过活动列表和时间刻度形象地表示出任何特定项目的活动顺序与持续时间。基本是一条线条图,横轴表示时间,纵轴表示活动(项目),线条表示在整个期间上计划和实际的活动完成情况。它直观地表明任务计划在什么时候进行,以及实际进展与计划要求的对比。管理者由此可便利地弄清一项任务(项目)还剩下哪些工作要做,并可评估工作进度。

(二)甘特图的特点

甘特图的特点是突出了生产管理中最重要的因素:时间。它的作用表现在三个方面:

(1)计划产量与计划时间的对应关系;

(2)每日的实际产量与预定计划产量的对比关系;

(3)一定时间内实际累计产量与同时期计划累计产量的对比关系。

(三)甘特图的优缺点

(1)优点:

① 图形化概要,通用技术,易于理解;

② 中小型项目一般不超过 30 项活动;

③ 有专业软件支持,无须担心复杂计算和分析。

(2)局限:

① 甘特图事实上仅仅部分地反映了项目管理的三重约束(时间、成本和范围),因为它主要关注进程管理(时间);

② 软件的不足:尽管能够通过项目管理软件描绘出项目活动的内在关系,但是如果关系过多,纷繁芜杂的线图必将增加甘特图的阅读难度。

(四)绘制步骤

(1)明确项目牵涉到的各项活动、项目。内容包括项目名称(包括顺序)、开始时间、工期、任务类型(依赖/决定性)和依赖于哪一项任务。

(2)创建甘特图草图。将所有的项目按照开始时间、工期标注到甘特图上。

---

① 参见黄帮福,施哲,朱红波,丁跃华.基于甘特图的钢包运行控制模型研究[J].中南大学学报(自然科学版),2014,45(07):2164-2170.

（3）确定项目活动依赖关系及时序进度。使用草图，按照项目的类型将项目联系起来，并安排项目进度。

此步骤将保证在未来计划有所调整的情况下，各项活动仍然能够按照正确的时序进行。也就是确保所有依赖性活动能并且只能在决定性活动完成之后按计划展开。

（4）计算单项活动任务的工时量。

（5）确定活动任务的执行人员及适时按需调整工时。

（6）计算整个项目时间。

下图的单位工程施工计划图正是使用甘特图完成的，如图 8-1 所示。

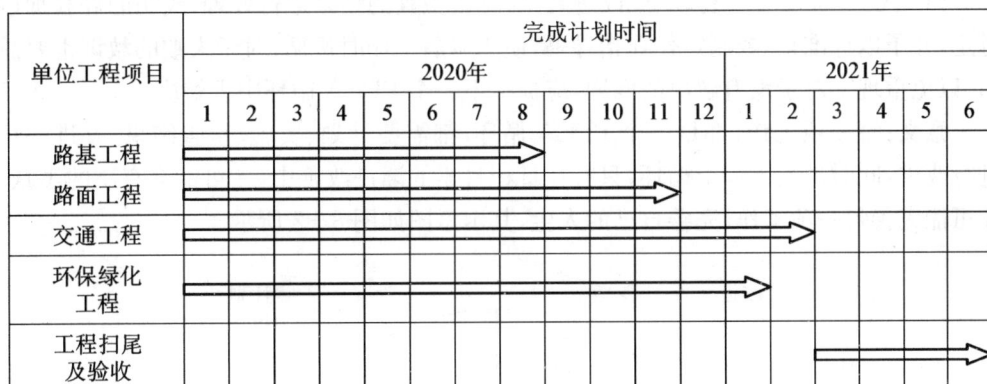

单位工程项目	完成计划时间																	
	2020年												2021年					
	1	2	3	4	5	6	7	8	9	10	11	12	1	2	3	4	5	6
路基工程								⟹										
路面工程											⟹							
交通工程														⟹				
环保绿化工程												⟹						
工程扫尾及验收																		⟹

图 8-1 某单位工程施工计划甘特图

（五）制作工具

（1）Microsoft Office Project；

（2）Gantt Project；

（3）VARCHART X Gantt；

（4）jQuery Gantt；

（5）Excel。

四、理论拓展——PDCA[①]

（一）定义

PDCA 循环是美国质量管理专家休哈特博士首先提出的，由戴明采纳、宣传，获得普及，所以又称戴明环。全面质量管理的思想基础和方法依据就是 PDCA 循环。PDCA 循环的含义是将质量管理分为四个阶段，即计划（Plan）、执行（Do）、检查（Check）、处理（Act）。在质量管理活动中，要求针对各项工作做出计划、实施计划、检

---

① 参见桑原晃弥.丰田 PDCA＋F 管理法［M］.北京：人民邮电出版社，2019.

查实施效果,然后将成功的纳入标准,不成功的留待下一循环去解决。这一工作方法是质量管理的基本方法,也是企业管理各项工作的一般规律。

(二)定律法则

(1) P(Plan)——计划。包括方针和目标的确定以及活动计划的制订。

(2) D(DO)——执行。执行就是具体运作,实现计划中的内容。

(3) C(Check)——检查。就是要总结执行计划的结果,分清哪些对了,哪些错了,明确效果,找出问题。

(4) A(Action)——行动(或改进)。对总结检查的结果进行处理,成功的经验加以肯定,并予以标准化,或制定作业指导书,便于以后工作时遵循;对于失败的教训也要总结,以免重现。对于没有解决的问题,应提给下一个 PDCA 循环中去解决。

意义:每一项工作,都是一个 PDCA 循环,都需要计划、实施、检查结果,并进一步进行改进,同时进入下一个循环,只有在日积月累的渐进改善中,才可能会有质的飞跃,才可能完善每一项工作,完善自己的人生,其示意图如图 8-2 所示。

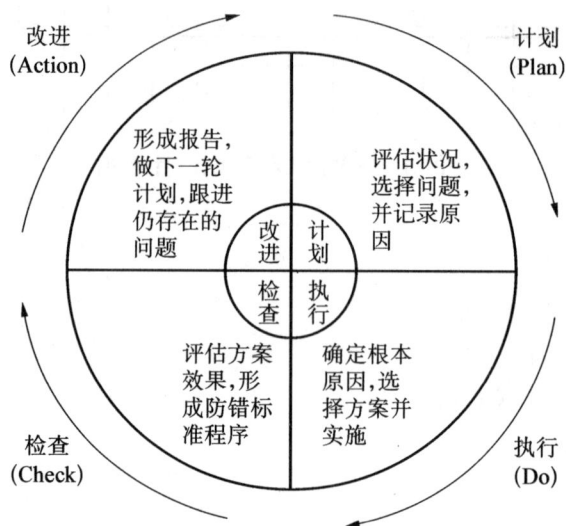

图 8-2　PDCA 循环图

(三)循环过程

(1) 分析现状,发现问题;

(2) 找出影响质量问题的主要原因;

(3) 针对主要原因,提出解决的措施并执行;

(4) 检查执行结果是否达到了预定的目标;

(5) 把成功的经验总结出来,制定相应的标准;

(6) 把没有解决或新出现的问题转入下一个 PDCA 循环去解决。

（四）发展前景

在质量管理中，PDCA 循环得到了广泛的应用，并取得了很好的效果，因此有人称 PDCA 循环是质量管理的基本方法。之所以将其称之为 PDCA 循环，是因为这四个过程不是运行一次就完结，而是要周而复始地进行。一个循环完了，解决了一部分的问题，可能还有其他问题尚未解决，或者又出现了新的问题，再进行下一次循环。PDCA 循环的四个阶段，"策划—实施—检查—改进"的 PDCA 循环的管理模式，体现着科学认识论的一种具体管理手段和一套科学的工作程序。PDCA 管理模式的应用对我们提高日常工作的效率有很大的益处，它不仅在质量管理工作中可以运用，同样也适合于其他各项管理工作。如图 8-3 所示，为 PDCA 工作循环图。

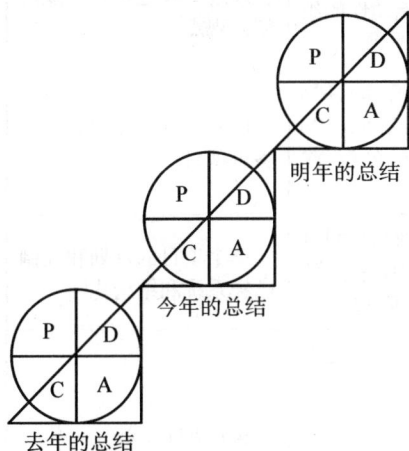

图 8-3　PDCA 工作循环

五、理论拓展——项目管理过程成熟度模型①

（一）定义

项目管理过程成熟度模型（Berkeley Project Management Process Maturity Model），由 Young Hoon Kwak 博士和 C.William Ibbs 博士联合开发，简称(PM)² 模型；(PM)² 模型提供一套系统的、递增的方法，从非成熟、无经验、不完善的层次推进至成熟的 PM 成熟度层次。每一成熟度层次包括 PM 主要的特点、因素、过程。成熟度模型论述了程序性步骤，概述了组织 PM 过程的改进过程。(PM)² 模型旨在集成原先的 PM 方法、过程、成熟度模型以达到改进 PM 的有效性。

（二）模型概述

(PM)² 模型是综合了先前几个成熟度模型开发出来的用于测评不同的组织和行业 PM 层次。该模型评估和定位组织当前 PM 成熟度层次。模型提出了一系列步骤，有助于组织增量性地改革组织整体的 PM 效果。(PM)² 模型采用系统和增量的方法，鼓动组织和员工争取更高的 PM 成熟度。评估的结果有助于组织提出建议，改进组织对 PM 专业技术的应用，提供并指导获取 PM 成熟度高一层次所必需的过程和要求。每一 PM 成熟度层次都含有 PM 的关键过程、组织特点和关键区域，见表8-1。

---

① 参见徐磊.项目管理成熟度评价体系构建及其应用研究[D].华北电力大学,2014.

表 8-1 (PM)² 模型关键过程、组织特点和关键区域

层 次	PM 关键过程	主要组织特点	关键区域
第 5 级	PM 过程持续改进,PM 过程完全理解,PM 数据得以优化和保持	项目及驱动的组织,具有动力,充满活力、流动性的组织,PM 过程持续改进	改进 PM 过程和实践的创新观点
第 4 级	多重 PM(程序管理),PM 数据和过程得到集成,PM 过程数据被量化分析,被测评和储存	多重 PM(程序管理),PM 数据和过程得到集成,PM 过程数据得到量化分析、测评和储存	以专业方式计划和控制多重项目
第 3 级	正式的项目管理和控制系统已经进行管理,非正式的 PM 数据已经进行管理	正式的项目管理和控制系统,已经进行管理,正式的 PM 数据已经进行管理	单个项目的计划和控制已经系统和结构化
第 2 级	非正式的 PM 过程已经确定; 非正式的 PM 问题已经鉴别; 非正式的 PM 数据已经收集	非正式的 PM 过程已经确定; 非正式的 PM 问题已经鉴别; 非正式的 PM 数据已经收集	单个项目计划
第 1 级	无 PM 过程,无 PM 方法和实践	无 PM 过程,无 PM 方法和实践	理解并建立 PM 基础过程

(三）模型内容

（1）项目集成管理,是确保项目不同要素间互相协调。项目成功和组织成功取决于,在不同成熟度阶段,把有效的 PM 策略与正确利用 PM 技术这两者相集成。

（2）项目范围管理,是明确和控制项目所有的要素和可变量的过程,包括项目规划、项目控制、比较分析、项目执业指导、开工会议、工作范围说明、项目范围的合法化,以及控制过程开始实施等。

（3）项目时间(进度)管理,是确保项目按时竣工。这对任何一位项目经理来说都是一项挑战,包括活动定义、活动程序、工期预算、工程进度开发、工程进度控制等。

（4）项目成本管理,是确保项目在核准的预算内竣工完成。成本管理至关重要,成本超支会导致项目实施阶段严重的问题,甚至导致项目停工,包括资源计划、成本概算、成本预算和控制、已增值分析、贬值和资本预算等。

（5）项目质量管理,是确保工程将符合或超过整个管理职能的各项活动要求,包括质量理念总体审议、质量成本、统计过程控制、偏差和检测、质量改进等。

（6）项目人力资源管理,是确保最有效地使用项目参与人员。项目人力资源管理将对人力资源进行有效的管理、激励和组织,包括项目任务、工作责任、组织报告关系、人员编制、激励动员机制、领导机制、团队发展、冲突解决等。

（7）项目沟通管理,是确保及时地适当地生产、收集、发布、储存、配置项目信息。在组织各层次计划人员和实施人员之间必须有一个清晰的沟通,包括信息计划、信息分

布通道、进度进展报告、管理层和顾客的信息分享体系等。

（8）项目风险管理，是对项目风险进行鉴别、分析、反应，包括确认、鉴定并量化风险，编制风险降低策略、开发适当的风险反应和控制程序。

（9）项目采购管理，是确保组织获取外部的货物和服务，包括合同管理、合同风险、合同谈判、组合管理、合同终止等。第 1 级，没有联系市场状况分析，没有编制采购计划、征求计划。

（四）模型作用

项目管理成熟度模型作为一种全新的概念，为企业项目管理水平的提高提供了一个评估与改进的框架。项目管理成熟度模型在于基于项目管理过程的基础上把企业项目管理水平从混乱到规范再到优化的进化过程，分为有序的五个等级，形成一个逐步升级的平台。其中每个等级的项目管理水平将作为达到下一更高等级的基础，企业项目管理成熟度不断升级的过程也就是其项目管理水平逐步积累的过程。借助项目管理成熟度模型，企业可找出项目管理中存在的缺陷并识别出项目管理的薄弱环节，同时通过解决项目管理水平改进至关重要的几个问题，来形成对项目管理的改进策略，从而稳步改善企业的项目管理水平，使企业的项目管理能力持续提高。

六、理论拓展——5W2H 分析法[①]

（一）定义

5W2H 分析法又叫七问分析法，由第二次世界大战中美国陆军兵器修理部首创。发明者用五个以 W 开头的英语单词和两个以 H 开头的英语单词进行设问，发现解决问题的线索，寻找发明思路，进行设计构思，从而得出新的发明项目，这就叫作5W2H 法。

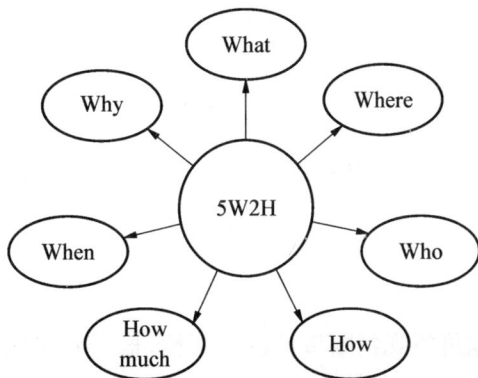

图 8-4　5W2H 分析法

---

① 参见梁国明.企业质量成本管理方法(第 4 版)[M].武汉:中国质检出版社,2015.

What——是什么？目的是什么？做什么工作？

Why——为什么要做？可不可以不做？有没有替代方案？

Who——谁？由谁来做？

When——何时？什么时间做？什么时机最适宜？

Where——何处？在哪里做？

How——怎么做？如何提高效率？如何实施？方法是什么？

How much——多少？做到什么程度？数量如何？质量水平如何？费用产出如何？

（二）优势

如果现行的做法或产品经过七个问题的审核已无懈可击，便可认为这一做法或产品可取。如果七个问题中有一个答复不能令人满意，则表示这方面有改进余地。如果哪方面的答复有独创的优点，则可以扩大产品这方面的效用。新产品已经克服原产品的缺点，扩大原产品独特优点的效用。

（1）可以准确界定、清晰表述问题，提高工作效率；

（2）有效掌控事件的本质，完全地抓住了事件的主骨架，把事件打回原形思考；

（3）简单、方便，易于理解、使用，富有启发意义；

（4）有助于思路的条理化，杜绝盲目性。有助于全面思考问题，从而避免在流程设计中遗漏项目。

（三）意义

5W2H法作为一种调查研究和思考问题的方法，可以让我们熟悉有系统的质问技巧，以协助我们发掘问题的真正根源所在并创造改善途径。简单、方便，易于理解、使用，富有启发意义，广泛用于企业管理和技术活动，对于决策和执行性活动措施的制定也非常有帮助，也有助于弥补考虑问题时的疏漏。

七、理论拓展——时间管理[①]

（一）定义

时间管理就是运用策略和技巧帮助我们尽可能有效地利用时间，以便实现目标最大化。

（二）四象限法则

（1）初步图像：依据价值观判断事情的重要性；根据时间底线判断事情的紧急性。将待办事项分到四个象限中去，如图8-5所示。

---

① 参见梁国明.企业质量成本管理方法(第4版)[M].北京：中国质检出版社，2015.

二、重要不紧急	一、重要且紧急
四、不重要且不紧急	三、不重要但紧急

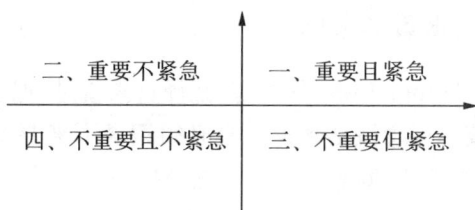

图 8-5　四象限法则之初步图像

（2）将按照什么顺序来完成不同象限的工作？

一般地，我们会一致地先完成第一象限内的事务，但也许我们会有疑惑，我们到底是先完成第三象限还是第二象限内的事务呢？答案是第二象限内的事务。当我们清楚我们应该按什么顺序去完成时，我们应该对每个象限内的事务进行以下思考，如图 8-6 所示。

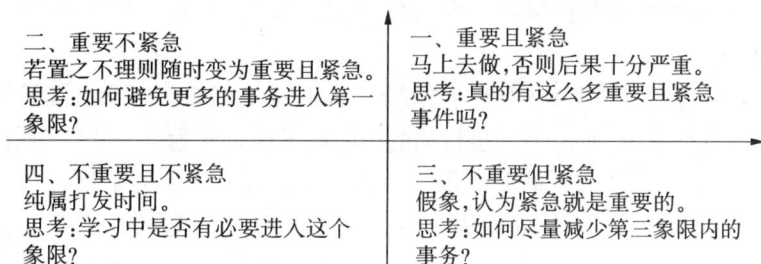

二、重要不紧急 若置之不理则随时变为重要且紧急。 思考：如何避免更多的事务进入第一象限？	一、重要且紧急 马上去做，否则后果十分严重。 思考：真的有这么多重要且紧急事件吗？
四、不重要且不紧急 纯属打发时间。 思考：学习中是否有必要进入这个象限？	三、不重要但紧急 假象，认为紧急就是重要的。 思考：如何尽量减少第三象限内的事务？

图 8-6　四象限法则之思考

（3）那我们应该怎样去做呢？图 8-7 给了我们答案。

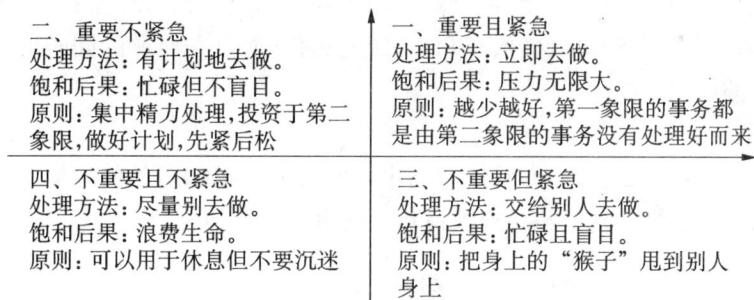

二、重要不紧急 处理方法：有计划地去做。 饱和后果：忙碌但不盲目。 原则：集中精力处理，投资于第二象限，做好计划，先紧后松	一、重要且紧急 处理方法：立即去做。 饱和后果：压力无限大。 原则：越少越好，第一象限的事务都是由第二象限的事务没有处理好而来
四、不重要且不紧急 处理方法：尽量别去做。 饱和后果：浪费生命。 原则：可以用于休息但不要沉迷	三、不重要但紧急 处理方法：交给别人去做。 饱和后果：忙碌且盲目。 原则：把身上的"猴子"甩到别人身上

图 8-7　四象限法则之方法

（三）四象限法则小结

（1）根据自己的价值观评估某件事的重要程度；

（2）根据事务的截止日期判断事务的紧急程度；

（3）将自己的所有日常事务放到四象限中分析；

（4）对四象限内的事务有不同的处理方法和原则；

（5）将主要精力集中在解决第二象限内的事务上；

（6）我们平时制订的工作计划和工作目标都是相对第二象限来说的。

（四）GDT 法则走出第二象限

GTD 就是 Getting Things Done 的缩写，翻译过来就是"把事情做完"，是一个管理时间的方法。GTD 的核心理念概括来说就是必须记录下来要做的事，清空大脑，然后一步步按照设定的路线去努力执行。GTD 的五个核心原则是：收集、整理、组织、回顾、执行。

1. 收集

就是将能够想到的所有的未尽事宜（未整理的念头）统统罗列出来，记在一个本子或备忘录上。收集的关键在于把一切赶出大脑，记录下所有的工作。

2. 整理

将事情放入备忘录后，就需要定期或不定期地进行整理，清空。判断每件事是否可行，根据是否可行将收集篮内事务分为三类"不能行动"任务和六类"可行动"任务。

3. 组织

组织主要分成对参考资料的组织与对下一步行动的组织。对参考资料的组织主要就是一个文档管理系统，而对下一步行动的组织则一般可分为下一步行动清单、等待清单和未来/某天清单。等待清单主要是记录那些委派他人去做的工作，未来/某天清单则是记录延迟处理且没有具体的完成日期的未来计划、电子等等。而下一步清单则是具体的下一步工作，而且如果一个项目涉及多步骤的工作，那么需要将其细化成具体的工作。

4. 回顾

回顾也是 GTD 中的一个重要步骤，一般需要每周进行回顾与检查，通过回顾及检查所有清单并进行更新，可以确保 GTD 系统的运作，而且在回顾的同时可能还需要进行未来一周的计划工作。

5. 执行

按照每份清单开始行动，在具体行动中可能会需要根据所处的环境、时间的多少、精力情况以及重要性来选择清单以及清单上的事项来行动。

（五）利用"猴子"法则走出第四象限

"猴子"法则，是由威廉姆翁肯提出的一个理论，又叫"背上的猴子"。他所谓的"猴子"，即为下一个动作。我们回想一下是否遇到过这种情况：一天下课，一个同学来找你，说："我遇到一些困难，能不能和你谈谈？"于是你很认真地听他讲完，但是听完后你发现困难一时不能解决，而且你没有时间也没办法立刻给出建议。于是，你说："这个问题比较难解决，我现在没有时间和你讨论，让我仔细想想，回头咱们再谈谈。"我们来分析一下这个过程：首先，当你和你同学在走廊相遇之前，谁的背上有"猴子"？显然是你的同学。接着，当你开始听你同学倾诉时，这只"猴子"已经悄咪咪地跨过来一只脚。听完后，你表示仔细想想再聊，这时候这只"猴子"已经完全爬到你身上了。接下来你的同学便会时不时来问你："那件事你考虑得怎么样了？""我们什么时候可以再谈谈?"

这时,当我们听完同学的描述时,需要明确两点:① 明确职责,确定这只"猴子"不是你的;② 注意沟通方式,明确,坚决,不生硬。

同样的,此种方法也可运用到解决第三象限内的事务上去。

第二节 产品和服务的要求

一、标准条款

8.2 产品和服务的要求

8.2.1 顾客沟通

与顾客沟通的内容应包括:

a) 提供有关产品和服务的信息;

b) 处理问询、合同或订单,包括更改;

c) 获取有关产品和服务的顾客反馈,包括顾客投诉;

d) 处置或控制顾客财产;

e) 关系重大时,制定应急措施的特定要求。

8.2.2 产品和服务要求的确定

在确定向顾客提供的产品和服务的要求时,组织应确保:

a) 产品和服务的要求得到规定,包括:

1) 适用的法律法规要求;

2) 组织认为的必要要求。

b) 提供的产品和服务能够满足所声明的要求。

8.2.3 产品和服务要求的评审

8.2.3.1 组织应确保有能力向顾客提供满足要求的产品和服务。在承诺向顾客提供产品和服务之前,组织应对如下各项要求进行评审:

a) 顾客规定的要求,包括对交付及交付后活动的要求;

b) 顾客虽然没有明示,但规定的用途或已知的预期用途所必需的要求;

c) 组织规定的要求;

d) 适用于产品和服务的法律法规要求;

e) 与以前表述不一致的合同或订单要求。

组织应确保与以前规定不一致的合同或订单要求已得到解决。

若顾客没有提供成文的要求,组织在接受顾客要求前应对顾客要求进行确认。

注:在某些情况下,如网上销售,对每一个订单进行正式的评审可能是不实际的,作为替代方法,可评审有关的产品信息,如产品目录。

8.2.3.2 适用时,组织应保留与下列方面有关的成文信息:

a) 评审结果;

b) 产品和服务的新要求。

8.2.4 产品和服务要求的更改

若产品和服务要求发生更改,组织应确保相关的成文信息得到修改,并确保相关人员知道已更改的要求。

二、理解要点

(一) 8.2.1 顾客沟通

(1) 公司为明确"产品和服务的要求",应当建立一个过程,该过程负责同顾客沟通,以全面收集顾客的要求、信息。该过程需要明确在哪些方面沟通,沟通的渠道和方法,沟通过程的有关要求。具体内容有:

① 要提供的产品和服务的细节。即要提供给顾客的是什么?

② 顾客如何同我们公司联系,进行问询、订购、告知等?

③ 如何反馈、获得问题、疑虑、投诉、正面或负面的信息?

④ 顾客如何得知顾客财产的处理和控制情况?

⑤ 出现紧急情况时,如何就可能的事宜和可采取的措施进行沟通?

⑥ 沟通的渠道和方法:拜访、会议、印刷品、网站、电话。

⑦ 沟通过程的要求:充分理解顾客的要求和期望,以文件结果展示出来(方便公司确认和评审,转化为公司具体的技术、质量、服务指标)。

(2) 工作开展(落地):

① 建立一个过程——顾客沟通过程;

② 明确顾客沟通过程运行责任人;

③ 明确顾客沟通过程的输出结果;

④ 明确顾客沟通过程所需要的资源;

⑤ 明确顾客沟通过程运行的方式;

⑥ 评价该过程运行的绩效。

(二) 8.2.2 产品和服务要求的确定

(1) 建立一个过程,针对顾客沟通过程的结果进行确定,转化为公司具体的技术、质量、服务等各项工作指标。具体的定义产品和服务的要求如下:

① 产品和服务的目的;

② 顾客的需求;

③ 顾客的期望(潜在的要求);

④相关法律法规的要求；

⑤公司的质量目标要求。

（2）承诺满足要求。

（3）尚需考虑如下的资源：

①可用资源；

②能力和产能；

③组织知识；

④满足顾客要求的过程确认（产品测试、服务演示）。

（4）工作的开展（落地）：

①建立一个过程——产品和服务有关要求的确定过程；

②明确该过程运行责任人；

③明确该过程的输出结果——转化为公司的、其他过程的，具体的技术、质量、服务等工作指标；

④明确该过程所需要的资源；

⑤明确该过程运行的方式——专题、研讨、分析等；

⑥评价该过程运行的绩效。

注意：防止不切实际的确定导致最后的违约。

（三）8.2.3　产品和服务要求的评审

（1）确认了与产品和服务的相关要求后，就需要评审是否能够满足此要求，以便做出承诺（签合同是承诺的一种重要形式）。实际上，产品和服务的要求——其直接影响质量与服务的要求，在"8.2.2产品和服务要求的确定"里已经相当于评审了，故在此当注重：

①评审交付和交付后的行动，如运输、用户培训、现场安装、质量保证、维修、顾客保障等；

②评审可满足的隐含需求；

③公司为创造更多机遇而提供的"超越顾客要求、公司内部方针"等的要求；

④评审合法性，适用法律法规的要求（包含行业、公司内部）；

⑤评审是否对合同或订单做出了变更。

（2）注意事项：

①当顾客提出的要求没有形成文件时，应当做好记录并在向顾客提供产品或服务前，经过顾客确认。

②评审，应当在对顾客做出承诺之前进行。承诺：签订合同、订单回复等都是其重要形式。

③评审当注重其目的是否有能力满足，而不应流于形式。

（3）本章节要求我们：对产品和服务的要求等进行的确认和评审，应当留下证据（文件信息）。应当注重：

① 评审的过程和结果——具体要求和评审结论(是否有能力满足)。当项目重大或复杂时,甚至需要可行性分析报告。讨论会会议纪要等应当保留。

② 产品和服务的新要求——留下证据:应当增加相应的文件,尤其是订单变更、解决误解等。

③ 一句话:合同评审是一个过程,评审结束,留下证据(记录),防止"信口开河"的承诺为"满足顾客要求"留下隐患。

(四) 8.2.4　产品和服务要求的更改

本章节要求,当产品和服务的要求发生变更时,应当进行下列工作:

(1) 相关文件信息得到更改,如产品标准、工艺文件、作业指导书等;

(2) 规定更改需要沟通的渠道和方法;

(3) 产品和服务的达成(实现)人员知道更改的内容;

(4) 8.2产品和服务的要求的绩效评价:和顾客产生的分歧——项目、次数以及造成的损失。

三、理论拓展——契约理论①

(一) 引言

贸易是一种对价关系,交易永远涉及双方利益的权衡。

现代经济是由无数的契约构成的。契约关系是商品经济社会中一种自由、平等与守信的精神。说白了,就是"诚信"。没有契约关系,也就没有契约精神,更不用提"诚信"理念。

举个例子,车险该全赔吗?

在保险领域,如果你投了车险,一般来说你不可能被全额赔款。假设车祸发生纯属偶然,当然这时如果车主有一个全险,可以免除所有损失,那必是极好的。但是请注意,全险涉及一个"道德风险":如果每一位司机都有全险作为保障,那么大家开车时可能就没那么小心谨慎了。

车险中涉及的契约关系主要受到两个因素影响:

第一,利益冲突。如果我们都很小心,全险是没有任何问题的。可现实是,不是每个人都是天使。

第二,考量因素。不是车主所有的举动都会被注意到。假设保险商看得到车主所有粗心的行为,那他们就可以选择对一些纯粹的意外做出全部理赔,而不是那些因为车主的粗心行为酿成的车祸。但这在现实中做得到吗?

这时候,契约理论发挥了它的作用。

---

① 参见张维迎.企业的企业家—契约理论[M].上海:上海人民出版社,2015.

（二）定义

契约理论是研究在特定交易环境下不同合同人之间的经济行为与结果,往往需要通过假定条件在一定程度上简化交易属性,建立模型来分析并得出理论观点。

（三）契约的功能

契约的功能是指通过契约来协调人类社会中的各种关系,维护社会正常的生产和生活秩序,保持社会永续发展的一种调节力量。

契约的基本功能是维护缔约双方或多方的合作,鼓励缔约方在恪守承诺承担责任的前提下,谋求新的、更为远大的利益。

（四）契约的履行

1. 契约的自我履行

契约的自我履行适合在稳定环境中的情形,如技术是稳定的,需求是可预测的,博弈的规则保持不变;适合于通常是通过市场进行的交易;适合于完全契约或者说古典契约。

2. 契约执行的第三方监督

当契约的自我履约机制失效时,契约的执行依赖于第三方的监督。解决争端的程序是事前由各方商定的,参与调解行动的第三方可以是私人的,也可能是公共的,或者是二者的混合。

3. 一体化手段

当不确定性的水平和所包含的资产专用性的程度很高时,契约的执行要求采用一体化的形式。

（五）契约理论对中国经济的现实意义

契约理论对中国经济中的企业制度构建、金融市场改革和公共机构改革都具有重要的理论价值和政策意义。

比如,国有企业改革中如何合理设置产权结构,如何构建有效的治理机制,如何激励和约束国企的管理人员,都需要事前设计好契约。长期以来,国有企业改革面临严重的委托代理问题,因为国有企业的产权人和经理人之间存在严重的信息不对称和利益不相容,在实践中,委托人无法避免代理人的道德风险和逆向选择,因此,制定完善契约面临许多挑战。同样,这一理论也可以用来分析当前政府投融资体制改革重点即 PPP（政府与社会资本合作）项目的设计和绩效,哪些公共领域（如学校、医院等）应该私有化以及最佳的契约安排等。

四、理论拓展——GHM 不完全契约理论[①]

(一)定义

由格罗斯曼和哈特(Gross Man & Hart,1986)、哈特和莫尔(Hart & Moore,1990)等共同创立,因而这一理论又被称为 GHM(格罗斯曼-哈特-莫尔)理论或 GHM 模型。国内学者一般称之为"不完全合约理论"或"不完全契约理论"。因为该理论是基于如下分析框架:以合约的不完全性为研究起点,以财产权或(剩余)控制权的最佳配置为研究目的。它是分析企业理论和公司治理结构中控制权的配置对激励和对信息获得的影响的最重要分析工具。图 8-8 为基于不完全契约的专用性人力资本投资激励图示。

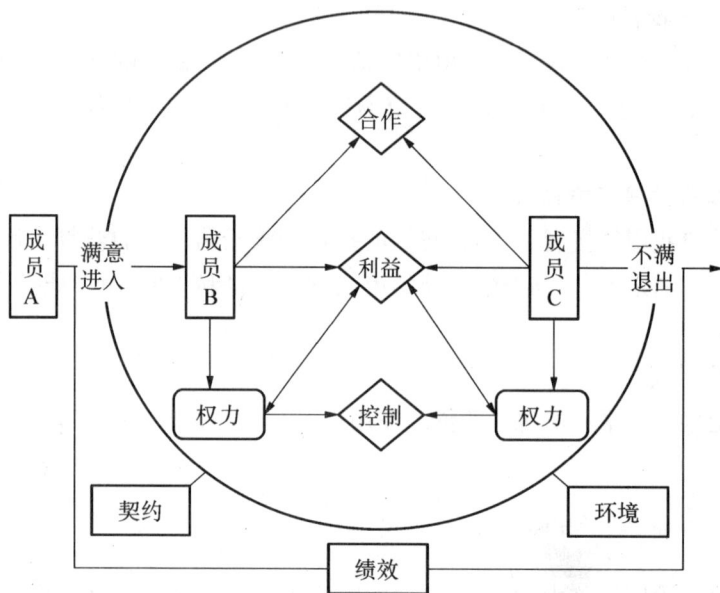

图 8-8 基于不完全契约的专用性人力资本投资激励

(二)产生原因

1. 契约双方的有限理性

由于受信息传递、认知能力、计算能力和人的心理因素等条件的限制,契约双方在复杂多变的不确定的市场环境中,其行为的理性是有限的,很难对长期内可能发生的各种情况都做出全面的计划安排,签订契约时条款的遗漏将不可避免。

[①] 参见张维迎.企业的企业家—契约理论[M].上海:上海人民出版社,2015.

2.第三者无法验证

契约规定的项目中,有一些内容是第三者无法验证的,即这些内容虽然对于契约双方都是清楚并明确规定的,但对于其他局外人则是无法体验和观察到的,所以在出现纠纷时,第三者(如法院)很难确定哪一方违约并按规定执行处罚等,造成了契约的不完全。

3.信用制度的不完善

由于制度缺陷导致契约双方的行为难以得到约束,在某一方违约时而不承担相应的违约责任,造成契约的不完全。上述第一、第二个原因导致的契约不完全是一般情况下普遍存在的,而信用制度不完善形成的契约不完全是一个相对比较特殊的情况,大多发生在经济发展中国家或经济转型国家。

(三)影响

一方面大大提高了发生契约纠纷的可能性和重新谈判(或缔约)的事后成本,从而使信用市场的交易费用增加。

另一方面,契约双方无法通过对契约的最优设计,形成有效的监督与约束机制以规范行为主体的信用行为,导致契约行为主体严重的逆向选择和道德风险行为,使契约双方面临超常的信用风险,大大降低了信用市场的运作效率。信用制度的不健全,尤其是契约的不完全,对信用秩序的稳定及金融体系乃至整个国民经济的健康发展都具有重要的影响。

(四)不完全契约理论的应用

婚姻就是男女双方之间的一种契约,这个契约隐性地假定双方都要承担家庭的义务,要对彼此忠贞,要共同抚养孩子。但是,事前双方不可能想到婚后所有的情况,比如一旦发生财产纠纷怎么办?一旦决策有分歧怎么办?这些事情法律不会管得很具体,但是婚前双方也没法商量好。这就出现了不完全契约。根据哈特的理论,一旦契约不完全了,事后的控制权应该配置给对投资或总产出重要的一方,或者简单地说权力应该安排给重要的一方。因此,如果妻子对家庭收入的贡献更大,那么一旦发生经济决策方面的分歧,妻子拥有优先决定权。这保证了妻子有更大的激励去增加收入,因为她知道自己的付出和控制权是匹配的,这就是所谓的激励相容原理。如果双方的利益是冲突的,那么就必须优先保证对总收入更重要的一方的利益,然后这一方可以对另一方进行补偿,从而实现总收入最大化。任何交通法律法规都是一个不完全契约,因为制定法律时根本没法预料到会出现网约车这种新事物。那么问题来了,现在网约车出现了,在法律处于空白或灰色地带的情况下,应该优先保证谁的利益呢?是乘车消费者的利益,是网约车主的利益,还是出租车司机的利益?如果这几方出现利益冲突怎么办?按照哈特的不完全契约理论,当契约不完全时,事后的控制权配置应该能够导致总体福利最大化。因此,我们需要找出网约车事件中谁是对交通改善贡献最大的利益主体,优先保证他的利益,然后补充受损者的利益。按照这个原则,如果网约车能够明显地缓和交通拥堵,改善百姓的出行状况,那么网约车的利益应该被优先考虑。但如果这会不可避免地导致传统出租车司机的损失,那么政府可以对网约车征税,然后补偿给传统出租车。比如,政府降低出租车公司的牌照费,出租车公司再降低司机的份子钱。这就实现了经济学上所谓的帕累托改进。

(五)与完全契约理论比较

完全契约理论认为,当事人可以设计出一种涵盖未来所有可能情况的契约,可以明确规定双方的权利和义务。不完全契约理论则相反,它认为由于人是有限理性的,不可能预见到未来所有可能的情况,即便预见到也没法写进契约里,因此契约注定是不完全的。

第三节　产品和服务的设计和开发

一、标准条款

8.3　产品和服务的设计和开发

8.3.1　总则

组织应建立、实施和保持适当的设计和开发过程,以确保后续的产品和服务的提供。

8.3.2　设计和开发策划

在确定设计和开发的各个阶段及其控制时,组织应考虑:

a) 设计和开发活动的性质、持续时间和复杂程度;

b) 所需的过程阶段,包括适用的设计和开发评审;

c) 所需的设计和开发验证、确认活动;

d) 设计和开发过程涉及的职责和权限;

e) 产品和服务的设计和开发所需的内部、外部资源;

f) 设计和开发过程参与人员之间接口的控制需求;

g) 顾客及使用者参与设计和开发过程的需求;

h) 对后续产品和服务提供的要求;

i) 顾客和其他有关相关方期望的对设计和开发过程的控制水平;

j) 证实已经满足设计和开发要求所需的成文信息。

8.3.3　设计和开发输入

组织应针对所设计和开发的具体类型的产品和服务,确定必需的要求。组织应考虑:

a) 功能和性能要求；

b) 来源于以前类似设计和开发活动的信息；

c) 法律法规要求；

d) 组织承诺实施的标准或行业规范；

e) 由产品和服务性质所导致的潜在的失效后果。

针对设计和开发的目的，输入应是充分和适宜的，且应完整、清楚。

相互矛盾的设计和开发输入应得到解决。

组织应保留有关设计和开发输入的成文信息。

8.3.4 设计和开发控制

组织应对设计和开发过程进行控制，以确保：

a) 规定拟获得的结果；

b) 实施评审活动，以评价设计和开发的结果满足要求的能力；

c) 实施验证活动，以确保设计和开发输出满足输入的要求；

d) 实施确认活动，以确保形成的产品和服务能够满足规定的使用要求或预期用途；

e) 针对评审、验证和确认过程中确定的问题采取必要措施；

f) 保留这些活动的成文信息。

注：设计和开发的评审、验证和确认具有不同目的。根据组织的产品和服务的具体情况，可单独或以任意组合的方式进行。

8.3.5 设计和开发输出

组织应确保设计和开发输出：

a) 满足输入的要求；

b) 满足后续产品和服务提供过程的需要；

c) 包括或引用监视和测量的要求，适当时，包括接收准则；

d) 规定产品和服务特性，这些特性对于预期目的、安全和正常提供是必需的。

组织应保留有关设计和开发输出的成文信息。

8.3.6 设计和开发更改

组织应对产品和服务设计和开发期间以及后续所做的更改进行适当的识别、评审和控制，以确保这些更改对满足要求不会产生不利影响。

组织应保留下列方面的成文信息：

a) 设计和开发更改；

b) 评审的结果；

c) 更改的授权；

d) 为防止不利影响而采取的措施。

二、理解要点

(一) 8.3.1 总则

(1) 设计和开发：将考虑实体的要求转换为对该实体更详的要求的一组过程；

(2) 目的：确保后续的产品和服务的提供能有效地实施；

(3) 公司要建立一个过程，实现产品和服务的设计或(和)产品和服务实现过程的设计。这个过程是公司、客户的理念和要求落地的过程。

这个过程是将公司、顾客的要求，结合专业知识，转化为具体实体要求、服务要求、达成之的具体工作指标和过程要求。

(二) 8.3.2 设计和开发策划

(1) 本章节要求公司要对产品和服务的设计和开发进行策划和控制，将设计和开发分成几个阶段，对每一个阶段都要进行控制。落地"产品质量是设计出来的"这个超前理念。

(2) 设计和开发输出的结果：特定项目的任务和行动计划，包括限制、风险、资源需求、人员分工和职责明确。

(3) 在设计和开发策划时，必须关注下列要素：

① 全新的，还是现有的，复杂程度，交付要求等因素；

② 必要阶段(如 APQP 要求的五个阶段——评审、验证、确认等)；

③ 需要实施的验证活动和确认活动；

④ 确定设计和开发工作的具体内容，以及涉及的职责和权限；

⑤ 需要的内部和外部资源；

⑥ 参与设计和开发过程人员之间的沟通(应考虑最有效的信息共享方式)；

⑦ 设计和开发过程中，客户的可能参与(如调研、验证、进度汇报)；

⑧ 要使相同的产品和服务重复获取订单，需要什么；

⑨ 明确预期顾客、其他相关方对设计和开发的控制级别，进而采取控制措施；

⑩ 留下客观证据——设计和开发策划、评审、执行、验证、确认等方面(如果结果非预期，有助于识别问题的原因；如果过程顺利，后续参考沿用)。

(4) 开展的工作：

① 建立一个设计和开发过程(可以和现有的技术、研发职能部门结合起来)。

② 指定(委派)开发负责人。

③ 导入 APQP 工具，明确：设计和开发的阶段；每一个阶段的结果；每一个阶段应干的事。

④ 编制相应的文件，填写记录，建立开发档案。

⑤ 评价设计和开发的绩效。

（三）8.3.3　设计和开发输入

（1）严格来说，就是我们的设计和开发应当达到什么目的，实现什么结果；

（2）具体地说，就是针对特定的产品和服务，确定设计和开发的基本要求。可从以下几个方面进行确定：

① 功能和性能要求——顾客、市场、公司需要确定的；

② 前期类似产品的设计和开发经验、教训；

③ 提供相关产品和服务时，直接关联的法律法规；

④ 公司自愿承诺遵守的国家标准、行业标准、行业惯例、企业（自定）标准；

⑤ 由产品和服务性质导致的失效的潜在后果。

注意：输入要求，有冲突或无法实现时，应当开展相应的活动（如研讨会、协调会、课题研究攻关等）解决之。

（四）8.3.4　设计和开发控制

（1）本章节的要求，是"结果导向，控制过程"的良好体现。具体展现在：

① 明确设计和开发所要获得的结果；

② 所有参与人员必须知道且充分理解顾客的要求和设计开发的输出，综合考虑两者的偏离和差异；

③ 必须分阶段，有正式的检查和各阶段的输出；

④ 通过对设计和开发进行评审、验证、确认，进行管控，并留下工作的证据（文件、记录）。

（2）注意：

① 评审、验证、确认有可能在一个阶段完成；

② 验证也可能作为评审的一部分，或验证和确认同时进行；

③ 如在评审、验证、确认活动中发现了问题，应决定这些问题的解决措施。这些措施的有效性作为下次评审的内容。必要时修改设计和开发相应内容。

（3）释义：

① 验证活动——分到各个阶段，在各阶段结束时验证。

a. 开展替代计算；

b. 将新设计与类似的经验证的设计做比较；

c. 开展测试和鉴定；

d. 在发布前，检查设计阶段文档。

② 确认活动——确认检查。

a. 营销试用；

b. 运行测试；

c. 预期用户条件下的模拟和测试；

d. 部分模拟和测试；

e. 提供反馈的最终用户测试。

（4）开展的工作：

建立产品标准——顾客要求、设计输出要求的综合，导入 APQP。在设计开发的各阶段：

① 确定评审的人员、时间节点、项目、方式、结论、评审不合格的措施；

② 确定验证的人员、时间节点、项目、方式、结论、验证不合格的措施；

③ 确定确认的人员、时间节点、项目、方式、结论、确认不合格的措施。

（5）留下评审、验证、确认工作的证据（文件、记录）。

（五）8.3.5　设计和开发输出

（1）本章节强调了设计和开发的结果。后续的过程将以此为依据实施，最终达成向顾客提供满意的产品和服务。项目不同，输出结果也有所不同，在不同的阶段，展现的结果也不同。主要有以下几项：

① 产品和服务设计：图纸（总成图纸、零部件图纸）、产品技术规范、BOM 单、零件及材料规范、实验检验规范、产品使用说明书、包装规范、服务规范、设计 FMEA、防误措施等。

② 产品和服务实现过程设计开发：

a. 采购零配件清单（含自制件材料）、采购件技术规范、采购件试验检验规范、供应商清单；

b. 自制零配件清单、零配件技术规范、试验检验规范、工艺过程流程图、过程失效模式分析、控制计划、生产作业指导书、检验作业指导书、返工返修作业指导书、设备清单、模具清单、工装夹具清单、检具清单、盛具清单、工辅具清单、平面布置图、人员配置计划、自制设备及"五具"图纸和工艺、采购设备及"五具"图纸（含供应商）、设备和"五具"验收标准文件、零部件交付（验收）准则、样品等。

③ 产品和服务实现过程设计开发：

a. 总装（组焊、装配）工艺过程流程图、过程失效模式分析、控制计划、总装配作业指导书、总成检验作业指导书、返工返修作业指导书、设备清单、模具清单、工装夹具清单、检具清单、盛具清单、工辅具清单、平面布置图、人员配置计划、自制设备及"五具"图纸和工艺、采购设备及"五具"图纸（含供应商）、设备和"五具"验收标准文件、总成产品交付（验收）准则、样品等。

b. 建立相应文件档案（文件、发放等）。

（2）注意事项：

① 设计和开发的对象可以是产品，也可以是过程、服务、软件等，故输出的内容不同；

② 设计和开发的输出是后续过程的关键输入，为后续过程提供信息和依据，方便参与人员采取措施以及明确采取措施的顺序。

（3）不仅注重结果，还要注重监视和测量。

（六）8.3.6　设计和开发更改

本章节要求，允许我们对产品设计和开发的任一活动、任一阶段不合适之处进行更改,(也适用于质量管理体系中的其他活动和阶段),但必须对更改进行控制:识别更改的项目、时机,对更改进行授权、评审,留下更改控制的证据。

(1) 开展的工作:

① 对更改进行授权——细节更改不必事事评审、验证、确认;重大更改必须进行评审、验证、确认。

② 确定更改的方式。

③ 确定更改内容的传播、沟通方式;

④ 确定评审的内容、评审的方式;

⑤ 确定留下证据的内容和方式(形成文件的信息)。

(2) 注意事项:

① 更改控制的目的:必要时澄清责任、降低风险,不必所有的更改都得到评审、验证、确认,并在实施之前得到批准。

② 评审:主要评审更改的结果。重大更改要在实施之前评审。

(3) 在四个方面留下证据:

① 设计和开发的更改;

② 更改授权;

③ 评审的结果;

④ 防止不利影响采取的措施。

三、理论拓展——敏捷开发[①]

(一) 定义

敏捷软件开发(Agile Software Development),又称敏捷开发,是一种从 1990 年代开始逐渐引起广泛关注的新型软件开发方法,是一种能应对快速变化需求的软件开发能力。它们的具体名称、理念、过程、术语都不尽相同,相对于"非敏捷",更强调程序员团队与业务专家之间的紧密协作、面对面的沟通(认为比书面的文档更有效)、频繁交付新的软件版本、紧凑而自我组织型的团队、能够很好地适应需求变化的代码编写和团队组织方法,也更注重软件开发过程中人的作用。

(二) 敏捷宣言 12 条原则

(1) 最优先的目标是通过尽早地、持续地交付有价值的软件来满足客户。

(2) 欢迎需求变化,甚至在开发后期。敏捷过程控制、利用变化帮助客户取得竞争优势。

(3) 频繁交付可用的软件,间隔从两周到两个月,偏爱更短的时间尺度。

---

① 参见梁国明.企业质量成本管理方法(第4版)[M].北京:中国质检出版社,2015.

（4）在整个项目中业务人员和开发人员必须每天在一起工作。

（5）以积极主动的员工为核心建立项目,给予他们所需的环境和支持,信任他们能够完成工作。

（6）在开发团队内外传递信息最有效率和效果的方法是面对面的交流。

（7）可用的软件是进展的主要度量指标。

（8）敏捷过程提倡可持续发展。发起人、开发者和用户应始终保持稳定的步调。

（9）简化,使必要的工作最小化是关键的一步。

（10）持续关注技术上的精益求精和良好的设计以增强敏捷性。

（11）最好的架构、需求和设计产生于自我组织的团队。

（12）团队定期地对运作如何更加有效进行反思,并相应地调整、校正自己的行为。

（三）敏捷开发流程

其开发流程图,如图8-9所示。

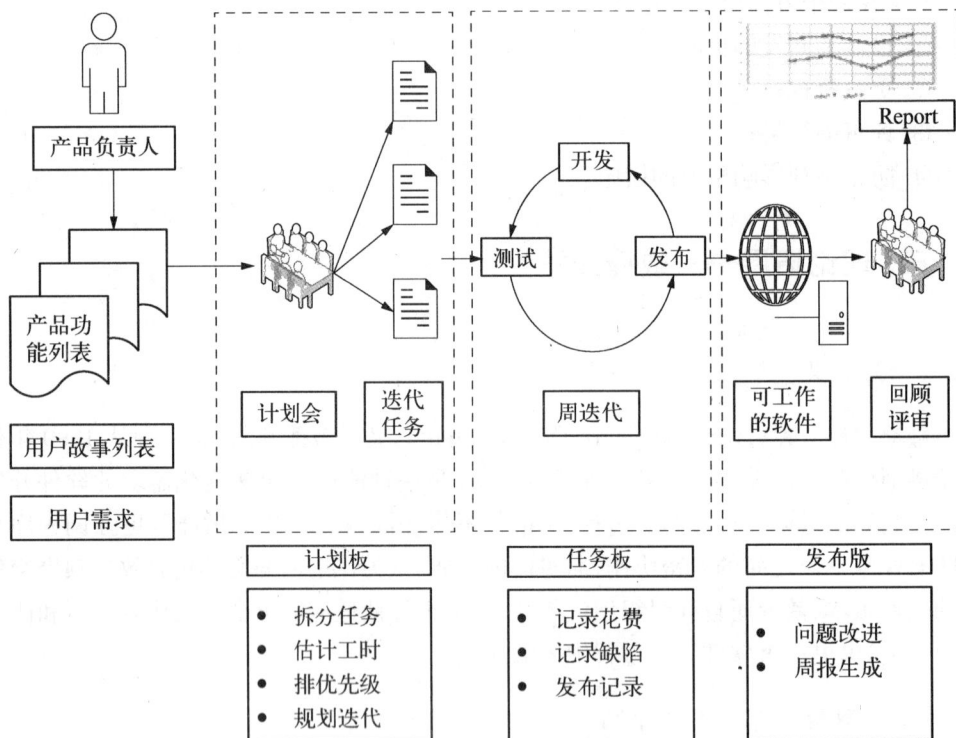

图 8-9　敏捷开发流程图

（四）研究意义

许多年以来人们一直使用瀑布方法进行软件的开发,瀑布型方法的特点是在完成系统设计之后就进行构建,并且在开始阶段,就能够估算出具有参考价值的工作量和成本,但一般情况是不去适应没有预定的变动的,并且改动率也较低。敏捷开发作为一种面临迅速变化的需求,快速开发出高质量软件产品的新方法,自问世以来,对软件工业起着积极而又重要的影响,它吹响了软件工业的战斗号角,颇受业内人士推崇。它的主要特征是允许对过程进行自主调整,并且强调软件开发中人的因素,它克服了传统开发方法的缺点,和传统开发方法有着明显不同。由于软件在规模、复杂度、功能上的极大扩展和提高,以及在需求和技术不断变化的过程中实现软件自身开发的需求,敏捷开发正逐渐成为软件开发的新模式。因此,我们应当更好地利用这种方法,适应快速的需求变化,达到完善需求分析,改进开发过程,提高软件项目管理水平的目的,扩展它的应用领域。

四、理论拓展——QFD 质量功能展开①

(一)定义

质量功能展开(QFD)是一种有效的技术,用来保证顾客的需求能在产品和过程设计中体现出来。

这种技术还包括为满足同样的需求对竞争者的能力进行水平比较,并提供了一种形式化的沟通方法,它比较适合于交叉功能团队。

(二)QFD 的特点

(1)用户驱动(从需求入手);
(2)用户的需求涉及产品、工艺及制造过程;
(3)多部门协同工作,共同满足用户需要;
(4)面向质量设计最有效的工具;
(5)利用质量屋将用户的需求逐步分解至产品生命周期的各个环节。

(三)典型的 QFD 分解模型的四个阶段

(1)把顾客或市场的需求展开为产品的设计要求;
(2)把产品的设计要求转化为关键零部件特性;
(3)把关键零部件特性要求展开为工艺要求;
(4)把工艺要求展开为生产要求。

(四)瀑布式分解模型

瀑布式分解模型,如图 8-10 所示。

---

① 参见梁国明.企业质量成本管理方法(第 4 版)[M].北京:中国质检出版社,2015.

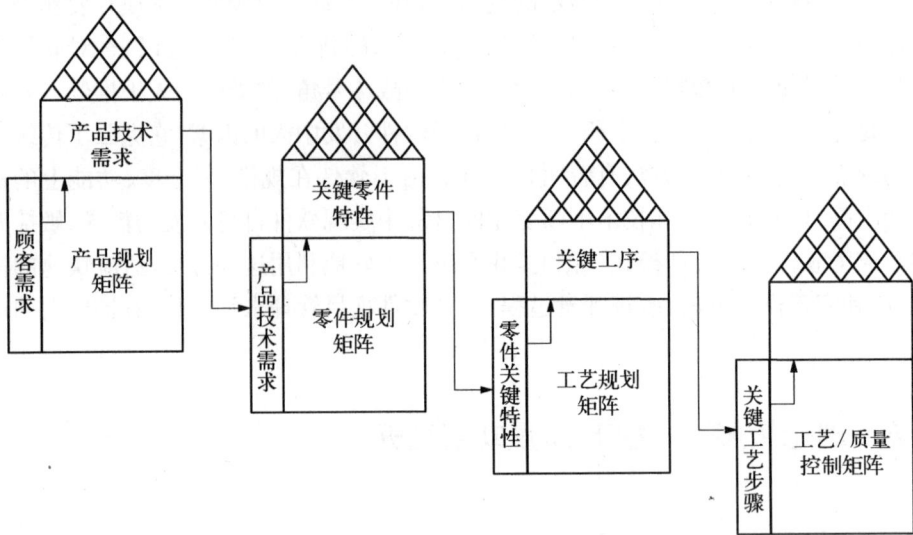

图 8-10 质量功能展开分解模型

（五）质量屋

质量屋（House of Quality，HOQ）的概念是由美国学者 J.R. Hauser 和 Don Clausing 在 1988 年提出的。

质量屋也称质量表，是一种形象直观的二元矩阵展开图表。以下给出的是在综合国外各种形式的质量屋的基础上，结合我国国情，在大量工程应用中具有良好性质的质量屋。其基本结构要素如下：

（1）质量屋的核心内容是需求转换，其结构框架，就是用质量屋的形式通过一系列矩阵表，量化分析顾客的需求与产品规划、设计、制造等要求之间的关系。

（2）质量屋是建立质量机能展开的系统的基本工具，是质量机能展开方法的精髓。

质量屋构成如图 8-11 所示。

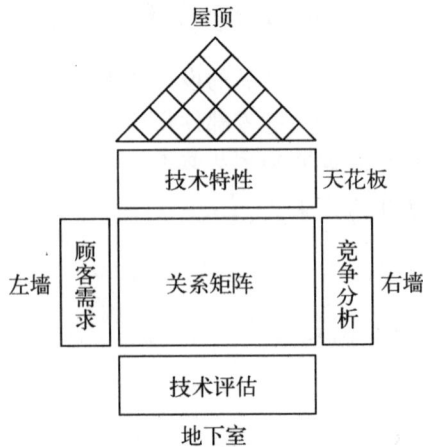

图 8-11 质量屋主体

左墙——Whats 矩阵,表示需求什么?包含顾客需求及其重要度(权重),使质量屋的顾客需求:由顾客确定的产品或服务的特性。重要度(权重值):顾客对其需求进行定量评分,以表明各项需求对顾客到底有多重要。

天花板——Hows 矩阵,表示针对需求,怎样去做,是技术需求(产品特征或工程措施),是质量屋的"如何"。

房间——相互关系矩阵,表示顾客需求和技术需求之间的关系。

屋顶——Hows(技术需求)的相互关系矩阵,表示 Hows 矩阵内各项目的并联关系。

右墙——评价矩阵,竞争性比较,是顾客竞争性的评估,从顾客角度评估产品在市场上的竞争力。

地下室——技术竞争能力评估矩阵。

(六)质量功能展开的程序

1. 顾客需求的展开

"顾客"是一个广义的概念,是接受产品的组织或个人。顾客的需求是变化的,企业不仅应考虑顾客当前的需求还应考虑顾客未来的需求,以适应顾客不断变化的需求。顾客的需求包括明示的、隐含的和法律法规规定必须履行的三方面。

东京理工大学教授狩野纪昭诺(Noritaki Kano)博士将顾客需求分为三种类型,即基本型、期望型和兴奋型。这种分类有助于对顾客需求的理解、分析和整理。一般将卡诺所提出的描述顾客需求的质量模型称为 KANO 模型。

2. 关键质量需求展开

关键质量需求确定,在 QFD 中也称质量策划。根据顾客质量需求表,需要确定顾客需求的重要度、做比较分析、确定改进目标以及关键顾客需求。同时,可进行市场竞争力的分析。

3. 技术需求展开

技术需求,即质量屋的"如何"(How),是由顾客的需求推演而来的一系列具体的"可测量的"技术需求指标(工程措施),是用标准化的形式表述以满足顾客需求的手段,是顾客需求的响应。技术需求展开有以下几个步骤:

(1)由顾客需求的各项目中,抽出技术(质量)要素。

(2)用 KJ 法聚类,将抽出的类似的技术指标放在一起,然后求出高一级科目,并确定其名称。

(3)根据聚类编制展开表。通过汇总整理,将各指标的质量特性明确化。技术要求的成功展开是满足顾客需求的技术保证,因此必须对准顾客的需求焦点,识别主要的质量要求,测定质量特性,确保改进设计成功。

4. 编制质量表

质量表是质量屋的本体部分,用于描述技术需求(产品特性)对各个顾客需求的贡献和影响程度的关系矩阵。质量屋的关系矩阵可用数学式表达:

$$R = [r_{ij}]_{nc*np}$$

r_{ij} 是指第 j 个技术需求(产品特性)对第 i 个顾客需求的贡献和影响程度,即两者的相关程度,建议采用 1,3,5,7,9 等关系度等级。

5. 关键质量特性确定

关键质量特性确定即输出质量设定,是设计的主要标志。精良的设计赋予质量新的含义,把握住关键质量特性（CTQ）就能正确反映产品和服务满足顾客的需求。确定关键质量特性,需要进行重要度评价、比较分析及设计输出目标。

图 8-12 为质量屋结构示意图。

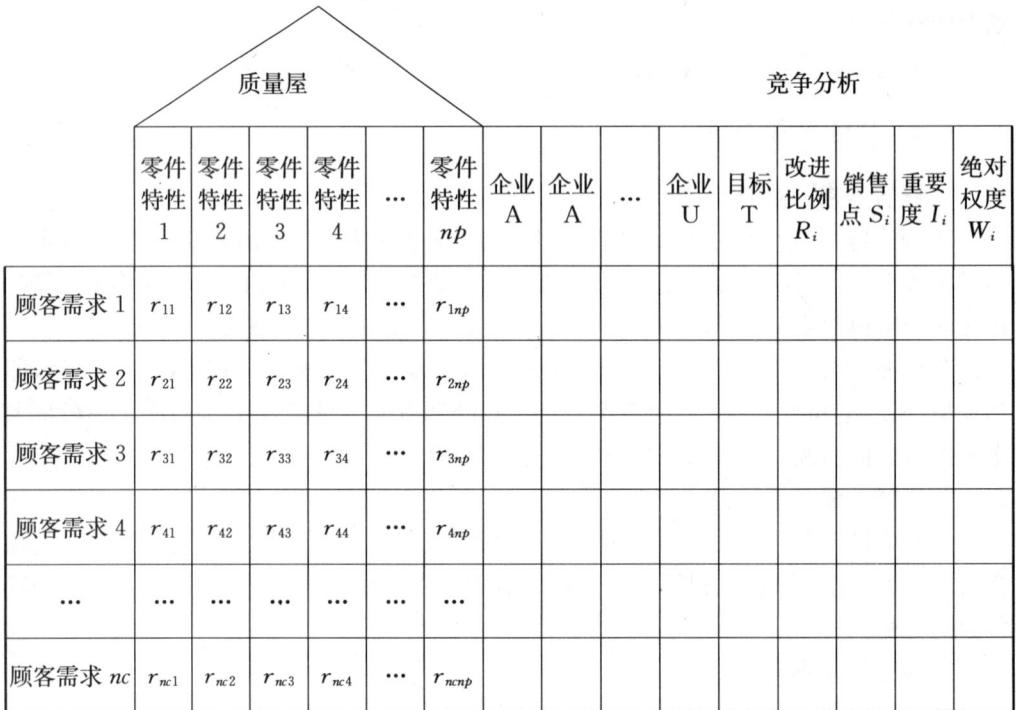

	零件特性1	零件特性2	零件特性3	零件特性4	...	零件特性 np	企业A	企业A	...	企业U	目标T	改进比例 R_i	销售点 S_i	重要度 I_i	绝对权度 W_i
顾客需求1	r_{11}	r_{12}	r_{13}	r_{14}	...	r_{1np}									
顾客需求2	r_{21}	r_{22}	r_{23}	r_{24}	...	r_{2np}									
顾客需求3	r_{31}	r_{32}	r_{33}	r_{34}	...	r_{3np}									
顾客需求4	r_{41}	r_{42}	r_{43}	r_{44}	...	r_{4np}									
...	...	...	...	...											
顾客需求 nc	r_{nc1}	r_{nc2}	r_{nc3}	r_{nc4}	...	r_{ncnp}									

上方表头含"质量屋"和"竞争分析"两大分区。

图 8-12　质量屋结构图

（七）意义

质量功能展开(QFD)作为一种强有力的工具被广泛用于各领域。它带给我们的最直接的益处是缩短周期、降低成本、提高质量。更重要的是,它改变了传统的质量管理思想,即从后期的反应式的质量控制向早期的预防式的质量控制转变。

五、理论拓展——APQP 产品质量先期策划[①]

(一) 定义

产品质量先期策划(APQP)是一种结构化的方法,用来确定和制定确保某产品使顾客满意所需的步骤。

产品质量先期策划的目标是促进与所涉及的每一个人的联系,以确保所要求的步骤按时完成。

有效的产品质量策划依赖于高层管理者对努力达到使顾客满意这一宗旨的承诺。

(二) 目的

(1) 制订产品质量计划来开发产品,满足顾客要求,达到顾客满意;

(2) 及时完成关键任务;

(3) 按时通过生产件批准;

(4) 持续地满足顾客的规范;

(5) 持续改进。

(三) 益处

(1) 引导资源,使顾客满意;

(2) 促进对所有更改的早期识别;

(3) 避免晚期更改;

(4) 以最低的成本及时提供优质产品。

(四) APQP 五个过程

(1) 计划和定义;

(2) 产品的设计与开发;

(3) 过程设计和开发;

(4) 产品和过程的确认;

(5) 反馈、评定和纠正措施。

注:其主要内容详见图 8-13。

[①] 参见张智勇.IATF 16949 质量管理体系五大工具最新版一本通(第 2 版)[M].北京:机械工业出版社,2017.

项 目
顾客呼声
APQP 小组成立

第一阶段
计划和确定项目

项 目
设计目标
可靠性和质量目标
初始材料清单
初始过程流程图
产品和过程特殊特性清单
产品保证计划
管理者支持

项 目
设计评审
样件制造
技术图纸
技术规范
材料规范
图样和规范的更改
新设备工装和设施要求
产品和过程特殊特性
样件控制计划
量具和试验设备要求
小组可行性承诺和管理者支持

第二阶段
产品设计和开发

第三阶段
过程设计和开发

项 目
包装标准
过程流程图
产品/过程质量体系评审
车间平面布置图
特性矩阵图
PFEMA
试生产控制计划
过程指导书/检验指导书
测量系统分析计划
初始过程能力研究计划
管理者支持

项 目
有效的生产
测量系统评价
初始过程能力研究
生产件批准
生产确认试验
包装评价
生产控制计划
质量策划认定和管理者支持

第四阶段
产品和过程确认

第五阶段
反馈、评定和纠正

项 目
APQP 文件整理
减少变差
顾客满意
交付和服务

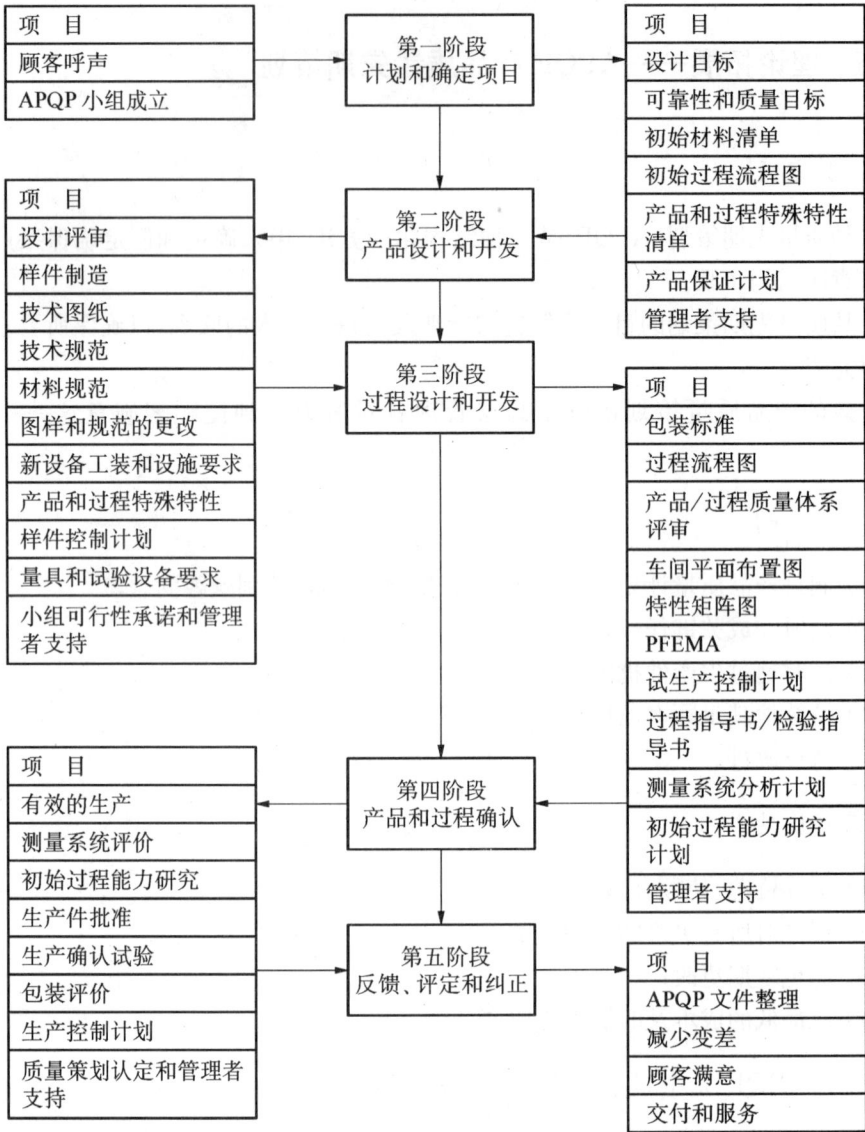

图 8 - 13　APQP&PPAP 过程流程图

（五）APQP 的基础

1. 组织小组

（1）横向职能小组是 APQP 实施的组织；

（2）小组需授权（确定职责）；

（3）小组成员可包括技术、制造、材料控制、采购、质量、销售、现场服务、供方、顾客的代表。

2．确定范围

具体内容包括：

（1）确定小组负责人；

（2）确定各成员职责；

（3）确定内、外部顾客；

（4）确定顾客要求；

（5）理解顾客要求和期望；

（6）评定所提出的设计、性能要求和制造过程的可行性；

（7）确定成本、进度和限制条件；

（8）确定需要的来自顾客的帮助；

（9）确定文件化过程和形式。

3．小组间的联系

（1）顾客、内部、组织及小组内的子组之间；

（2）联系方式可以是举行定期会议，联系的程度根据需要确定。

4．培训

（1）APQP 成功取决于有效的培训计划；

（2）培训的内容：了解顾客的需要、全部满足顾客需要和期望的开发技能。例如，顾客的要求和期望、Working as a team、开发技术、APQP、FMEA、PPAP 等。

5．顾客和组织参与

（1）主要顾客可以和一个组织开始质量策划过程；

（2）组织有义务建立横向职能小组管理 APQP；

（3）组织必须同样要求其供方。

6．同步工程

同步工程指横向职能小组同步进行产品开发和过程开发，以保证可制造性、装配性并缩短开发周期，降低开发成本。

（1）同步技术是横向职能小组为一共同目标努力的过程；

（2）取代以往逐级转递的方法；

（3）目的是尽早使高质量产品实现生产；

（4）小组保证其他领域/小组的计划和活动支持共同的目标；

同步工程的支持性技术举例：网络技术和数据交换等相关技术；DFX 技术；QFD；此外，同步工程还大量用到田口方法、FMEA 和 SPC 等技术。

7．控制计划

控制计划是指控制零件和过程的系统的书面描述。每个控制计划包括三个阶段：

（1）样件，对发生在样件制造过程中的尺寸测量、材料与性能试验的描述；

（2）试生产，对发生在样件之后，全面生产之前的制造过程中的尺寸测量、材料和性能试验的描述；

（3）生产，对发生在批量生产过程中的产品/过程特性、过程控制、试验和测量系统的综合描述。

8. 问题的解决

(1) APQP 的过程是解决问题的过程；

(2) 解决问题可用职责—时间矩阵表形成文件；

(3) 遇到困难情况下，推荐使用论证的问题—解决方法；

9. 产品质量先期策划的时间计划

(1) APQP 小组在完成组织活后的第一件工作是制订时间计划；

(2) 考虑时间计划的因素，包括产品类型、复杂性和顾客的期望；

(3) 小组成员应取得一致意见；

(4) 时间计划图表应列出任务、职责分配及其他有关事项(参考关键路径法)；

(5) 供策划小组跟踪进度和设定会议日期的统一格式；

(6) 每项任务应有起始日期、预计完成时间，并记录实际情况；

(7) 把焦点集中于确认要求特殊注意的项目，通过有效的状况报告活动支持对进度的监控。

10. 与时间计划图表有关的计划

(1) 项目的成功依赖于以及时和价有所值的方式去处理。

(2) APQP 时间表和 PDCA 循环要求 APQP 小组竭尽全力于预防缺陷。APQP的过程是采取防错措施，不断降低产品风险的过程。

(3) 缺陷预防，由产品设计和制造技术的同步工程推进；

(4) 策划小组应准备修改产品策划计划以满足顾客期望；

(5) 策划小组的责任是确保进度满足或提前于顾客的进度计划。

六、理论拓展——SIPOC 模型①

(一) 定义

SIPOC 模型是由一代质量大师戴明所提出的组织系统模型，是一门最有用且最常用的，用于流程管理和改进的技术。它是过程管理和改进的常用技术，作为识别核心过程的首选方法。SIPOC 中的每个字母分别代表供应者(Supplier)、输入(Input)、流程(Process)、输出(Output)以及客户(Customer)。戴明认为任何一个组织都是一个由供应者、输入、流程、输出和客户这样相互关联、互动的 5 个部分组成的系统。

(二) 具体内容

1. 供应商(Supplier)

向核心流程提供关键信息、材料或其他资源的组织。之所以强调"关键"，是因为一

---

① 参见梁国明.企业质量成本管理方法(第 4 版)[M].武汉:中国质检出版社,2015.

个公司的许多流程都可能会有为数众多的供应商,但对价值创造起重要作用的只是那些提供关键东西的供应商。

2. 输入(Input)

供应商提供的资源等。通常会在 SIPOC 图中对输入的要求予以明确,如输入的某种材料必须满足的标准,输入的某种信息必须满足的要素等。

3. 流程(Process)

使输入发生变化成为输出的一组活动。组织追求通过这个流程使输入增加价值。

4. 输出(Output)

流程的结果即产品。通常会在 SIPOC 图中对输出的要求予以明确,如产品标准或服务标准。输出也可能是多样的,但分析核心流程时必须强调主要输出甚至有时只选择一种输出,判断依据就是哪种输出可以为顾客创造价值。

5. 顾客(Customer)

接受输出的人、组织或流程,不仅指外部顾客,而且包括内部顾客。例如,材料供应流程的内部顾客就是生产部门,生产部门的内部顾客就是营销部门。对于一个具体的组织而言,外部顾客往往是相同的。

其 SIPOC 构成流程图,如图 8-14 所示。

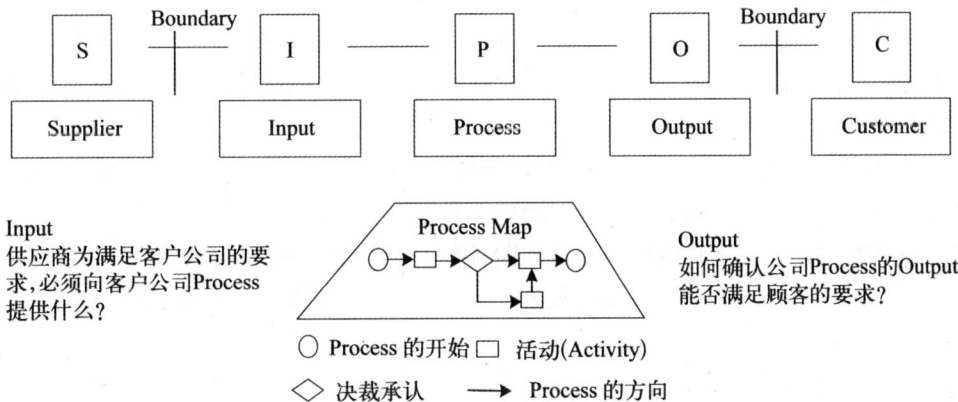

Customer	从内部或外部接收Process生产品的所有人/工序
Output	作为Process的结果生成的结果物
Input	Process实行所需的材料、资源及data
Supplier	向Process提供资源的所有人/工序
Boundary	特定Process的边界

图 8-14 SIPOC 构成流程图

(三) SIPOC 的优点

(1) 能展示出一组跨越职能部门界限的活动;

（2）不论一个组织的规模有多大,SIPOC 图都可以用一个框架来勾勒其业务流程;

（3）有助于保持"全景"视角,还可以向全景中增加附加细节。根据流程图可以认清企业的工作过程和流程中的问题。改善工作流程,清除无价值的工作任务并缩短周期时间。通过流程分析,发现问题,找出"瓶颈",减少以至彻底消除流程中的"无价值活动"。监督、循环,提升生产效率与企业竞争力。

（四）SIPOC 的运用指导意义

SIPOC 系统模型,作为一种思想方法对于一个组织来讲其重要指导意义就在于,它将过去一直被人们当作组织以外的部分即客户和供应商,与组织主体部分放在一起,作为一个整体来研究;同时 SIPOC 系统特别强调系统的目标与系统的密不可分。实际上没有恒久且明确的目标,就无从开始来设计一个组织。

七、理论拓展——QC 七大工具[①]

（一）排列图(确定主导因素)

1. 定义

排列图(Pareto Diagram)又叫帕累托图、柏拉图,它是将质量改进项目从最重要到最次要进行排列而采用的一种简单的图示技术。用从高到低的顺序排列一组矩形表示各原因出现频率高低。

最早由意大利经济学家 Pareto 用来分析社会财富分布状况,并发现少数人占有大量财富的现象,所谓"关键的少数与次要的多数"这一关系。

后来美国人朱兰将其应用于质量控制,因为在质量问题中也存在着"少数不良项目造成的不合格产品占据不合格品总数的大部分"这样一个规律。80%的问题仅来源于20%的主要原因。

2. 排列图的应用程序

（1）确定要分析的项目、度量单位。

（2）收集一定期间的数据。

（3）将数据按一定分类标志进行分类/层整理,填入数据统计表中,计算各类项目的累计频数、频率、累计频率。

（4）按一定的比例,画出两个纵坐标和一个横坐标。

① 画横坐标。按度量单位量值递减的顺序自左至右,在横坐标上列出项目。将量值最小的一个或几个项目归并成"其他"项,放在最右端。数量可超过倒数第 2 项。

② 画纵坐标。左边的纵坐标按度量单位规定,其高度必须大于或等于所有项目的量值和。右边的纵坐标应与左边纵坐标等高,并从 0～100%进行标定。

---

① 参见周冰.QC 手法运用实务[M].厦门:厦门大学出版社,2020.

（5）按各类影响因素的程度大小，依次在横坐标上画出直方块。其高度表示该项目的频数，写在直方块上方。

（6）按右纵坐标的比例，找出各项目的累计百分点，从原点 O 开始连接各点，画出 Pareto 曲线。

（7）在图上注明累计频数、累计百分数；注明排列图的名称、收集数据的时间，以及绘图者可供参考的其他事项。

（8）利用排列图确定对质量改进最为重要的项目。

3. 排列图示例

图 8-15 和表 8-2 借助 Excel 2013，完成了排列图的应用。

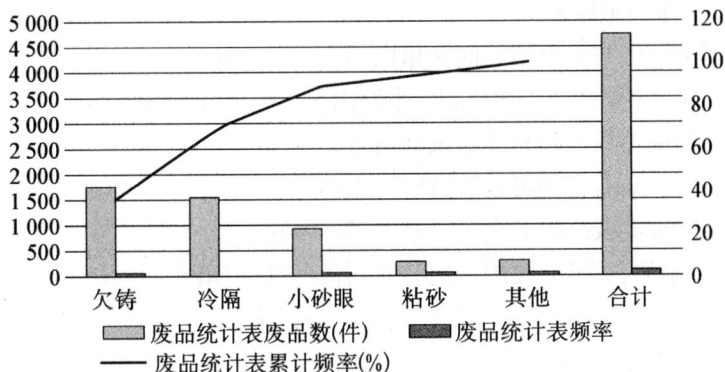

图 8-15 废品统计排列图

表 8-2 废品统计表

项　　目	废品数(件)	频率(%)	累计频率(%)
欠铸	1 746	36.8	36.23
冷隔	1 537	32.4	69.2
小砂眼	913	19.25	88.45
粘砂	257	5.42	93.87
其他	291	6.13	100
合　　计	4 744	100	

（二）因果图（寻找引发结果的原因）

1. 定义

因果图（Cause and Effect Diagram）又叫特性因果图、因果分析图、石川图（由日本专家石川馨首先提出）、树枝图、鱼刺/骨图等，就是把对质量特性具有影响的各种主要因素加以归类和分解，并在图上用箭头表示其关系的一种工具。这是一种系统分析方法。因其简便而有效，在质量控制中应用颇广。

2. 因果图的应用程序

(1) 明确要解决的质量问题,画出主干线(背骨)和鱼头。

① 主干线的箭头要指向右;

② 特性要尽量做到定量表示;

③ 特性(结果)要提得明确、响亮,引人注目;

④ 特性提得要符合本企业工厂方针或问题点;

⑤ 画出主干和大枝,并标记相应的要因与名称。

(2) 明确影响质量的大原因,画出大原因的分枝线(大骨)。

① 大原因的确定,通常按5M1E来分类,也可视具体情况来定。有时可列出一个过程的主要步骤作为主原因。

② 大原因分枝线与主干线之间夹角以 60°~75°为好。

(3) 分析、寻找影响质量的中原因、小原因……画出分叉线。

① 原因之间的关系必须是因与果的关系;

② 分析、寻找原因,直到可采取措施为止;

③ 分叉线与分支线之间的夹角以 60°~75°为好。

(4) 对于主要的、关键的要因,分别用显著符号标记出来,以示突出和重要。

找出的关键因素(要因,以 3~5 个为宜),用圆圈"○"或方框"□"框起来,作为制定质量改进措施的重点考虑对象。

(5) 注明画图者,参加讨论分析人员、时间等可供参考的事项。

3. 因果图示例

图 8-16 为发动机不能启动因果图。

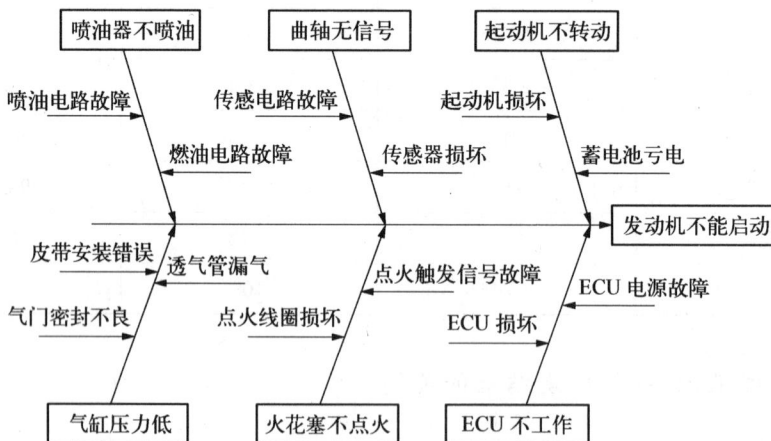

图 8-16　发动机不能启动因果图

(三) 散布图(展示变量之间的相关关系)

1. 定义

散布图又叫相关图,研究成对出现的不同变量之间相关关系的坐标图。应用散布图,可以定性地判断两随机变量之间是否相关,是正相关、负相关或无相关。用来发现和确认两组数据之间的关系并确定两组相关数据之间预期的关系。通过确定两组数据、两个因素之间的相关性,有助于寻找问题的可能原因。通过比较不同阶段的分布以确认影响相关变量关系的因素是否稳定。

2. 散布图的定量分析

(1) 求回归方程。

① 对于线性关系,回归方程为直线方程 $y=ax+b$;

② 根据回归方程,可在散布图中做出回归线。

(2) 求相关系数 r,进行相关性判断。

① r 取值范围为 $-1 \leqslant r \leqslant +1$;

② 若 $r \approx 0$ 或 $r=0$,为不相关;

③ $|r|=1$ 为函数关系(完全线性关系),$r \to +1$ 时,y 与 x 强正相关;$r \to -1$ 时,y 与 x 强负相关;

④ $r>0$ 为正相关,$r<0$ 为负相关;

⑤ $|r|$ 表达了 y 与 x 之间相关性强弱的定量关系,$|r|$ 越大,y 与 x 的相关性越好。

(3) 用上述方法求得回归方程,当自变量 x 与因变量 y 确有线性关系时,所求方程才有意义;当 x 与 y 之间无线性关系时,求得的方程没有意义。

(4) 可利用相关系数 r 检验表检验相关系数的显著性,以检验 x 与 y 之间是否线性相关,从而检验所求得回归方程是否有意义。

$$a=\frac{\sum_{i=1}^{n} x_i y_i - \frac{1}{n}\left(\sum_{i=1}^{n} x_i\right)\left(\sum_{i=1}^{n} y_i\right)}{\sum_{i=1}^{n} x_i^2 - \frac{1}{n}\left(\sum_{i=1}^{n} x_i\right)^2}$$

$$b=\bar{y}-a\bar{x}=\frac{\sum_{i=1}^{n} y_i}{n}-a\frac{\sum_{i=1}^{n} x_i}{n}$$

$$[\text{Excel:} a=\text{SLOPE}(Y,X), b=\text{INTERCEPT}(Y,X)]$$

$$r=\frac{\sum_{i=1}^{n}(x_i-\bar{x})(y_i-\bar{y})}{\sqrt{\sum_{i=1}^{n}(x_i-\bar{x})^2 \times \sum_{i=1}^{n}(y_i-\bar{y})^2}}$$

$$[\text{Excel:} r^2=\text{RSQ}(Y,X)]$$

(5) 相关系数的显著性检验。

① 相关系数 r 是检验两个变量之间相互关系密切程度的度量值。在实际中,即使两个变量 x 与 y 并不相关,但相关系数往往不等于 0。在计算出 r 后,应对其进一步检验,才能对两个变量之间是否相关做出判断。

② r 受样本容量 n 的影响。当样本容量不同时,按两种显著性水平(0.01 及 0.05)

规定的相关系数应达到的显著性最小值。

③ 查相关系数检验表（相关系数实用价值验证表），得出判定系数 $r\alpha$。

④ 根据 $n-2$（自由度）和 α（显著水平）查出判定系数 $r\alpha$。其中 n 为数据的组数，α 为显著水平。

⑤ 判断：若 $|r| \geqslant r\alpha$，x 与 y 相关；若 $|r| < r\alpha$，x 与 y 不相关。

（6）利用回归方程进行预测。

① 所谓预测问题，就是根据固定的 x 值预测 y 的值。

② 设 y 与 x 满足线性模型 $y=ax+b+\delta$，根据观察值 $(x_1,y_1),\cdots,(x_n,y_n)$ 求得的回归方程为 $y=ax+b$。

③ 假设 y 与 $y_1,y_2,\cdots,y_n$ 相互独立，求 y 的预测值及预测区间。

④ 对于任意 x，置信度为 $1-\alpha$ 的预测区间就是夹在两条曲线 $y_1(x)$ 与 $y_2(x)$ 之间的部分。它以 $1-\alpha$ 的概率包含 y 的值，且当 x 越靠近 $xbar$ 时，预测区间越窄预测越精确。

（7）利用回归方程进行控制。

所谓控制问题是指通过控制 x 的值以便把 y 的值控制在指定的范围内；

控制问题是预测问题的反问题。即若要 $y=ax+b+\delta$ 的值以 $1-\alpha$ 的概率落在指定区间 (y',y'') 之中，那么回归变量 x 应控制在什么范围内。也就是说，要求出区间 (x',x'')，使当 $x'<x<x''$ 时，对应的 y 值以 $1-\alpha$ 的概率落在 (y',y'') 之中。

在公式中，二曲线 $y_1(x)$ 及 $y_2(x)$ 所夹的部分就是 $y=ax+b+\delta$ 的置信度为 $1-\alpha$ 的预测带，故若要 y 的观测值以 $1-\alpha$ 的概率落在 (y',y'') 中，只需控制 x 满足以下两不等式：

$$y(x)-\delta(x) \geqslant y', y(x)+\delta(x) \leqslant y''$$

由下列等式分别解出 x',x''，那么 (x',x'') 就是所求的 x 的控制区间。

$$y(x)-\delta(x)=y', y(x)+\delta(x)=y''$$

3. 散布图示例

如图 8-17 所示，为废品统计散布图。

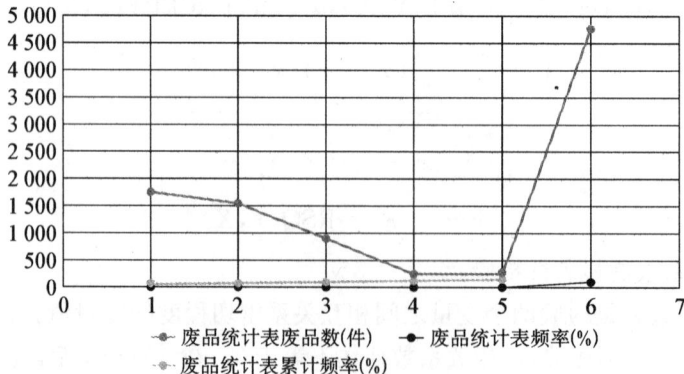

图 8-17 废品统计散布图

（四）控制图（工序稳态分析、判断及控制）

1. 定义

控制图用于分析和判断工序是否处于控制状态所使用的带有控制界限线的图（见表8-3）。控制图可展示过程变异并发现异常变异，是对工序特性进行研究和控制的重要工具，并进而成为采取预防措施的重要手段。

表8-3 控制图介绍

类别	名 称	控制图符号	特 点	适用场合	用 途
计量值控制图	平均值-极差控制图	$\bar{X}-R$	最常用，判断工序是否正常的效果好，但计算工作量大	适用于产品批量较大，且稳定、正常的工序	$\bar{X}$图用于观察分布的均值变化，R图用于观察分布的一致性变化。$\bar{X}-R$联合运用，用于观察分布的变化
	平均值-标准差控制图	$\bar{X}-S$	S的计算比R复杂，但其精度高	当>10时用S图代替R图，适用于检验时间远比加工时间短的场合	$\bar{X}$图用于观察分布均值变化，S图用于观察分布的一致性变化。$\bar{X}-S$联合运用，用于观察分布的变化
	中位数-极差控制图	$X_{tilde}-S$	计算简便，但效果较差	适用于产品批量较大，且稳定、正常的工序	Xtilde图用于观察分布的中位数变化，R图用于观察分布的一致性变化。Xtilde-S联合运用，用于观察分布的变化
	单值-移动极差控制图	$X-R_s$	简便省事，并能及时判断工序是否处于稳定状态，缺点是不易发现工序分布中心的变化	适用于因各种原因（时间、费用等）每次只能得到一个数据或希望尽快发现并消除异常因素的场合，适用于均质产品而无须抽取多个试样，如一炉钢的成分	X图用于观察分布的单值变化，Rs图用于观察分布的一致性变化。$X-R_s$联合运用，用于观察分布的变化，但灵敏度低
计数值控制图	不合格品数控制图	p_n	较常用，计算简单，操作工人易于理解	样本数量相等	用于控制一般的过程
	不合格品率控制图	p	计算量大，控制线凹凸不平（在特定条件下，控制线可为直线）	样本数量可以不等	用于控制关键的过程
	缺陷数控制图	c	较常用，计算简单，操作工人易于理解	样本数量相等	用于控制一般缺陷数的场合
	单位缺陷数控制数	u	计算量大，控制线凹凸不平（在特定条件下，控制线可为直线）	样本数量可以不等	用于控制每单位缺陷数，如线路板焊接不良点数

2. 控制图类别

（1）计量值控制图。

平均值与全距控制图（Xbar - R）；

平均值与标准差控制图（Xbar - s）；

中位值与全距控制图（Me - R）；

单值与移动极差控制图（X - Rs/MR）。

（2）计数值控制图。

不良率控制图（P）；

不良数控制图（np）；

缺点数控制图（c）。

3. 控制图的用途

（1）判断加工工序的稳定性。

判断加工工序是否稳定，需同时满足两个条件：

① 代表数据的点子应全部在控制限内；

② 控制限内的点子波动应符合统计规律。因为即使点子全部落在控制限内，加工工序也不一定是稳定的。

（2）比较和分析产品质量的优劣。

控制图可比较两类产品或不同条件生产的产品质量，可以比较质量的平均水平（X_{bar} 图）和质量的稳定性（R 图），也可比较产品的废品或不合格品率（C 图和 P 图）。

（3）分析质量不稳定的原因。

点子超过控制界限或点子分布不正常时，依据专业知识和工序特点，在工序中都能找到一种或几种与之对应的原因（条件因素）。

（4）根据点子的移动趋向，预防不合格品。

控制图上当点子有定向而缓慢的趋向时，一般都有条件因素的作用。这种趋向直观是很难发现的。

（5）有利于对质量原始资料的整理和归档。

推广控制图，并在质量分析工作中应用数据整理的方法，控制图中的一个点子就是一个数据，一张控制图就是一段时间内完整的质量记录。

（五）查检表（收集数据、解析判断）

1. 定义

在品管圈改善活动，为了便于收集数据与解析判断，而设计的一种表格——查检表。

2. 查检表设计步骤

（1）决定收集数据的项目与数据。

项目：问题点的原因或特性；数据：衡量问题点"好"或"坏"的程度大小。

（2）决定记录格式。

① 层别：4M（人员、机器、原料、方法）+1E（环境）；

② 时间(早、中、晚班);

③ 地区(A、B区)。

(3) 决定记录方式。

① 划记:////、正符号:△　×;

② 数字(阿拉伯数字)。

3.查检表示例

表 8-4 为机械操作查检表。

表 8-4　机械操作查检表

不良种类 日　期	尺　寸	瑕　点	材　料	其　他	尺　寸	瑕　点	材　料	其　他	检查人

(六)直方图(传递有关过程质量状况的信息)

1.定义

将某期间所收集的计量值数据(如尺寸、重量、硬度……)经分组整理成次数分配表,并以柱形予以图式化,以掌握这些数据所代表的情报。

2.直方图的应用程序

步骤1:搜集 50 个以上的数据(计量值)。

步骤2:决定组数 K。

步骤3:决定组距。

$$全距 R＝最大值 a－最小值 b(除去异常值)$$

$$拟组距 C＝全距÷组数＝R÷K$$

从测定单位的整数倍之数据中,找出最接近 C 值之适当数据为组距。

步骤4:决定各组的组界。

取数据测定单位的 $\frac{1}{2}$ 为境界值单位。

$$最小值－\frac{1}{2}×测定单位＝第一个境界值$$

$$第一个境界值＋组距＝第二个境界值$$

$$第二个境界值＋组距＝第三个境界值$$

其他依此类推。

步骤 5:求各组之中心值。

$$中心组 = \frac{各该组之上组界(较大境界值) + 各该组之下组界(较小境界值)}{2}$$

步骤 6:做次数分配表。

步骤 7:依次数分配表作直方图,横轴为特性,纵轴为次数。

3. 直方图示例(测量 50 个蛋糕的重量)

(1) 相关数据:

N=50

重量规格=310+/-8 g

测量 50 个数据如下表(见表 8-5、表 8-6):

L=320

S=302

表 8-5 50 个蛋糕重量表 1

1	308	317	306	314	308
2	315	306	302	311	307
3	305	310	309	305	304
4	310	316	307	303	318
5	309	312	307	305	317
6	312	315	305	316	309
7	313	307	317	315	320
8	311	308	310	311	314
9	304	311	309	309	310
10	309	312	316	312	318
行最大	315	317	317	316	320
行最小	304	306	302	303	304

表 8-6 50 个蛋糕重量表 2

组	组　界	中心值	划　记	次　数
1	301～304	302.5		4
2	304～307	305.5		10
3	307～310	308.5		13
4	310～313	311.5		9
5	313～316	314.5		8
6	316～319	317.5		5
7	319～322	320.5		1

（2）步骤：

① 将其分成 7 组；

② 求全距 R＝L－S＝18；

③ 求组距 C＝18÷7＝2.57，取 C＝3；

④ 求第一组下界＝S－(S 个位数×0.5)＝302－1；

⑤ 求第一组上界＝301＋C＝304。

第二组依次类推。

50 个蛋糕重量直方图，如图 8－18 所示。

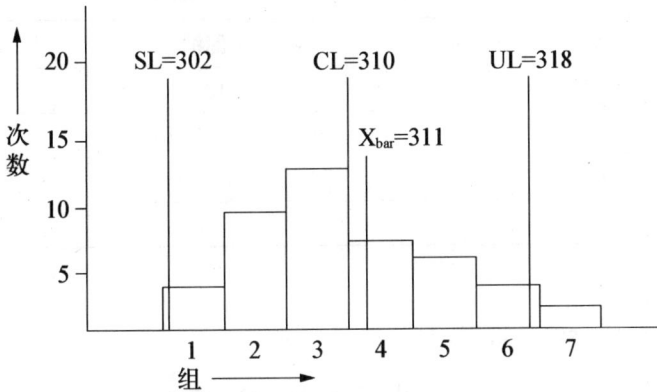

图 8－18　50 个蛋糕重量图

（七）层别法（分析性质不同的数据和影响因素）

1. 定义

人们所搜集的数据中，因各种不同的特征而对结果产生不同的影响，而以个别特征加以分类、统计，此类统计分析的方法称为层别法（或分层法）。

在实务工作中，经常可发现有产品品质因人、时、料、机台等不同时，即会有其差异性存在。如能针对上述各种可以明显区分的因素，在数据搜集时，加以适当注记分类；如有不良品发生时，很可能只是其中一种因素（原料或人或机台）有问题，便可以快速寻得症结的所在。同样，有品质较优者，也可从层别后的数据，获得其状况而寻求其他因素或条件的改善。

2. 层别原则

人员：可按年龄、工级和性别等分层；

机器：可按设备类型、新旧程度、不同的生产线和工夹具类型等分层；

材料：可按产地、批号、制造厂、规格成分等分层；

方法：可按不同的工艺要求、操作参数、操作方法、生产速度等分层；

测量：可按测量设备、测量方法、测量人员、测量取样方法和环境条件等分层；

时间：可按不同的班次、日期等分层；

环境:可按照明度、清洁度、温度、湿度等分层;

其他:可按地区、使用条件、缺陷部位、缺陷内容等分层。

3. 层别法示例

装配厂的汽缸与气缸盖之间经常发生漏油,经调查 50 套产品后发现,一是三个操作工人在涂黏合剂的时候,采用的技术手法不同;二是他们所使用的汽缸垫来自两个不同的配套制造厂。

(1) 按操作者分类。

某装配厂汽缸盖漏油分析表,如表 8-7 所示。

表 8-7　某装配厂汽缸盖漏油分析之一

操作者	漏　油	不漏油	漏油率(%)
王师傅	6	13	32
李师傅	3	9	25
张师傅	10	9	53
合　计	19	31	38

(2) 按供应商分类。

某装配厂汽缸盖漏油分析表,如表 8-8 所示。

表 8-8　某装配厂汽缸盖漏油分析之二

供应商	漏　油	不漏油	漏油率(%)
一厂	9	14	39
二厂	10	17	37
合　计	19	31	38

八、理论拓展——QC 新七大工具[①]

(一) 亲和图(从杂乱的语言数据中汲取信息)

1. 定义

亲和图,又称 KJ 法。把大量收集到的事实、意见或构思等语言资料,按其相互亲和性(相近性)归纳整理这些资料,使问题明确起来,求得统一认识和协调工作,以利于问题解决的一种方法。

2. 制作程序

(1) 决定主题。

---

① 参见周冰.QC 手法运用实务[M].厦门:厦门大学出版社,2020.

（2）收集语言数据（收集方式可从以下方面）：

① 直接观察，亲自了解；

② 面谈阅读，听取他人描述，亲自查阅文件；

③ 回忆过去；

④ 反省考虑法；

⑤ 头脑风暴法。

（3）制作数据卡片。

（4）排列卡片。

① 将卡片充分混合；

② 把卡片排列起来，让大家都能看得见；

③ 很好地查看卡片，以坦诚的心态体察真意（也就是，使用右脑体会在逻辑上意识到真意以前的"感觉"）；

④ 将 2 张认为比较类似有亲近感的卡片排列到一起（最多 3 张）（4 张以上时，头脑中往往要进行分类）。

（5）制作亲和卡片。

① 排列成的每张卡片称为亲和卡片（门牌）；

② 在作成亲和卡片时，要恰如其分，既不致做过头，又不致不到火候；既不省略，又不追加多余的。

（6）将排列成亲和卡片的卡片打成捆，把挪到亲和卡片下的卡片重叠起来，用夹子夹起来。

（7）重复上述（4）～（6），重复操作，直到成捆卡片数到 9 以下。

（8）排列卡片，做成亲和图。

（9）抽出由亲和图得到的信息，得出结论。

3. 亲和图示例

图 8-19 为开设受欢迎的快餐店亲和图。

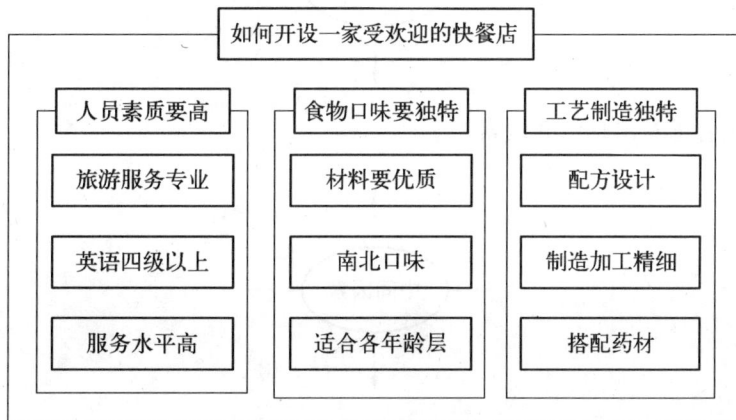

图 8-19　开设受欢迎的快餐店亲和图

（二）关联图（理清复杂因素间的关系）

1. 定义

就是把原因—结果、目的—手段等相互纠缠的问题及其因素，用箭头连接起来，从而找出主要因素和项目的方法。20 世纪 60 年代由日本应庆大学的千住镇雄教授开发出来，正式的全名叫作"管理指标间的关联分析"。

2. 关联图应用程序

(1) 用自由发言的方式表现出简明的要因；

(2) 将所有有关系的要因全部列出；

(3) 将这些因果关系理论的原理用箭头连接；

(4) 抓着全貌；

(5) 进一步理出重点；

注：箭头的方向：原因指向结果；手段指向目的。

3. 关联图判别方法

(1) 箭头只进不出是问题；

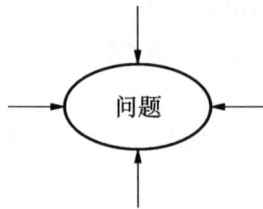

(2) 箭头只出不进是主因；

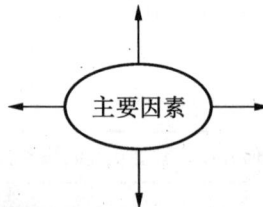

(3) 箭头有进有出是中间因素；

（4）出多于进的中间因素是关键因素。

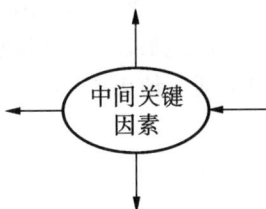

4. 关联图示例

图 8-20 为报表作业时间太长关联分析图。

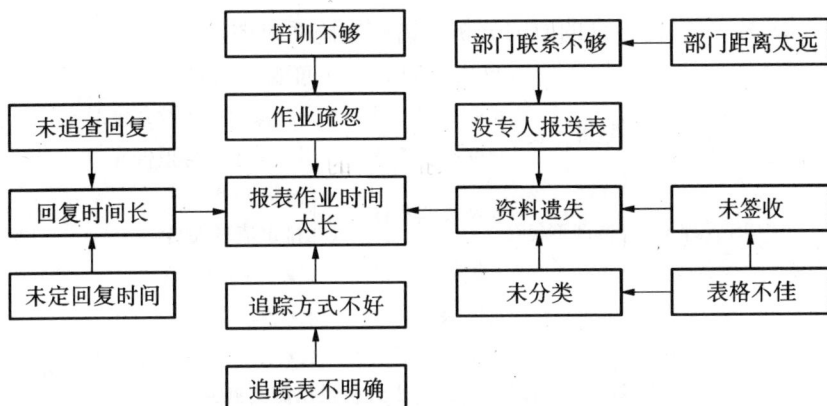

图 8-20　报表作业时间太长关联分析图

（三）系统图（系统地寻求实现目标的手段）

1. 定义

系统图法就是为达成目的或目标，所必需的手段策略以树形图表示，系统性展开而制作成系统图；对问题有全面性的了解，并且明确掌握问题点，追求出最适当对策的一种方法。

2. 系统图应用程序

（1）组成动作小组，由具有相同经验或知识的人员组成。

（2）将希望解决的问题或想达成的目标，以粗字笔写在卡片上，必要的时候，以简洁的文句或只以名词略称来表示，但是要让相关的人看了之后，能够了解句中的含意。

（3）记入所设定目标的限制条件，如此可使问题更明朗，而对策也更能循此条件具体地找出来，此处所称的限制条件可依人、事、时、地、物、费用、方法等分开表示。

（4）一次展开，讨论出达成目的 A 的手段，将其可能的手段写在卡片上，此手段就如同对策型特性要因图中的大要因，其目的 A 就如同对策型特性要因图的特性。

（5）第二次展开，把第一次展开所讨论出来的手段当作目的 B，为了达成目的 B，有哪些系列性的手段可以使用呢？讨论后，将它写在卡片上，这些手段称之为第二次展开的手段或第二次手段。

（6）以同样的要领，将第二次手段当成目的 C，展开第三次手段，如此不断地往下展开,直到大家认为可以具体展开行动,而且可以在日常活动中加以考核为止。

(7) 制作实施手段的评价表。经过全体人员讨论同意后,将最后一次展开的各个手段依其效果、可行性、重要度等条件分别评价。其评价之方法可用○、△、×或1、2、3等方式来表示,并将责任分级及实施项目填入表中。

(8) 将卡片与评价表贴在大纸上,经过一段时间(1 小时或 1 天……),再集合小组全员检查一次,看是否有遗漏或需要修正。

(9) 填入完成此系统图的履历,如完成之年、月、日、地点、小组成员及其他必要事项。

3. 系统图示例

图 8-21 为 9S 管理不良的原因分析及措施实施系统图。

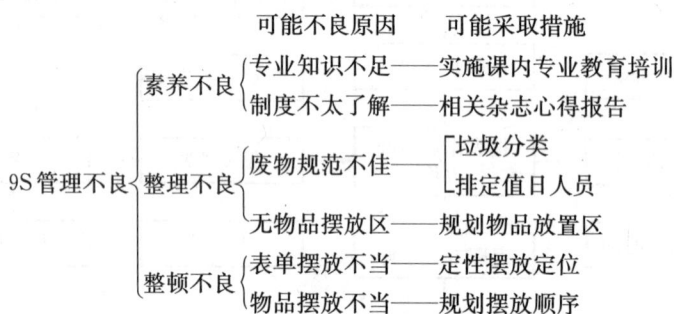

图 8-21　9S 管理不良的原因分析及措施实施系统图

(四) 矩阵图(多角度考察存在的问题,变量关系)

1. 定义

从问题事项中,找出成对的因素群,分别排列成行和列,找出其间行与列的关系或相关程度的大小,探讨问题点的一种方法。

2. 适用范围

(1) 明确各机能与各单位间的关系;

(2) 明确质量要求和原料特性间的关系;

(3) 明确质量要求和制程条件间的关系;

(4) 明确制程不良与抱怨或制程条件间的关系。

3. 应用程序

(1) 决定事象的组合;

(2) 决定图别类型;

(3) 决定各组的要素;

(4) 做成矩阵图;

(5) 决定关联表示方法;

(6) 考虑对应与关联;

(7) 符号的记入。

4. 应用示例

图 8-22 为机械特性比较矩阵图。

特性项目 \ 成型材料		特性比较								
		A	B	C	D	E	F	G	H	I
机械性质	刚性	□	□	■	□	□	□	□	△	■
	强度	▲	▲	△	▲	□	▲	□	▲	□
	耐冲击性	□	□	□	×	□	×	□	□	□
电性能	绝缘性	□	▲	□	□	×	□	□	▲	▲
	导电性	▲	□	□	□	▲	▲	×	▲	×
耐热性		▲	□	▲	×	□	□	□	△	▲
耐湿性		□	▲	△	△	▲	▲	△	□	△
尺寸安全性		▲	□	△	▲	□	□	△	△	▲
耐腐蚀性		△	▲	△	▲	□	□	▲	□	▲
机械加工性		△	▲	×	△	▲	□	×	□	▲

■最佳 ▲良好 □好 △稍差 ×差

图 8-22　机械特性比较矩阵图

（五）PDPC 法（预测设计中可能出现的障碍和结果）

1. 定义

PDPC(Process Decision Program Chart)，又称过程决策程序图法，是一种针对事态的进展，预测事先可以考虑到的各种结果，想出力图使各种结果尽可能向更好方向发展的方法，毫无疏漏地预先采取措施，然后根据问题的发展预测下一步结果，逐步完善，尽可能地把结果引导到理想方向上的工具。

2. 应用程序

（1）召集有关人员讨论所要解决的课题；
（2）从自由讨论中提出达到理想状态的手段、措施；
（3）对提出的措施，列举出预测的结果及遇到困难时应采取的措施和方案；
（4）将各研究措施按紧迫程度、所需工时、实施的可能性及难易程度予以分类；
（5）决定各项措施实施的先后顺序，并用箭头按理想状态方向连接起来；
（6）落实实施负责人及实施期限；
（7）不断修订 PDPC 图。

3. PDPC 法的特点

（1）从全局、整体掌握系统的状态，因而可做出全局性判断；
（2）可按时间先后顺序掌握系统的进展情况；

（3）密切注意系统进程的动向，掌握系统输入与输出间的关系；

（4）情报及时，计划措施可被不断补充、修订。

4. 应用示例

图 8-23 为防止产品搬运倒置 PDPC 图。

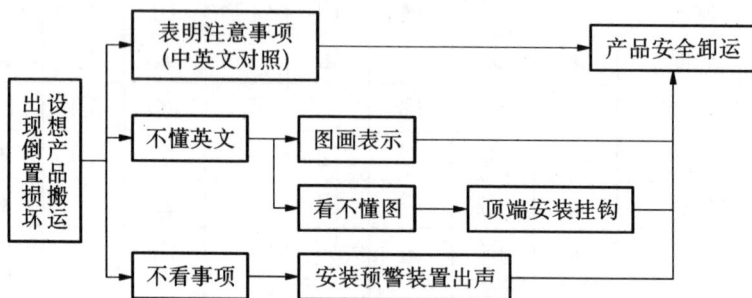

图 8-23　防止产品搬运倒置 PDPC 图

（六）箭条图（合理制订进度计划）

1. 定义

箭条图是一种可以精确计算各项工程、计划、项目的日程及总日程，明确各项目之间的联结关系和从属关系，找出关键路线之后采取措施，不断修改和优化计划，达到缩短日程节省费用的最佳目的。

2. 箭条图概述

（1）A 作业完成才可开始 B 作业；

（2）A 为先行作业，B 为后接作业；

（3）B 与 C 为平行作业；

（4）○表示结合点或起点或终点；

（5）──▶表示须花时间之作业；

（6）---▶表示不须花时间之作业；

（7）圈内之数字表示作业顺序；

（8）一个作业只能用一个箭头；

（9）不得有回路。

箭条图，如图 8-24 至图 8-26 所示。

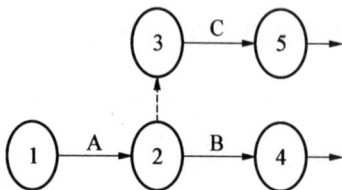

图 8-24　键条图图示 1　　**图 8-25　键条图图示 2**　　**图 8-26　键条图图示 3**

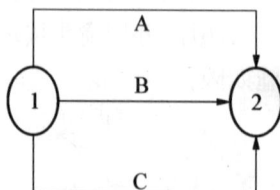

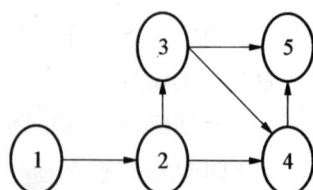

3. 箭条图应用程序

(1) 决定主题；

(2) 列举必要作业、实施项目等；

(3) 将各作业卡片化；

(4) 将卡片做成先行、并行、后续之时间顺序排列，必要时可增减卡片；

(5) 做网路图；

(6) 标记结点号码与各作业时间；

(7) 结算结点日。

4. 箭条图应用示例

现在有一个部件，它有两个部分组成，由四个工序完成。为了节省时间，加工管子和加工盘子可以同时开始，将以上的工艺过程用箭条图表示，如图 8 - 27 所示。

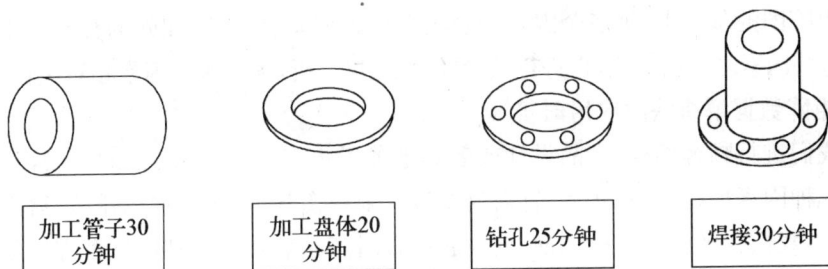

| 加工管子30分钟 | 加工盘体20分钟 | 钻孔25分钟 | 焊接30分钟 |

图 8 - 27　管子加工箭条图

如果用 A 表示加工管子，B 表示加工盘子，C 表示钻孔，D 表示焊接，则每个工序之间的关系可以列表和绘图如下（见表 8 - 9、图 8 - 28）。

表 8 - 9　管子加工工序

工序作业	先行工序	时间（分钟）
A	—	30
B	—	20
C	B	25
D	AC	30
A 表示加工管子；B 表示加工盘子；C 表示钻孔；D 表示焊接		

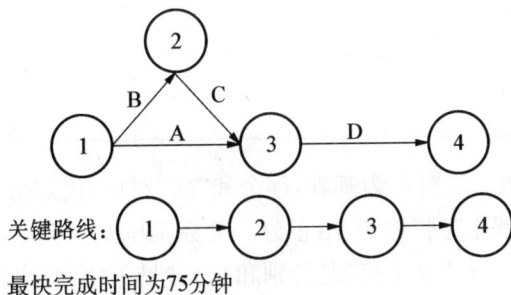

关键路线：

最快完成时间为75分钟

图 8 - 28　管子加工路线图

（七）矩阵数据解析法（多变量转化少变量数据分析）

1. 定义

矩阵图上各元素间的关系如果能用数据定量化表示，就能更准确地整理和分析结果。这种可以用数据表示的矩阵图法，叫作矩阵数据分析法。在 QC 新七种工具中，数据矩阵分析法是唯一一种利用数据分析问题的方法，但其结果仍要以图形表示。

2. 矩阵数据解析法的特点

数据矩阵分析法的主要方法为主成分分析法（Principal Component Analysis），利用此法可从原始数据获得许多有益的情报。主成分分析法是一种将多个变量化为少数综合变量的一种多元统计方法。

3. 矩阵数据解析法的原理

在矩阵图的基础上，把各个因素分别放在行和列，然后在行和列的交叉点中用数量来描述这些因素之间的对比，再进行数量计算，定量分析，确定哪些因素相对比较重要。

4. 矩阵数据解析法的应用时机

当我们进行顾客调查、产品设计或者其他各种方案选择，做决策的时候，往往需要确定对几种因素加以考虑，然后，针对这些因素要权衡其重要性，加以排队，得出加权系数。譬如，我们在做产品设计之前，向顾客调查对产品的要求。利用这个方法就能确定哪些因素是临界质量特性。

5. 应用示例（分析某一软件的应用）

（1）确定需要分析的各个方面。我们通过亲和图得到以下几个方面，需要确定它们相对的重要程度：易于控制、易于使用、网络性能、和其他软件可以兼容、便于维护。

（2）组成数据矩阵，如表 8-10 所示。

表 8-10 某软件数据矩阵 1

A	B	C	D	E	F	G	H
	易控制	易使用	网络性能	软件兼容	便于维护	总分	权重％
易控制							
易使用							
网络性能							
软件兼容							
便于维护							
总分之和							

（3）确定对比分数。以"行"为基础，逐个和"列"对比，确定分数。自己和自己对比的地方都打 0 分。"行"比"列"重要，给正分。分数范围从 9 到 1 分。打 1 分表示两个重要性相当。譬如，第 2 行"易于控制"分别和 C 列"易于使用"比较，重要一些，打 4 分。和 D 列"网络性能"比较，相当，打 1 分……如果"行"没有"列"重要，给反过来，即重要

分数的倒数。譬如,第 3 行的"易于使用"和 B 列的"易于控制"前面已经对比过了。前面是 4 分,现在取倒数,1/4＝0.25。与 D 列"网络性能"比,没有"网络性能"重要,反过来,"网络性能"比"易于使用"重要,打 5 分。现在取倒数,就是 0.20。实际上,做的时候可以围绕以 0 组成的对角线对称填写对比的结果就可以了。

(4) 加总分。按照"行"把分数加起来,在 G 列内填上各行的"总分"(见表 8 - 11)。

(5) 算权重分。把各行的"总分"加起来,得到"总分之和"。再把每行"总分"除以"总分之和"得到 H 列每个"行"的权重分数。权重分数愈大,说明这个方面最重要,"网络性能"34.9 分。其次是"易于控制"26.2 分,如表 8 - 12 所示。

表 8 - 11　某软件数据矩阵 2

A	B	C	D	E	F	G	H
	易控制	易使用	网络性能	软件兼容	便于维护	总分	权重(%)
易控制	0	4	1	3	1	9	
易使用	0.25	0	0.20	0.33	0.25	1.03	
网络性能	1	5	0	3	3	12	
软件兼容	0.33	3	0.33	0	0.33	4	
便于维护	1	4	0.33	3	0	8.33	
总分之和							

表 8 - 12　某软件数据矩阵 3

A	B	C	D	E	F	G	H
	易控制	易使用	网络性能	软件兼容	便于维护	总分	权重(%)
易控制	0	4	1	3	1	9	26.2
易使用	0.25	0	0.20	0.33	0.25	1.03	3.0
网络性能	1	5	0	3	3	12	34.9
软件兼容	0.33	3	0.33	0	0.33	4	11.6
便于维护	1	4	0.33	3	0	8.33	24.2
总分之和	9＋1.03＋12＋4＋8.33＝34.36						

第四节　外部提供的过程、产品和服务的控制

一、标准条款

8.4　外部提供的过程、产品和服务的控制

8.4.1　总则
组织应确保外部提供的过程、产品和服务符合要求。

在下列情况下,组织应确定对外部提供的过程、产品和服务实施的控制:

a) 外部供方的产品和服务将构成组织自身的产品和服务的一部分;

b) 外部供方代表组织直接将产品和服务提供给顾客;

c) 组织决定由外部供方提供过程或部分过程。

组织应基于外部供方按照要求提供过程、产品和服务的能力,确定并实施外部供方的评价、选择、绩效监视以及再评价的准则。对于这些活动和由评价引发的任何必要的措施,组织应保留成文信息。

8.4.2 控制类型和程度

组织应确保外部提供的过程、产品和服务不会对组织稳定地向顾客交付合格产品和服务的能力产生不利影响。

组织应:

a) 确保外部提供的过程保持在其质量管理体系的控制之中;

b) 规定对外部供方的控制及其输出结果的控制;

c) 考虑:

1) 外部提供的过程、产品和服务对组织稳定地满足顾客要求和适用的法律法规要求的能力的潜在影响;

2) 由外部供方实施控制的有效性;

d) 确定必要的验证或其他活动,以确保外部提供的过程、产品和服务满足要求。

8.4.3 提供给外部供方的信息

组织应确保在与外部供方沟通之前所确定的要求是充分和适宜的。

组织应与外部供方沟通以下要求:

a) 需提供的过程、产品和服务;

b) 对下列内容的批准:

1) 产品和服务;

2) 方法、过程和设备;

3) 产品和服务的放行;

c) 能力,包括所要求的人员资格;

d) 外部供方与组织的互动;

e) 组织使用的对外部供方绩效的控制和监视;

f) 组织或其顾客拟在外部供方现场实施的验证或确认活动。

二、理解要点

(一) 8.4.1 总则

本章节对外部提供过程、产品和服务(也就是采购)提出了总体要求:

（1）建立一个外部供方控制过程。

（2）目的：确保外部提供的过程、产品和服务符合要求。

（3）控制的情况：

① 外部供方的过程、产品和服务构成公司自身产品和服务的一部分；

② 外部供方替公司直接将产品和服务提供给顾客；

③ 公司决定的由外部供方提供过程或部分过程。

（4）控制内容：外部供方的选择评价、选择、绩效监控、再评价。

（5）控制方式：供方质量评价、二方审核、现场调查、样品试用、产品检测、供方质量业绩评价（供货质量、及时率、违约率）、顾客满意度测量结果、与产品有关的历史业绩、征询供方其他顾客的意见、了解其社会信誉等。

留下控制的证据（控制准则、控制文件和记录）。

（6）开展的工作：

① 建立一个过程；

② 委派质量负责人；

③ 制定控制准则：准入条件、评价准则、准入后合约的建立准则、绩效评价准则、再评价准则、问题事故处置准则等；

④ 实施控制：评价、准入、签约、绩效评价、再评价、处置；

⑤ 外部供方控制的绩效评价；

⑥ 建立外部供方控制档案。

（二）8.4.2　控制类型和程度

公司应明确控制外部提供过程、产品和服务的目的：不会对公司稳定地向顾客提供产品和服务产生不利影响，或产生潜在影响。

（1）控制的类型、程度、要求，视其影响程度实行分级分类差异化控制。重要材料、零部件、过程适当从严。

（2）控制的活动：验收检验、分析报告、二方审核、试验、统计数据、绩效指标评价。

（3）开展的工作：

① 对外部供方提供的过程、产品、服务进行分类，如 A、B、C 级，A、B、C 类；

② 制定各类产品的控制标准（供方要求、产品要求、控制内容等）；

③ 开展控制活动，验证是否达到控制标准；

④ 对未达到控制标准的，采取处置措施；

⑤ 对已达到控制标准的，鼓励稳定；

⑥ 留下工作的证据（记录）。

（三）8.4.3　提供给外部供方的信息

公司首先要弄明白要求供方提供什么（对供方的要求，或说对供方控制什么）。和供方进行沟通，使供方明白要提供什么（或说要达到的要求）。公司和供方就对供方的要求达成一致意见。

(1) 具体表现在:

① 所提供的过程、产品、服务。

② 需要批准的内容:产品和服务;方法、过程和设备;产品和服务的放行。

③ 供方的能力(包括人员资质)。

④ 供方与公司的接口(沟通渠道、流程、责任人)。

⑤ 供方绩效的控制和监视。

⑥ 公司或顾客拟在外部供方现场实验的验证活动或确认活动。

(2) 开展的工作:

① 确定采购品种(过程、产品和服务)和采购标准、对供方的要求;

② 确定和供方沟通的部门、过程、人员、方式;

③ 实施沟通,并达成一致;

④ 留下沟通的证据(记录),如合同、纪要、订单、联系函等。

三、理论拓展——供应链运作参考模型[①]

(一)定义

SCOR (Supply-Chain Operations Reference-model)是由国际供应链协会(Supply-Chain Council)开发支持,适合于不同工业领域的供应链运作参考模型。1996 年春,两个位于美国波士顿的咨询公司——Pittiglio Rabin Todd & Mc Grath(PRTM)和 AMR Research(AMR)为了帮助企业更好地实施有效的供应链,实现从基于职能管理到基于流程管理的转变,牵头成立了供应链协会 (SCC),并于当年年底发布了供应链运作参考模型(SCOR)。

SCOR 是第一个标准的供应链流程参考模型,是供应链的诊断工具,它涵盖了所有行业。SCOR 使企业间能够准确地交流供应链问题,客观地评测其性能,确定性能改进的目标,并影响今后供应链管理软件的开发。流程参考模型通常包括一整套流程定义、测量指标和比较基准,以帮助企业开发流程改进的策略。SCOR 不是第一个流程参考模型,但却是第一个标准的供应链参考模型。SCOR 模型主要由四个部分组成:供应链管理流程的一般定义、对应于流程性能的指标基准,供应链"最佳实施"(Best Practices)的描述以及选择供应链软件产品的信息。

(二)SCOR 模型结构

SCOR 模型(见图 8-29)按流程定义可分为三个层次,每一层都可用于分析企业供

---

① 参见朴炯.供应链管理实践—供应链运作参考模型(SCOR)解读[M].左洁,译.北京:中国物资出版社,2000.

应链的运作。在第三层以下还可以有第四、第五、第六等更详细的属于各企业所特有的流程描述层次，这些层次中的流程定义不包括在 SCOR 模型中。SCOR 模型的第一层描述了五个基本流程：计划(Plan)、采购(Source)、生产(Make)、发运(Deliver)和退货(Return)。它定义了供应链运作参考模型的范围和内容，并确定了企业竞争性能目标的基础。企业通过对第一层 SCOR 模型的分析，可根据下列供应链运作性能指标做出基本的战略决策，SCOR 模型建立在 5 个不同的管理流程之上(计划、生产、采购、配送、退货)。

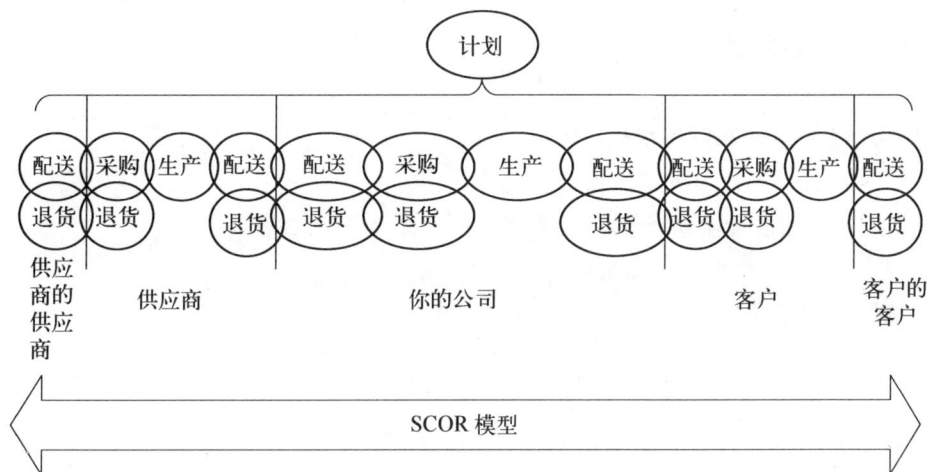

图 8-29　SCOR 模型

(三) SCOR 的运用意义

SCOR 模型中所有流程元素都有流程元素的综合定义；循环周期、成本、服务/质量和资金的性能属性；与这些性能属性相关的评测尺度，以及软件特性要求。值得注意的是，SCOR 不是软件指南，而是业务流程指南，但它也可作为供应链管理软件开发商的参考。在许多情况下，改变管理流程即可使企业获得最佳业绩而不需要开发软件。

SCOR 模型是一个崭新的基于流程管理的工具，国外许多公司已经开始重视、研究和应用 SCOR。大多数公司都是从 SCOR 模型的第二层开始构建其供应链，此时常常会暴露出现有流程的低效或无效，因此需要花时间对现有的供应链进行重组。典型的做法是减少供应商、工厂和配送中心的数量，有时公司也可以取消供应链中的一些环节。一旦供应链重组工作完成，就可以开始进行性能指标的评测和争取最佳业绩的工作。

企业在运营中自始至终必须努力提高其供应链管理的效率。在提高其自身运作效率的同时，企业可以开始同供应商和客户一道发展被称为"扩展企业"(Extended Enterprise)的一种供应链成员间的战略伙伴关系。

SCOR 是第一个标准的供应链流程参考模型，是供应链的诊断工具，涵盖所有行业。SCOR 使企业间能够准确地交流供应链问题,客观地评测其性能,确定性能改进的目标,并影响今后供应链管理软件的开发。国外许多公司在中国的分公司已经开始依照其在国外应用 SCOR 的经验在中国应用 SCOR。在中国,SCOR 也开始越来越受到本土大型企业的关注。

第五节　生产和服务提供

一、标准条款

8.5　生产和服务提供

8.5.1　生产和服务提供的控制

组织应在受控条件下进行生产和服务提供。

适用时,受控条件应包括:

a) 可获得成文信息,以规定以下内容:

1) 拟生产的产品、提供的服务或进行的活动的特性;

2) 拟获得的结果。

b) 可获得和使用适宜的监视和测量资源;

c) 在适当阶段实施监视和测量活动,以验证是否符合过程或输出的控制准则以及产品和服务的接收准则;

d) 为过程的运行使用适宜的基础设施,并保持适宜的环境;

e) 配备胜任的人员,包括所要求的资格;

f) 若输出结果不能由后续的监视或测量加以验证,应对生产和服务提供过程实现策划结果的能力进行确认,并定期再确认;

g) 采取措施防止人为错误;

h) 实施放行、交付和交付后的活动。

8.5.2　标识和可追溯性

需要时,组织应采用适当的方法识别输出,以确保产品和服务合格。

组织应在生产和服务提供的整个过程中按照监视和测量要求识别输出状态。

当有可追溯要求时,组织应控制输出的唯一性标识,并应保留所需的成文信息以实现可追溯。

8.5.3　顾客或外部供方的财产

组织应爱护在组织控制下或组织使用的顾客或外部供方的财产。

对组织使用的或构成产品和服务一部分的顾客和外部供方财产,组织应予以识别、验证、保护和防护。

若顾客或外部供方的财产发生丢失、损坏或发现不适用情况,组织应向顾客或外部供方报告,并保留所发生情况的成文信息。

注:顾客或外部供方的财产可能包括材料、零部件、工具和设备以及场所、知识产权和个人资料。

8.5.4 防护

组织应在生产和服务提供期间对输出进行必要的防护,以确保符合要求。

注:防护可包括标识、处置、污染控制、包装、储存、传输或运输以及保护。

8.5.5 交付后活动

组织应满足与产品和服务相关的交付后活动的要求。

在确定所要求的交付后活动的覆盖范围和程度时,组织应考虑:

a) 法律法规要求;

b) 与产品和服务相关的潜在不良的后果;

c) 产品和服务的性质、使用和预期寿命;

d) 顾客要求;

e) 顾客反馈。

注:交付后活动可包括保证条款所规定的措施、合同义务(如维护服务等)、附加服务(如回收或最终处置等)。

8.5.6 更改控制

组织应对生产或服务提供的更改进行必要的评审和控制,以确保持续地符合要求。

组织应保留成文信息,包括有关更改评审的结果、授权进行更改的人员以及根据评审所采取的必要措施。

二、理解要点

(一) 8.5.1 生产和服务提供的控制

(1) 公司应当考虑生产和服务提供的整个周期(含交付后活动的要求,如质保、投诉)。

(2) 公司应当设定控制生产和服务提供的控制条件(八个方面的控制条件)。

(3) 公司应当策划并确定适当的控制措施。依据标准中八个方面的要求,结合实际情况,有针对性地策划。

(4) 公司对于输出结果无法被后续的监视和测量予以验证的过程,需要进行确认并留下记录(提供客观证据),证明满足了针对特定的预期用途或应用的要求。

(5) 开展的工作:

① 建立一个生产和服务提供的过程,确定提供的周期(节点);

② 委派过程质量负责人;

③ 收集获得相关信息,并形成文件(指令计划、品质基准书):需要提供的产品和服

务、产品和服务的标准（结果）；

④ 配备相应的资源，并形成指导书类作业文件（安全操作规程、维修维护保养规程、生产作业指导书）；人员（能力、生产力、人为环境），硬件资源（材料、零部件、设备、"五具"、时间），方法（活动、布置图、流程、关键控制点、作业指导书等）；

⑤ 建立监视、测量点，配备相应的监视测量资源［人员、硬件（如量检具）、方法（如检验作业指导书）］；

⑥ 确定特殊过程，配备过程确认的资源（人员、硬件、方法）；

⑦ 确定人为错误的易发点，采取相应的防错措施（含报警、提醒）；

⑧ 安排实施放行、交付和交付后活动（注意验证产品和服务是否满足要求）；

⑨ 形成记录性文件，并建档；

⑩ 进行绩效评价，适时采取相应的改进措施。

（二）8.5.2　标识和可追溯性

（1）公司明白、明确产品和服务需要标识的原因。

（2）确定在产品和服务提供的哪个阶段需要识别，识别什么（内容）。

（3）确定在产品和服务的哪个阶段进行标识。

（4）如何标识（标识的方法），标识的同时要形成文件信息（留下相应的产品和服务实现记录）。

（5）确定追溯的需求，进而确定相应标识记录的保存建档事宜。

（6）开展的工作：

① 确定标识的方法；

② 确定进行标识的过程阶段；

③ 配备标识的人员、资源；

④ 实施标识，并留下产品和服务实现的记录；

⑤ 标识的验证；

⑥ 识别标识：在产品和服务提供的相应阶段，在进行追溯需求时，查验标识记录；

⑦ 标识绩效评价。

（三）8.5.3　顾客或外部供方的财产

很多情况下，顾客或外部供方需要将其财产交给公司，供公司使用，或者组成所提供产品的一部分。在这种情况下：

（1）要求公司对这些财产给予妥善的保护和爱护，做到既能防止损坏并妥善保管，又能及时通报不适用情况，确保不属于公司但受到公司控制和保护。

（2）顾客或外部供方的财产，可能是有形的，也可能是无形的，如材料、工具、用户端、知识产权、个人数据的准确性等。

（3）公司控制和保护这些财产时，应对这些财产进行正规的验证，并形成文件（建立档案——台账、照片、特性、使用维护记录）。

(4) 及时、定时通报顾客或外部供方财产的状态：是否已丢失、损坏、不适于使用、使用状态等。

(5) 开展的工作：

① 在各大过程下，建立一个子过程，委派专人负责；

② 对顾客或外部供方财产进行正规验证；

③ 建立顾客或外部供方财产台账（含清单、照片、档案、状态、特性、使用记录）；

④ 制定顾客或外部供方财产控制和爱护作业文件；

⑤ 属地管理，对顾客或外部供方财产进行控制和爱护；

⑥ 留下工作证据（记录）；

⑦ 及时或定期向顾客或供方通报财产状态；

⑧ 沟通协调处置不良状态。

（四）8.5.4 防护

(1) 在生产和服务提供的过程中，输出（产品）的防护是控制条件之一；

(2) 在制造业中，输出主要指的是产品，即在公司与顾客之间未发生任何交易的情况下，公司生产的输出（产品——半成品、成品）；

(3) 公司需要对影响产品和服务符合性的过程（阶段）及输出进行识别、分析，确认有哪些影响，如何影响；

(4) 公司根据以上分析，采取防护措施——确定在哪些阶段需要防护，需要哪些防护，采取什么方法防护，如半成品的工序流转、仓储、运输等阶段；

(5) 建立一个子过程，委派防护质量负责人；

(6) 分析确认防护实施的阶段、防护的方法措施；

(7) 配备防护所需要的资源；

(8) 制定防护的作业文件（防护作业指导书、防护管理办法）；

(9) 安排实施防护；

(10) 验证防护的有效性（含防护绩效评价）。

（五）8.5.5 交付后活动

(1) 产品和服务的交付，并不意味着责任的终止；

(2) 明确已知的交付后的要求——法律法规、顾客要求的，如三包、售后服务；

(3) 明确潜在的交付后的要求——产品或服务不能预期，后续措施（如防巨额索赔、考核、罚款）；

(4) 为增加顾客满意，抓住潜在机会，防范后续风险，规定交付后的活动；

(5) 交付后的活动举例：

① 与顾客接触，确认产品和服务是否满意；

② 现场安装设备、处理顾客旧设备；

③ 合同安排，如保修、保养、培训、技术支持；

④ 顾客查询产品和服务交付与订购;

(6) 开展的工作:

① 建立一个子过程,委派质量负责人;

② 识别交付后活动的目的;

③ 确定交付后要进行的活动——项目、内容、实施人、方法、所需的资源;

④ 编写制定交付后活动的作业指导书和管理办法;

⑤ 安排实施交付后的活动;

⑥ 进行交付后活动的绩效评价。

(六) 8.5.6 更改控制

(1) 主要针对:在生产和服务的提供期间,发生的影响符合要求的变更,变更的可能有外部供方发起的变更请求、内部因素、外部因素。例如:

① 生产计划的变更;

② 顾客要求的变更;

③ 法律法规要求或产品标准的变更;

④ 外部供应延迟交付或质量问题;

⑤ 关键设备失效;

⑥ 反复出现不合格输出(产品)。

(2) 必须明确对这些变更进行控制,目的是为了确保生产和服务提供的完整性和稳定性。典型的控制措施有:

① 评审:变更的需求和变更内容、措施;

② 实施前的验证和确认;

③ 批准(包括顾客授权,适当时);

④ 实施更改的措施,包括更新质量管理体系的要素;

⑤ 验证更改的结果:稳定、符合要求的输出。

更改要形成文件,留下信息(证据)。常见的文件:

① 体系关于更改的管理办法;

② 更改评审活动的纪要(记录);

③ 更改前验证确认的结果(记录);

④ 更改批准的记录;

⑤ 更改措施描述(授权实施人员、含更改后的作业文件等);

⑥ 更改后,输出结果的验证记录(满足产品和服务的符合性,生产和服务提供的完整性、稳定性)。

(3) 开展的工作:

① 建立一个子过程,委派更改控制质量负责人;

② 起草编写更改控制办法(含更改需求的识别、更改评审、授权更改、更改前的验证和确认、更改措施的描述和传递、更改的实施、更改后的验证、更改信息的留存和建档);

③ 在生产和服务的提供中，适用时，进行更改活动以及更改活动的控制；
④ 更改活动控制的绩效评价。

三、理论拓展——5M1E[①]

（一）定义

5M1E，即人、机、料、法、环、测，造成产品质量波动的原因主要有6个因素：
(1) 人（Man）：操作者对质量的认识、技术熟练程度、身体状况等；
(2) 机器（Machine）：机器设备、工夹具的精度和维护保养状况等；
(3) 材料（Material）：材料的成分、物理性能和化学性能等；
(4) 方法（Method）：这里包括加工工艺、工装选择、操作规程等；
(5) 测量（Measurement）：测量时采取的方法是否标准、正确；
(6) 环境（Environment）：工作地的温度、湿度、照明和清洁条件等。
6要素只要有一个发生改变就必须重新计算。

（二）5M1E各因素分析及控制措施

1. 操作人员因素

凡是操作人员起主导作用的工序所生产的缺陷，一般可以由操作人员控制。造成操作误差的主要原因有：质量意识差；操作时粗心大意；不遵守操作规程；操作技能低、技术不熟练，以及由于工作简单重复而产生厌烦情绪等。

防误可控制措施：
(1) 加强"质量第一、用户第一、下道工序是用户"的质量意识教育，建立健全质量责任制；
(2) 编写明确详细的操作流程，加强工序专业培训，颁发操作合格证；
(3) 加强检验工作，适当增加检验的频次；
(4) 通过工种间的人员调整、工作经验丰富化等方法，消除操作人员的厌烦情绪；
(5) 广泛开展QCC品管圈活动，促进自我提高和自我改进能力。

2. 机器设备因素

主要控制措施有：
(1) 加强设备维护和保养，定期检测机器设备的关键精度和性能项目，并建立设备关键部位日点检制度，对工序质量控制点的设备进行重点控制；
(2) 采用首件检验，核实定位或定量装置的调整量；
(3) 尽可能培植定位数据的自动显示和自动记录装置，减少对工人调整工作可靠性的依赖。

---

① 参见梁国明.企业质量成本管理方法(第4版)[M].武汉:中国质检出版社,2015.

3. 材料因素

主要控制措施有：

(1) 在原材料采购合同中明确规定质量要求；

(2) 加强原材料的进厂检验和厂内自制零部件的工序和成品检验；

(3) 合理选择供应商(包括"外协厂")；

(4) 搞好协作厂间的协作关系,督促、帮助供应商做好质量控制和质量保证工作。

4. 工艺方法的因素

工艺方法包括工艺流程的安排、工艺之间的衔接、工序加工手段的选择(加工环境条件的选择、工艺装备配置的选择、工艺参数的选择)和工序加工的指导文件的编制(如工艺卡、操作规程、作业指导书、工序质量分析表等)。

工艺方法对工序质量的影响,主要来自两个方面：一是指定的加工方法,选择的工艺参数和工艺装备的正确性和合理性；二是贯彻、执行工艺方法的严肃性。

工艺方法的防误和控制措施：

(1) 保证定位装置的准确性,严格首件检验,并保证定位中心准确,防止加工特性值数据分布中心偏离规格中心；

(2) 加强技术业务培训,使操作人员熟悉定位装置的安装和调整方法,尽可能配置显示定位数据的装置；

(3) 加强定型刀具或刃具的刃磨和管理,实行强制更换制度；

(4) 积极推行控制图管理,以便及时采取措施调整；

(5) 严肃工艺纪律,对贯彻执行操作规程进行检查和监督；

(6) 加强工具工装和计量器具管理,切实做好工装模具的周期检查和计量器具的周期校准工作。

5. 测量的因素

主要控制措施包括：

(1) 确定测量任务及所要求的准确度,选择使用的、具有所需准确度和精密度能力的测试设备；

(2) 定期对所有测量和试验设备进行确认、校准和调整；

(3) 规定必要的校准规程,其内容包括设备类型、编号、地点、校验周期、校验方法、验收方法、验收标准,以及发生问题时应采取的措施；

(4) 保存校准记录；

(5) 发现测量和试验设备未处于校准状态时,立即评定以前的测量和试验结果的有效性,并记入有关文件。

6. 环境的因素

所谓环境,一般指生产现场的温度、湿度、噪音干扰、振动、照明、室内净化和现场污染程度等。

在确保产品对环境条件的特殊要求外,还要做好现场的整理、整顿和清扫工作,大力搞好文明生产,为持久地生产优质产品创造条件。

（三）5M1E 分析法的实施步骤

（1）确定并分析工序质量特性值的波动情况。例如，确定分析不同生产线、不同设备、不同时间、不同批次之间的波动，不同工件间的波动等。

（2）找出引起工序质量特性值波动的主要因素。根据企业生产过程自身特点，找出引起工序质量波动的主要因素，如操作人员、机器、原材料、工艺方法等。

（3）制定控制主要影响因素的措施。针对导致工序质量问题的主要因素，制定相关的措施，如建立工序质量作业控制标准、产品标准、设备保证标准等。

（4）实施工序质量控制措施，并对其效果进行确认。工序质量管理人员要将制定的措施具体落实到每个操作人员身上，且对有益控制措施进行确认。

（5）将确认效果纳入文件，实施标准化管理。经过实践证明切实可行的工序质量控制措施，要将其编制成通俗易懂、便于操作的控制手册，以供各道工序使用。

四、理论拓展——产品质量追溯管理系统[①]

（一）定义

产品质量追溯管理系统主要是利用现代物联网技术和工具，通过一系列的二维码、条形码的方式对单个产品进行产品追溯信息检查。通过扫描二维码可以了解到产品的生产日期、厂家、材料、物流、消费，等等。

（二）系统功能

（1）追溯采集方案。追溯数据采集将采用条码技术以及布局合理的采集点来完成追溯信息的采集。

（2）条码规则。为了结合条码扫描采集，科技产品需要形成自己的产品条码规则以及关键物料的条码规则，形成的物料条码中包含追溯件的关键物料代号、供方代号、物料批次号等信息。

（3）条码生成规则。通过配置条码生成规则，如前缀代号、起始序号、生成数量等，系统可实现快速、批量的生成所需的条码，并实现条码的导出与打印，以此可大大缩减条码管理的工作量，同时针对产品和物料可按不同规则生成条码。

（4）采集点布局。例如，企业根据实际应用场景以及采集内容，调研时展开采集点评估，最后形成完整的采集点布局图。

（5）追溯信息采集内容。包括生产计划订单信息、供应商物料批次信息、进货检验报告制造过程信息（5M1E）（人、机、料、法、环、测）、制造过程检验信息和不合格品处理信息。采集信息包含半成品测试、老化测试、成品测试、出货检验和不合格处理。其中，

---

① 参见梁国明.企业质量成本管理方法(第4版)[M].北京:中国质检出版社,2015.

不合格品处理中含进货检验及制造过程。

采集方式有两种方式：一是检验信息。扫描产品号条码后，系统自动导入产品型号、订单号、批次号等信息，检验人员只需要填写数量，工序与不良设定关联检验员只需要录入对应不良数量即可。二是产品关键检测数据。可以对检测设备展开集成，通过RS232、485通信接口自动导入检测数据，并关联产品号进行匹配保存。

（三）系统运行示意图

该系统运行的示意图，如图 8 - 30 所示。

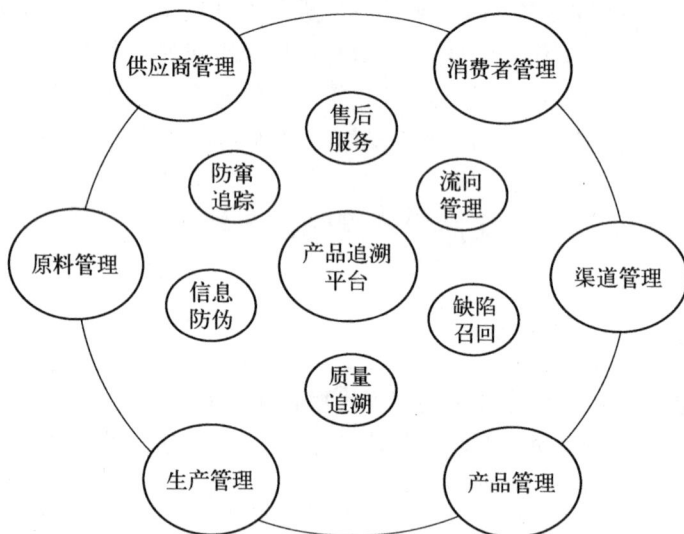

图 8 - 30　产品质量追溯管理系统图

五、理论拓展——顾客金字塔模型①

（一）定义

美国著名营销学者隋塞莫尔（Valarie A. Zeithaml）、勒斯特（Roland T. Rust）和兰蒙（Katherine N. Lemon）认为，管理人员可以根据企业从不同的顾客那里获得的经济收益，把顾客划分为几个不同的类别。理解不同类别顾客的需要，为不同类别的顾客提供不同的服务，可明显地提高本企业的经济收益。据此，他们于 2002 年提出了"顾客金字塔"模型。

顾客金字塔模型就是根据顾客盈利能力的差异为企业寻找、服务和创造能盈利的顾客，以便企业把资源配置到盈利能力产出最好的顾客身上，也就是说细分出顾客层级（铂层顾客、金层顾客、铁层顾客、铅层顾客）。这种方法比以往根据使用次数来细分市场更好一些，因为它跟踪分析顾客细分市场的成本和收入，从而得到细分市场对企业的

---

① 参见邵景波，宁淑慧.基于金字塔模型的顾客关系资产管理[J].中国软科学，2005（04）：133 - 137＋126.

财务价值。界定出盈利能力不同的细分市场之后,企业向不同的细分市场提供不同的服务。设想顾客按盈利能力不同而一层一层地排列起来,盈利能力最强的顾客层级位于顾客金字塔模型的顶部,盈利能力最差的顾客层级位于顾客金字塔模型的底部。

(二) 不同系统及层级的顾客划分

不同系统和不同层级的顾客划分都很有用,80/20 分布的顾客金字塔模型是最常用的层级划分的顾客金字塔模型。所有企业都或多或少地知道顾客的盈利能力不尽相同,尤其是小部分顾客带来大部分销售或利润的企业。这通常被称为"80/20 法则",即 20% 的顾客产生 80% 的销售或利润,称之为"80/20 分布的顾客金字塔模型",如图8-31 所示。

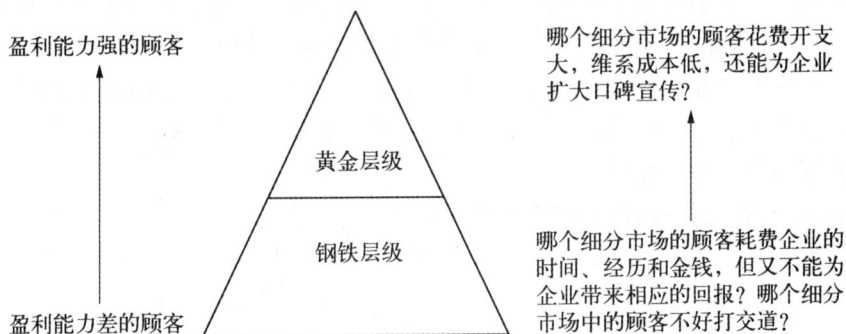

图 8-31 80/20 分布的顾客金字塔模型

(三) 顾客金字塔模型的扩展

80/20 分布的顾客金字塔模型是一个两层模型,它假定两层之中的顾客是近似相同的,正如传统市场细分中通常假定同一细分市场类中顾客是同质的。然而,更多的顾客金字塔模型不止两个层级,那么两个层级以上的划分更容易说明问题。一旦建设大型数据库系统来进行顾客分类,那么,就能得到更多层级的顾客细分,从而能针对不同顾客层级提供不同的服务。顾客层级的数目也可以超过四个。不过某些情况下,层级细分越多,就越难以处理,应用顾客金字塔模型的效果也就会大打折扣。四层级划分的顾客层级模型,如图 8-32 所示。

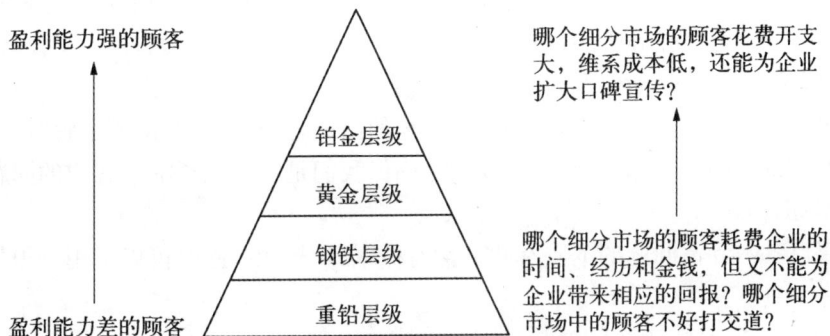

图 8-32 扩大的顾客金字塔模型

（四）顾客金字塔模型的运用

顾客管理的宗旨是使顾客对企业的忠诚、满意与企业在顾客心中的信誉转化为现实的企业利润、财富及实现增值。而在顾客管理过程中，怎样才能获得顾客忠诚呢？分三个步骤：发现正当需求—满足需求并保证顾客满意—营造顾客忠诚。

依据顾客金字塔模型，企业并不需要同等地对待所有的顾客。企业和一些顾客做生意的成本太高，这些顾客中没有多少能为企业带来盈利，即使长期来看也是这样。虽然企业想向所有顾客提供统一、一流的服务，但他们发现要使所有顾客都满意的愿望既不现实，也不经济。另外，在大多数情况下企业应该疏远甚至"远离"一些顾客，这也许会受到质量信奉者的反对。虽然质量信奉者会对以尽可能好的方式服务顾客不屑一顾，可是在很多情况下，企业和顾客都会因此而获得更多的价值。就盈利能力来说，并不是所有顾客对企业都具有吸引力，企业需要根据盈利能力的不同来进行顾客分类管理，进而发现不同的需求—满足不同需求并保证顾客满意—营造顾客忠诚。

按照顾客终身价值相同

顾客划分为一组"顾客群"或交易渠道。建立一个顾客等级很有用，可以看到哪些顾客或顾客群排在前面，哪些排在后面，这些将产生一些显而易见的机会。顾客主要分为核心顾客（黄金层级顾客——盈利性顾客，20%）和非核心顾客（钢铁层级顾客——非盈利性顾客，80%），针对这两种顾客分别采取相应的管理。

六、理论拓展——LSCIA 模型[①]

（一）定义

一般用于妥善处理异议、化解顾客抱怨，是处理客户投诉的原理。

（二）LSCIA 模型五大步骤

1. 倾听(Listen to)

当客户提出异议及反映产品及问题时，要先学会倾听，收集数据，做好必要的记录，再弄清问题的本质及事实，切记不要打断对方的谈话。倾听过程中的行为方式有点头、手势、微笑、记录等。在倾听的过程中可以多运用提问的技巧，比如，发生了什么事？这事为什么会发生？你是如何发现的？这样将会有助于了解事情的真相。在倾听客户抱怨的时候，不但要听他表达的内容还要注意他的语调与音量，这有助于了解客户语言背后的内在情绪。同时，要通过归纳与复述来确保我们是否真正了解了客户的问题。

2. 分担(Share)

如果已基本弄清问题的本质及此事是何种原因引起的，此时可以采用分担的方式，

---

① 参见用 LSCIA 模型来处理客户投诉. https://doc.mbalib.com/view/1dcded 1a58972b3fe84 b4aa7d2fa0f8a.html [DB/OL].2020.

具体可以是："您讲得有道理,我们以前也出现过类似的事情。"不管是产品本身,还是使用不当等原因,都不能责备客户。这样,客户会感受到他被重视。

3. 澄清(Clarify)

根据上述两种方法已基本了解客户异议的本质及动向,此时应对问题加以定义:造成问题的原因是产品本身还是客户使用不当? 如果是产品本身,应立即向客户道歉,并以最快时间给客户解决;若是客户使用不当,要说明问题的实质,并立即帮助客户解决问题,说明产品正确的使用方法(性能、特点、特性),并用鼓励的话语感谢客户提出异议。无论正确还是非正确,必要时予以精神和物质奖励。

4. 陈述(Illustrate)

能够及时地解决问题当然最好,但有些问题可能比较复杂或特殊,一般人员难以解决,那么就不要向客户做任何承诺,而是诚实地告诉他情况有点特别,我们会尽力帮他寻找解决的方法但需要一点时间,然后约定给回话的时间。一定要确保准时给客户回话。即使到时仍不能帮客户解决,也要准时打电话向客户解释问题进展情况,表明我们所做的努力,并再次约定给客户答复的时间。

5. 要求(Ask)

在客户异议基本解决后,还要再询问客户还有没有其他什么要求,以诚恳的态度告诉客户,"假如你还有其他问题,请随时找我",并递上名片。

最后,顾客导向,加强对正确处理客户投诉的重要性的认识,灌输必要的意识、知识和技能。通过全员营销,引导消费,降低顾客投诉率。

第六节　产品和服务的放行

一、标准条款

8.6 产品和服务的放行

组织应在适当阶段实施策划的安排,以验证产品和服务的要求已得到满足。

除非得到有关授权人员的批准,适用时得到顾客的批准,否则在策划的安排圆满完成之前,不应向顾客放行产品和交付服务。

组织应保留有关产品和服务放行的成文信息。成文信息应包括:

a) 符合接收准则的证据;

b) 可追溯到授权放行人员的信息。

二、理解要点

(1) 目的:要求公司在产品和服务放行之前,需要根据验收准则,检查产品和服务是否合格。

（2）需要确定验收（或放行）准则。

（3）需要确定验证活动的控制点（验证点、验证阶段）。

（4）需要确定验证的对象、验证的项目、验证的方式和方法。

（5）形成放行文件——对放行的控制方法。

（6）需要授权最终放行产品和服务的人员，并可追溯：

① 授权最终放行人员，追溯方式——记录上签名、放行单上盖章等；

② 自动放行产品的授权、追溯——三检记录随工单上签名、盖章等；

③ 放行文件规定：职位说明、权限级别、特殊规定等；

④ 原则上，生产和服务提供未完成、不满足验收（或放行）准则的产品和服务，不能放行。确需放行，批准放行人员的授权。

（7）开展的工作：

① 建立一个放行子过程，授权放行的批准人员。

②编写放行控制文件——放行准则、验证准则、验证点（阶段）、验证对象（项目）、验证方式（方法）、验证人员。验证人员和授权放行的批准人员可以合并（合岗），注意，验证人员要对验证（监视和测量）结果的真实性和可靠性负责。

③ 配备放行控制的资源。

④ 实施放行和放行控制活动。

⑤ 留下验证结果的文件（记录）、放行批准的证据（记录）。

⑥ 进行放行控制的绩效评价。

三、理论拓展——SPC 统计过程控制[①]

（一）定义

统计制程控制（Statistical Process Control，SPC）或称统计过程控制。SPC 主要是指应用统计分析技术对生产过程进行实时监控，科学地区分出生产过程中产品质量的随机波动与异常波动，从而对生产过程的异常趋势提出预警，以便生产管理人员及时采取措施，消除异常，恢复过程的稳定，从而达到提高和控制质量的目的。

在生产过程中，产品的加工尺寸的波动是不可避免的。它是由人、机器、材料、方法和环境等基本因素的波动影响所致。波动分为两种：正常波动和异常波动。正常波动是偶然性原因（不可避免因素）造成的。它对产品质量影响较小，在技术上难以消除，在经济上也不值得消除。异常波动是由系统原因（异常因素）造成的。它对产品质量影响很大，但能够采取措施避免和消除。过程控制的目的就是消除、避免异常波动，使过程

---

① 参见张智勇.IATF 16949 质量管理体系五大工具最新版一本通（第 2 版）[M].北京:机械工业出版社，2017.

处于正常波动状态。

（二）绘制 SPC 控制图应遵循的步骤与方法

1. 分析用控制图

（1）识别关键过程，选取控制图要控制的关键质量特性；

（2）根据质量特性及适用的场合选取控制图类型；

（3）确定合适的样本组、样本量大小和抽样间隔；

（4）收集并记录 20～25 个样本组的数据。通常每组样本量 n 为 4～5 个，这样能够保证控制过程的检出率为 84%～90%；

（5）计算各组样本的统计量（均值、标准差、极差等）；

（6）计算中心线和控制限；

（7）绘制控制图（画坐标轴、中心线和上下控制限，根据样本值打点，记入相关事项）；

（8）分析样本点的排列形状，判断过程是否受控。

2. 控制用控制图

当分析用控制图中点子均在控制限之内或排列无缺陷时，表明生产过程稳定，无系统因素影响生产过程，尚不能说明不合格率小于允许值。因此，在分析用控制图基础上需要绘制控制用控制图，步骤如下：

（1）消除系统因素。依据分析用控制图提供的信息判断生产过程是否稳定，即是否有系统因素在起作用。如果存在系统因素，应设法消除。

（2）新计算控制限。剔除分析用控制图中无代表性的数据（如落在界限外点子的数据）后，重新计算中心线和控制限。

（3）确认分布范围位于公差界限之内。只有当生产过程稳定且产品质量特性值分布范围位于公差界限之内时，才能保证不出现批量不合格品。因此应利用分析控制网的数据绘制直方图，并与公差界限比较，或直接计算工序能力指数，进而采取相应措施。

（4）控制用控制图的使用。在确认过程稳定并具备足够的工序能力后便可开始批量生产。用控制用控制图控制批量生产过程，即根据控制图类型抽取样本进行计算、绘图和分析。

第七节　不合格输出的控制

一、标准条款

8.7　不合格输出的控制

8.7.1　组织应确保对不符合要求的输出进行识别和控制，以防止非预期的使用或交付。

组织应根据不合格的性质及其对产品和服务符合性的影响采取适当措施。这也适用于在产品交付之后,以及在服务提供期间或之后发现的不合格产品和服务。

组织应通过下列一种或几种途径处置不合格输出:

a) 纠正;

b) 隔离、限制、退货或暂停对产品和服务的提供;

c) 告知顾客;

d) 获得让步接收的授权。

对不合格输出进行纠正之后应验证其是否符合要求。

8.7.2 组织应保留下列成文信息:

a) 描述不合格;

b) 描述所采取的措施;

c) 描述获得的让步;

d) 识别处置不合格的授权。

二、理解要点

(一) 8.7.1 不符合输出识别和控制

(1) 目的:防止不合格输出流入下一过程(阶段),或交付顾客。

(2) 不合格输出,指的是全过程中任何不符合要求的输出,包括采购的产品和服务、过程中的半成品和服务、最终提供给顾客的产品和服务、交付后的产品和服务——所发现的不合格产品和服务。

(3) 识别:通过产品和服务的验证和使用,来识别合格与否。

(4) 控制形式(方法):纠正不符合,确保符合;将不符合从过程中完全移除;告知顾客,消除潜在影响。例如,返工返修,全检剔除不合格品,让步放行(跟踪服务)。

(5) 如果已经交付顾客或流入下一阶段(过程),可采取如下措施:召回;暂停或收回;再加工;消除不符合或降低不符合程度到商定的可接受水平;达成协议,允许使用(需要授权批准);

(6) 对不合格品采取适当的措施后,必须进行再次验证,确保符合规定的要求或使用要求,防止继续不合格,或者更糟。

(二) 8.7.2 组织应保留下列成文信息

(1) 目的:跟踪不合格的识别和控制;帮助改进和优化(过程、作业等);信息传递(增强意识);不合格趋势分析。

文件信息(如检验记录单、8D 报告)包括:

① 不符合描述;

② 纠正不符合采取的措施；

③ 缓解措施；

④ 沟通措施；

⑤ 批准的让步；

⑥ 所有措施的授权人。

(2) 开展的工作：

① 建立一个过程或子过程，授权不合格控制质量负责人。

② 编制不合格控制的文件，内容包括：

a. 各个阶段不符合的识别；

b. 不合格的控制措施，措施不同(不同阶段、不同性质)；

c. 所有措施的授权批准人，可以和不合格控制质量负责人合并(合岗)；

d. 所有措施的实施人；

e. 采取措施后的再次验证(验证人、验证标准、验证方法、验证结论)。

③ 在各个过程(阶段)安排不符合的识别活动。

④ 对发现的不合格实施控制(采取措施)。

⑤ 对不合格控制活动，留下证据(验证记录、8D 报告)。

⑥ 传递不合格信息(内部、外部)，引起警示，提升质量意识，防止类似问题发生。

⑦ 改进相关流程、过程、作业。

⑧ 统计不合格趋势，分析，提出大的改进措施。

⑨ 对不合格控制活动进行绩效评价。

三、理论拓展——8D 问题解决法[①]

(一) 定义

8D 又称团队导向问题解决方法、8D 问题求解法(8D Problem Solving)，是福特公司处理问题的一种方法，亦适用于制程能力指数低于其应有值时有关问题的解决，它提供了一套符合逻辑的解决问题的方法，同时对于统计制程管制与实际的品质提升架起了一座桥梁。

8D 工作方法是发现真正肇因的有效方法，并能够采取针对性措施消除真正肇因，执行永久性矫正措施。8D 工作方法创造了能够帮助探索"允许问题逃逸的控制系统"，对逃逸点的研究有助于提高控制系统在问题再次出现时的监测能力，而预防机制的研究则有助于系统将问题控制在初级阶段。

8D 工作方法要求建立一个体系，让整个团队共享信息，努力达成目标，是处理问题的一种方法，适用于制程能力指数低于其应有值时有关问题的解决，适用于对

---

① 参见周红华.8D 在汽车零部件质量改进中的应用[D].天津大学,2016.

不合格产品问题的解决,适用于顾客投诉、反复频发问题以及需要团队作业问题的解决。

(二)8D 工作方法的 8 个步骤

8D 是解决问题的 8 条基本准则或称 8 个工作步骤,但在实际应用中却有 9 个步骤:

D0:征兆紧急反应措施;

D1:小组成立;

D2:问题说明;

D3:实施并验证临时措施;

D4:确定并验证根本原因;

D5:选择和验证永久纠正措施;

D6:实施永久纠正措施;

D7:预防再发生;

D8:小组祝贺。

(三)8D 实施示例

8D 实施示例,如表 8-13 所示。

表 8-13 8D 报告

	投诉主题: 顾客: 过程产品: 工厂、地区: 发现人: 报告人: 日期:			
D1	组长: 支持人: 组员: 分发:			
D2	问题描述: 投诉地: 确定日期: 生产日期: 确定人: 鉴定结果:			
D3	紧急措施:	期限	完成人	完成日期
				从生产日期起:
				从生产日期起:
				从生产日期起:

| D4 | 原因分析：　　　　期限：　　　　完成人：　　　　完成日期： | | | |

D5	整改措施：	期限	完成人	完成日期
5.1	措施： 结果：			

| D6 | 跟踪整改措施：

验证,结果：　　　　从生产日期：　　　　完成人：　　　期限：
起止：　　　　　　　　　　　　取消紧急措施 | | | |

| D7 | 避免问题重复出现的预防措施：

期限：　　　　　　完成人：　　　　　　完成日期：
□　修改　　　　　　　　　　通报协调人：
□　改进质量管理体系(程序文件/作业指导书、CP等)：
□　采用其他过程、产品、地区解决问题的方法： | | | |

| D8 | 结语和评定(对强化工作的建议)，并纳入FMEA-修改：　　　　　日期：

期限：　　　　　　完成人：　　　　　完成日期

8D小组负责人：　　　　　　　　　　结束日期：
质量部部长审核：　　　　　　　　日期：
批准：　　　　　　　　　　　　日期： | | | |

案例启示与分析

案例启示

曼谷的酒店①

在泰国曼谷,清晨,酒店一开门,一名漂亮的泰国小姐微笑着和我打招呼:"早,余先生。""你怎么知道我姓余?""余先生,我们每一层的当班小姐要记住每一个房间客人的名字。"我心中很高兴,乘电梯到了一楼,门一开,又有一名泰国小姐站在那儿,"早,余先生。""啊,你也知道我姓余,你也背了上面的名字,怎么可能呢?""余先生,上面打电话说您下来了。"原来她们腰上挂着对讲机。于是她带我去吃早餐,餐厅的服务人员替我上菜,都尽量称呼我余先生,这时来了一盘点心,点心的样子很奇怪,我就问"中间这个红红的是什么?"这时我注意到一个细节,那个小姐看了一下,就后退一步说那个红红的是什么,"那么旁边这一圈黑黑的呢?"她上前又看了一眼,又后退一步说那黑黑的是什么。这个后退一步就是为了防止她的口水会溅到菜里。我退房离开的时候,前台小姐刷卡后把信用卡还给我,然后再把我的收据折好放在信封里,还给我的时候说,"谢谢您,余先生,真希望第七次再看到您。"第七次再看到,原来那次我是第六次去。

3年过去了,我再没去过泰国。有一天我收到一张卡片,发现是他们酒店寄来的,"亲爱的余先生,3年前的4月16号您离开以后,我们就没有再看到您,公司全体上下都想念得很,下次经过泰国一定要来看看我们。"下面写的是"祝您生日快乐"。原来写信的那天是我的生日。

反思:

这种优质的服务无疑赢得了一个顾客的心。

对于服务型组织,服务的质量是至关重要的。因此,如何对服务过程进行管控以确保服务的输出满足组织或相关方的要求,这是组织以顾客为关注焦点的体现所在。

案例分析

崩溃的董事长②

某公司董事长到其分公司检查工作,在质量部发现在上个月的复烤片烟水分检测记录中,有"水分严重偏低,已产生烤焦情况"的记录,董事长询问对这批烤焦的烟叶是如何处置的,工艺质量科长提供了就此次烟叶烤焦的情况,车间主任、带班长和负责人书会的记录等,但进一步追踪该批烤焦的烟叶的最终去向时,科长无法明确说明其最终究竟是如何处置的,也提供不出相应的处置记录。在销售部,销售科长介绍说:"我们是

---

① 参见孙道军,郑苏晖.管理案例教学实务指南[M].北京:中国市场出版社,2015.
② 参见 2016—2018 年国家注册质量管理体系审核员笔试试题。

采用美国技术加工的新产品,过滤效果良好;公司成立短短两年时间就已售出约 300 吨,全国各大卷烟厂均有我们的产品,深受广告用户的好评。"于是董事长询问销售科长:"烟卷保质期是多长时间?"销售科长说:"目前公司产品主要问题是供不应求,保质期内一般不会出现问题,因此公司还没有策划售后服务的问题。"在问到管理部关于分厂的卷烟如何控制的时候,管理部经理说:"听说分厂的办厂条件非常好,由于与分厂距离较远,相关的加工工作就交给他们管理了,详细情况我不是太了解。"董事长在包装膜仓库发现包装膜直接存放在有尘土的水泥地面上,且墙壁有漏雨痕迹,并存放有非食品用的备件等。于是询问采购部经理是如何对包装膜的供应商进行评价的。采购经理说:"是顾客指定的,我们了解到他们比其他厂便宜,虽然产品质量不太稳定,但有问题时他们也能给换货,所以我们决定今后就用这家了。"于是董事长再次查看相关记录,发现该供应商不在合格供应商名录中。在《仓库检查管理规定》中要求管理人员建立"日常检查表",但是现场未发现 2020 年 3 月 20 日至 3 月 28 日的记录。其仓管人员说,大家都熟悉,有时候未记录也是正常的。董事长发现采购部问题较多,于是继续深入检查,在采购计划中抽查××化工有限公司采购的 A 原料,发现硫含量检测结果不合格,询问采购部长这批原料后续的去向。采购经理说硫不合格,但因为生产急需,已经入罐,并提供出这批原料已于 1 月 10 日到货,入了 2 号罐的记录。公司的《不合格输出控制程序》文件中规定,对不合格原料经过评审后,由质量部长做出处置的意见,涉及的部门按处置意见实施,并记录实施的结果。于是询问对该批不合格原料的处理是否经质量部长同意,采购部长说:"当时很急,就直接使用了。"追问处置的记录,部门也无法提供。董事长很是生气,就去质量部继续深挖这件事情。卷烟产品的企业标准(Q/SH 0123)中规定生产稳定的情况下每季度至少进行一次型式检验,董事长要求提供近半年来卷烟的型式检验报告,但是质量经理解释说:"近期工作很忙,所以没有及时进行检验,马上安排检验员将产品进行送检。"

董事长崩溃了……

思考:

1. 请以 ISO 9001:2015 质量管理体系的视角分析该分公司存在哪些问题。
2. 如果你是该公司董事长,你该如何保证生产和服务过程的运行受控?

第九章 绩效评价

为提高组织质量管理体系绩效和有效性,确保运行过程持续受控,组织需要针对风险和机遇所采取措施的有效性、外部供方的绩效、质量管理体系改进的需求、产品和服务的符合性、顾客满意程度等进行监视和测量其实现预期的结果。

第一节 监视、测量、分析和评价

一、标准条款

9.1 监视、测量、分析和评价

9.1.1 总则

组织应确定:

a) 需要监视和测量什么;

b) 需要用什么方法进行监视、测量、分析和评价,以确保结果有效;

c) 何时实施监视和测量;

d) 何时对监视和测量的结果进行分析和评价。

组织应评价质量管理体系的绩效和有效性。

组织应保留适当的成文信息,以作为结果的证据。

9.1.2 顾客满意

组织应监视顾客对其需求和期望已得到满足的程度的感受。组织应确定获取、监视和评审该信息的方法。

注:监视顾客感受的例子可包括顾客调查、顾客对交付产品或服务的反馈、顾客座谈、市场占有率分析、顾客赞扬、担保索赔和经销商报告。

9.1.3 分析与评价

组织应分析和评价通过监视和测量获得的适当的数据和信息。

应利用分析结果评价:

a) 产品和服务的符合性;

b) 顾客满意程度;

c) 质量管理体系的绩效和有效性；

d) 策划是否得到有效实施；

e) 应对风险和机遇所采取措施的有效性；

f) 外部供方的绩效；

g) 质量管理体系改进的需求。

注：数据分析方法可包括统计技术。

二、理解要点

（一）9.1　监视、测量、分析和评价

工作开展（落地）：

(1) 确定需要监视和测量的产品，过程和服务；

(2) 不仅只是顾客满意度调查，还应增加市场占有率分析；

(3) 公司总目标执行情况，各部门分目标执行情况，统计分析图。

（二）9.1.1　总则

该条款不再包含对产品实现过程的监视和测量，以及对产品的监视和测量，这里只涉及对整个质量管理体系的监视和测量。

(1) 对象包含：产品，过程和服务；

(2) 在监视和测量中也应考虑风险管理；

(3) 监视测量的目的、方法、内容更加清楚。

（三）9.1.2　顾客满意

组织应监视顾客对其要求满足程度的数据。适用时，组织应获取以下方面的数据：

(1) 顾客反馈；

(2) 顾客对组织及其产品、产品和服务的意见和感受；

(3) 应确定获取和利用这些数据的方法；

(4) 组织应评价获取的数据，以确定增强顾客满意的机会。

注意：明确获取顾客满意的内涵是听取顾客的声音，并非满意度调查。强调听取顾客声音的目的是要增强顾客满意。

基于当今对于大数据平台的运用，旧版的"流失业务分析"变成"市场占有率分析"。

（四）9.1.3　分析与评价

组织应分析、评价来自监视和测量以及其他相关来源的适当数据。这应包括适用方法的确定。数据分析和评价的结果应用于：

（1）确定质量管理体系的适宜性、充分性、有效性；

（2）确保产品和服务能持续满足顾客要求；

（3）确保过程的有效运行和控制；

（4）识别质量管理体系的改进机会，数据分析和评价的结果应作为管理评审的输入。

三、理论拓展——乌龟图①

（一）定义

乌龟图是用来分析过程的一种工具，是通过形体语言来表示被识别过程的六个关键问题（输入、输出、使用资源、负责人、活动的依据、评价活动的指标）的图示，该图分别以乌龟的头部、尾巴、四只脚和腹部表示六个关键问题。

（二）乌龟图图解说明

图 9-1 为乌龟图图解说明。

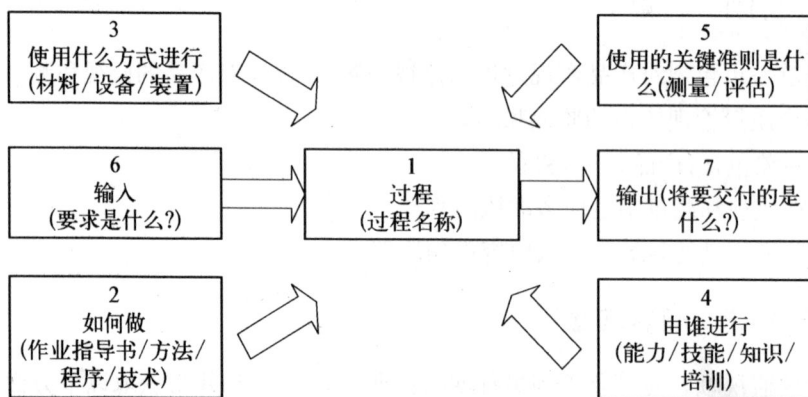

图 9-1　乌龟图图解

板块 1. 过程名称：要求各部门通过多方论证方法识别过程，并先后找出顾客导向过程（COP）/支持过程/子过程、管理过程，将识别的过程名称填入。要求过程名称准确，与实际相一致。

板块 2. 如何做：要求填写相关的过程控制程序，支持过程的指导文件、方法等。要求详细填写，不要遗漏。

板块 3. 使用什么方式：要求填写本过程使用的材料、机器、检测设备、计算机交往、软件等。

板块 4. 谁负责做：是对资源的要求，特别注意人员的技能和能力培训等准则。

① 参见梁国明.企业质量成本管理方法(第 4 版)[M].北京:中国质检出版社,2015.

板块 5. 使用的关键测量/评估准则。应填写评估测量内容,如矩阵表,关键指标、目标等。

板块 6. 输入:它是过程分析的关键,应详细填写实际输入,可能是文件、图面、材料、样件、数据、工具或计划,输入是从哪里来的,有多少,与其他过程的关系,要考虑相关法律法规的要求。

板块 7. 输出:是本过程应提供的证据,可能是具体的产品、文件。应与有效的评估测量相联系,必须详细填写实际输出的证据,并可追溯。

(三) 乌龟图示例

图 9-2、图 9-3 为乌龟图示例。

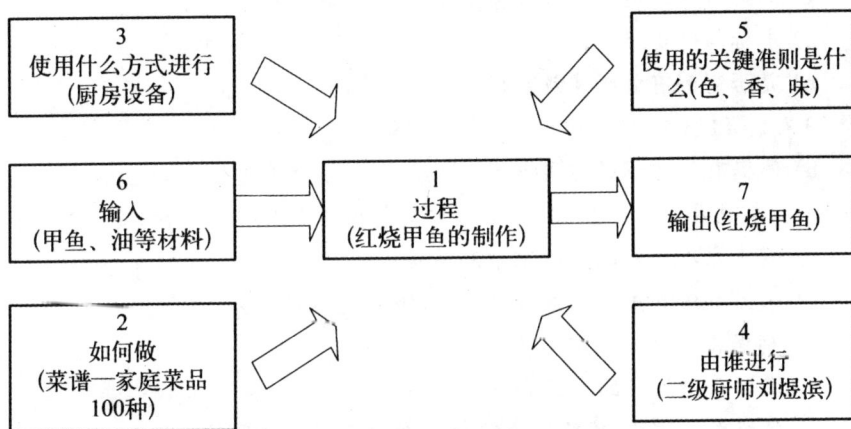

图 9-2　乌龟图示例 1

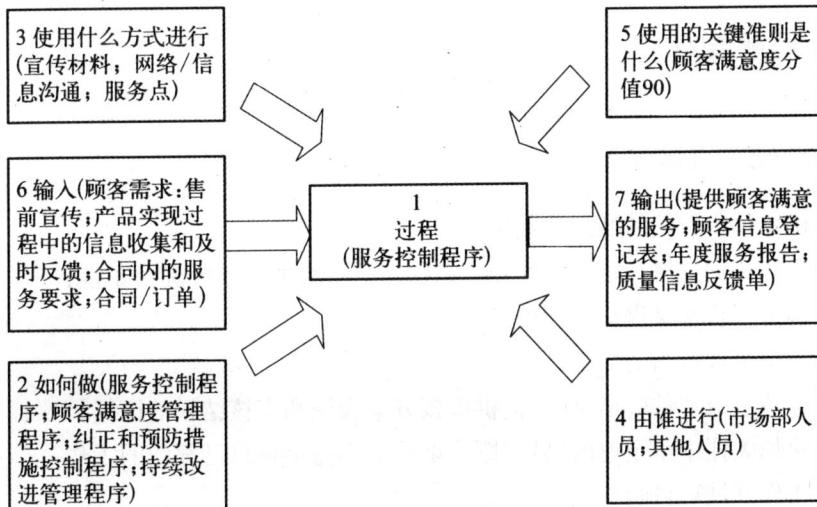

图 9-3　乌龟图示例 2

第二节　内部审核

一、标准条款

9.2　内部审核

9.2.1　组织应按照策划的时间间隔进行内部审核,以提供有关质量管理体系的下列信息:

a) 是否符合:

1) 组织自身的质量管理体系要求;

2) 本标准的要求。

b) 是否得到有效的实施和保持。

9.2.2　组织应:

a) 依据有关过程的重要性、对组织产生影响的变化和以往的审核结果,策划、制定、实施和保持审核方案,审核方案包括频次、方法、职责、策划要求和报告;

b) 规定每次审核的审核准则和范围;

c) 选择审核员并实施审核,以确保审核过程客观公正;

d) 确保将审核结果报告给相关管理者;

e) 及时采取适当的纠正和纠正措施;

f) 保留成文信息,作为实施审核方案以及审核结果的证据。

注:相关指南参见 GB/T 19011。

二、理解要点

（一）9.2　内部审核

(1) 确定每次审核的准则和范围;

(2) 审核员的选择和审核的实施应确保审核过程的客观性和公正性;

(3) 确保审核结果提交给管理者以供评审;

(4) 及时采取适当的措施;

(5) 保持形成文件的信息,以提供审核方案实施和审核结果的证据;

(6) 更加关注中小企业的贯标,删除审核员不能审核自己部门的工作;

(7) 工作开展(落地);

(8) 建立内部年度审核计划;

(9) 成立审核组,任命内审员及内审组长;

（10）制订审核实施计划；

（11）制定审核检查表；

（12）实施审核（首次/末次会议）；

（13）建立不符合报告并跟踪关闭。

（二）9.2.1 条款

组织应按照策划的时间间隔进行内部审核，以提供有关质量管理体系的下列信息：

（1）是否符合：

① 组织自身的质量管理体系要求；

② 本标准的要求。

（2）是否得到有效的实施和保持。

（三）9.2.2 条款

（1）依据有关过程的重要性、对组织产生影响的变化和以往的审核结果，策划、制定、实施和保持审核方案。审核方案包括频次、方法、职责、策划要求和报告。

（2）规定每次审核的审核准则和范围。

（3）选择可确保审核过程客观公正的审核员实施审核。

（4）确保相关管理部门获得审核结果报告。

（5）及时采取适当的纠正和纠正措施。

（6）保留作为实施审核方案以及审核结果的证据的形成文件的信息。

注：相关指南参见 GB/T 19011。

三、理论拓展——业务流程管理成熟度模型①

（一）定义

业务流程管理成熟度模型（Business Process Management Maturity Model，BPMMM），是用来评价并提高企业业务流程管理水平的模型，包括外部结构和内部结构。

BPMMM 的内部结构主要用于判断组织所处的成熟度水平，并分析未来改进方向。内部结构分为成熟度级别、管理领域、关键指标和典型行为。内部结构将外部结构的每一级别细化为战略与组织文化、业务流程管理活动、客户关系管理、人力资源及组织管理、知识管理和 IT 管理 6 大的管理领域，模型进一步将每一个管理领域划分为多

① 参见汤莹.商业模式复制难易度与业务流程管理成熟度要素研究[D].复旦大学，2011；业务流程管理成熟度模型. https://wiki.mbalib.com/wiki/%E4%B8%9A%E5%8A%A1%E6%B5%81%E7%A8%8B%E7%AE%A1%E7%90%86%E6%88%90%E7%86%9F%E5%BA%A6%E6%A8%A1%E5%9E%8B[DB/OL].2020.

个关键指标,用于阐述在该领域所关注的业务流程管理重点。最后,将利用各关键指标的典型行为,区分出这些关键指标在不同的成熟度级别中的不同表现,从而判断这些关键指标所处的成熟度级别。

(二) BPMMM 的实施流程框架

BPMMM 的实施流程主要包括 4 阶段,12 个步骤(见图 9-4)。4 个阶段分别为初始阶段(Initiating)、评估阶段(Assessing)、改进阶段(Improving)、继承阶段(Inheriting),每个阶段又分别包含了 2 个、4 个、3 个、3 个步骤。根据这四个阶段英文单词的头字母缩写,可以将模型的实施流程简称为 IAII 框架。

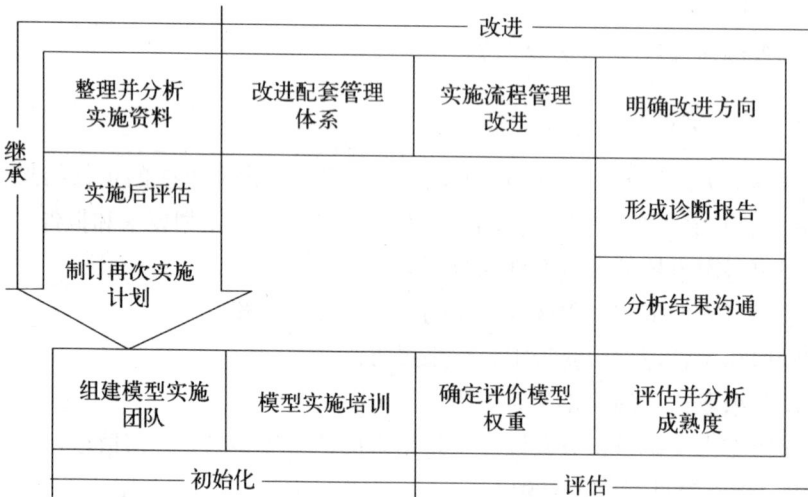

图 9-4　BPMMM 模型实施流程 IAII

第三节　管理评审

一、标准条款

9.3　管理评审

9.3.1　总则

最高管理者应按照策划的时间间隔对组织的质量管理体系进行评审,以确保其持续的适宜性、充分性和有效性,并与组织的战略方向保持一致。

9.3.2　管理评审输入

策划和实施管理评审时应考虑下列内容:

a) 以往管理评审所采取措施的情况。

b) 与质量管理体系相关的内外部因素的变化。

c) 下列有关质量管理体系绩效和有效性的信息,包括其趋势:

1) 顾客满意和有关相关方的反馈;

2) 质量目标的实现程度;

3) 过程绩效以及产品和服务的合格情况;

4) 不合格及纠正措施;

5) 监视和测量结果;

6) 审核结果;

7) 外部供方的绩效。

d) 资源的充分性。

e) 应对风险和机遇所采取措施的有效性(见6.1)。

f) 改进的机会。

9.3.3 管理评审输出

管理评审的输出应包括与下列事项相关的决定和措施:

a) 改进的机会;

b) 质量管理体系所需的变更;

c) 资源需求。

组织应保留成文信息,作为管理评审结果的证据。

二、理解要点

(一) 9.3 管理评审

工作开展(落地):

(1) 建立年度管理评审计划;

(2) 各部门提交目标达成情况,总结、分析;

(3) 最近一次内审的不符合纠正情况;

(4) 实施管理评审计划;

(5) 输出管理评审报告。

(二) 9.3.1 总则

管理评审策划和实施时,应考虑变化的商业环境,并与组织的战略方向保持一致:

(1) 加入战略管理思维;

(2) 强调最高管理者。

(三) 9.3.2 管理评审输入

管理评审输入应考虑以下方面:

（1）以往管理评审的跟踪措施。

（2）与质量管理体系有关的外部或内部的变更。

（3）质量管理体系绩效的信息，包括以下方面的趋势和指标：

① 不符合与纠正措施；

② 监视和测量结果；

③ 审核结果；

④ 顾客反馈；

⑤ 外部供方；

⑥ 过程绩效和产品的符合性。

（4）持续改进的机会。

（四）9.3.3　管理评审输出

管理评审的输出应包括以下相关的决定：

（1）持续改进的机会；

（2）对质量管理体系变更的需求；

（3）组织应保持形成文件的信息，以提供管理评审的结果及采取措施的证据。

三、理论拓展——EFQM 模型①

（一）定义

EFQM 模型是欧洲大陆使用最广的质量管理架构。

EFQM 模型是一个非硬性规定的全面质量管理架构，包括 9 个原则，其中 5 个属于"引擎"（Enablers），4 个属于"结果"（Results）。"引擎"原则指导企业怎么做。"结果"原则指导企业达到具体目标。"引擎"导致"结果"，来自"结果"的反馈帮助进一步提高"引擎"。

EFQM 模型承认有各种各样的办法达到可持续的卓越绩效。但是，EFQM 同时假定，不管是从绩效、员工、顾客，还是从社会角度来衡量，达到卓越的前提必须是，在有力的领导下，战略决策通过人际合作、资源及流程得到贯彻执行。

全面质量管理（TQM）认为，不应该把质量控制任务留到产品线的终端环节才去做，如最后生产环节的成品检查。质量控制应该始于原材料抵达的那一刻起，直到成品离开生产工厂。

目前，愈来愈多的管理者关注业务卓越化管理，而欧洲品质管理基金会（European Foundation for Quality Management，EFQM）建立的 EFQM 业务卓越模型简称

---

① 参见董大旻,冯凯梁.基于 EFQM 的高危企业安全绩效评估模型研究[J].中国安全生产科学技术,2012,8(03):86-91;EFQM模型. https://wiki.mbalib.com/wiki/EFQM[DB/OL].2020.

EFQM 模型则给组织提供了一个用于自我业务评价和改进的工具。通过调查企业在此框架下不断努力改进业务运作的实际做法及结果并加以分析。

(二) EFQM 九个大项的概括内容

(1) 领导；

(2) 战略与策划；

(3) 人力；

(4) 合作关系和资源；

(5) 过程；

(6) 顾客结果；

(7) 员工结果；

(8) 社会结果；

(9) 主要绩效结果。

(三) EFQM 模型中九个大项内容的整体分析

总体来说，EFQM 模型中包含八个主导概念：结果导向，以顾客为中心，领导和坚定的目标，过程和事实管理，人员开发和参与不断学习，创新的改进，发展伙伴关系，公共责任。

结果取决于兼顾并满足所有相关受益者的需要（受益者包括员工、顾客、供应商、社会以及企业的投资人）。

以顾客为中心，顾客是产品和服务的最终裁判人。使顾客忠诚，留住顾客以及获得市场份额都是通过清楚地识别顾客目前的和潜在的需要而得到最优化。

组织中的领导行为创造了清晰一致的组织目标，也创造了使组织及其员工取得优秀的环境。

当组织内部的所有活动被理解并系统地加以管理时，当有关现行运营和有计划的改进等决策是通过使用包括受益者意见在内的可靠信息做出时，组织运行就越有效。

组织中员工的潜能是通过价值分享，相互信任和授权的文化氛围，鼓励员工参与得以充分的释放。当组织是在不断学习，创新和改进的文化氛围中进行管理和分享信息时，其绩效最优。

组织与其伙伴建立信任，分享信息并保持一致时，其工作最有效。

对于一个注重公共责任的企业，其组织及其员工的长期利益会得到最好保护。

企业卓越模式，是依据上述八项转化成可执行与评审的九大项品质奖评审项目，内容分成 32 个小项。九大项中，前五项是属于实施的部分（Enablers），占 50%，后四项属于成果部分（Results），也占 50%。实施的部分指导企业怎么做。结果指导企业达到具体目标。实施导致结果，来自结果的反馈帮助进一步提高实施。

（四）EFQM 模型示例

图 9-5 为 EFQM 模型示例。

质量管理水平——卓越指标 1 000 分

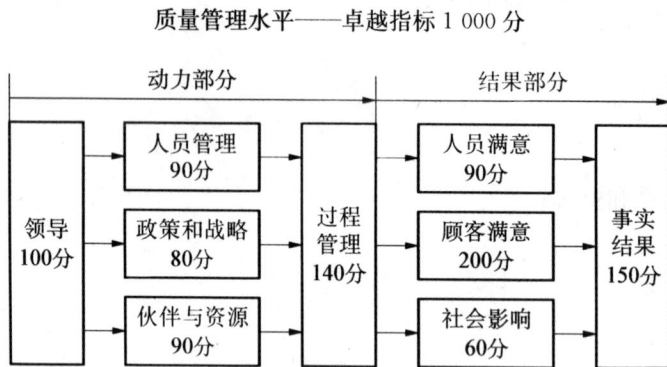

图 9-5　EFQM 模型示例

案例启示与分析

案例启示

黑熊和棕熊的比赛[①]

黑熊和棕熊喜食蜂蜜，都以养蜂为生。它们各有一个蜂箱，养着同样多的蜜蜂。有一天，它们决定比赛看谁的蜜蜂产的蜜多。

黑熊想，蜜的产量取决于蜜蜂每天对花的"访问量"。于是它买来了一套昂贵的测量蜜蜂访问量的绩效管理系统。在它看来，蜜蜂所接触的花的数量就是其工作量。每过完一个季度，黑熊就公布每只蜜蜂的工作量；同时，黑熊还设立了奖项，奖励访问量最高的蜜蜂。但它从不告诉蜜蜂们它是在与棕熊比赛，它只是让它的蜜蜂比赛访问量。

棕熊与黑熊想的不一样。它认为蜜蜂能产多少蜜，关键在于它们每天采回多少花蜜——花蜜越多，酿的蜂蜜也越多。于是它直截了当告诉众蜜蜂：它在和黑熊比赛看谁产的蜜多。它花了不多的钱买了一套绩效管理系统，测量每只蜜蜂每天采回花蜜的数量和整个蜂箱每天酿出蜂蜜的数量，并把测量结果张榜公布。它也设立了一套奖励制度，重奖当月采花蜜最多的蜜蜂。如果一个月的蜂蜜总产量高于上个月，那么所有蜜蜂都将受到不同程度的奖励。

一年过去了，两只熊查看比赛结果，黑熊的蜂蜜不及棕熊的一半。

黑熊的评估体系很精确，但它评估的绩效与最终的绩效并不直接相关。黑熊的蜜

---

① 参见孙道军，郑苏晖.管理案例教学实务指南[M].中国市场出版社，2015.

蜂为尽可能提高访问量,都不采太多的花蜜,因为采的花蜜越多,飞起来就越慢,每天的访问量就越少。另外,黑熊本来是为了让蜜蜂搜集更多的信息才让它们竞争,由于奖励范围太小,为搜集更多信息的竞争变成了相互封锁信息。蜜蜂之间竞争的压力太大,一只蜜蜂即使获得了很有价值的信息,比如某个地方有一片巨大的槐树林,它也不愿将此信息与其他蜜蜂分享。

而棕熊的蜜蜂则不一样,因为它不限于奖励一只蜜蜂,为了采集到更多的花蜜,蜜蜂相互合作,嗅觉灵敏、飞得快的蜜蜂负责打探哪儿的花最多最好,然后回来告诉力气大的蜜蜂一齐到那儿去采集花蜜,剩下的蜜蜂负责贮存采集回的花蜜,将其酿成蜂蜜。虽然采集花蜜多的能得到最多的奖励,但其他蜜蜂也能捞到部分好处,因此蜜蜂之间远没有到人人自危相互拆台的地步。

反思:

激励是手段,激励员工之间竞争固然必要,但相比之下,激发起所有员工的团队精神尤显突出。

绩效评估是专注于活动,还是专注于最终成果,管理者须细细思量。

案例分析

顾客退货①

某水泥生产企业每半年发放一次调查问卷,了解顾客满意程度,调查内容包括水泥产品质量、包装质量、送货服务质量等,满意积分从"非常满意"到"很不满意"分为五级,销售部经理注意到 2018 年下半年顾客满意度为 98%,2019 年上半年为 95%,2019 年下半年为 89%,近期调查 30% 的顾客在"顾客建议"栏指出水泥袋有破损情况发生。但评价结论为"顾客满意"。且针对这类现象,销售部也没有采取相应的措施,近来已有好几家顾客退货了。

思考:

1. 请以 ISO 9001:2015 质量管理体系的内容理解"顾客退货"现象。

2. 如果你是销售部经理,你该如何处理此类事件?

① 参见 2017 年国家注册质量管理体系审核员笔试试题。

第十章 改 进

为持续提高组织质量管理体系绩效和有效性,组织应改进产品和服务,以满足要求并应对未来的需求和期望,应纠正、预防或减少不利影响,应确定和选择改进机会,并采取必要措施,以满足顾客要求和增强顾客满意。

第一节 总 则

一、标准条款

10.1 总则

组织应确定和选择改进机会,并采取必要措施,以满足顾客要求和增强顾客满意。

这应包括:

a) 改进产品和服务,以满足要求并应对未来的需求和期望;

b) 纠正、预防或减少不利影响;

c) 改进质量管理体系的绩效和有效性。

注:改进的例子可包括纠正、纠正措施、持续改进、突破性变革、创新和重组。

二、理解要点

工作开展(落地):

(1) 更加关注未来市场的需求和期望;

(2) 改进在以往的基础上有新的突变,创新和重组。

三、理论拓展——过程分析九宫格①

(一) 定义

"过程方法",是 ISO 9001 质量管理体系七大原则之一,是组织高效实现其宗旨和目标的关键所在。在以往对"过程"进行分析时,大多采用一种叫作"乌龟图"的方法,关注了输入、输出、人员、设备、方法、绩效等六个方面。

随着 ISO 9001 质量管理体系 2015 版的发布,对"过程"的应用要求有所增加,包括输入、输出、相互顺序和作用、方法(包括绩效)、资源(包括人员、设备等)、职责和权限、风险和机遇,等等。

(二) 模板

为适应和满足新标准要求,在"乌龟图"的基础上,加入了新的分析要素,设计了一个过程分析的新方法——过程分析九宫格,如表 10-1 所示。

表 10-1 过程分析九宫格

1 资源/设施(用什么?)		2 过程的拥有者	3 人力资源(用谁? 有什么资格?)	
4 输入(我们接受了什么?)		5 起点、终点及关键步骤	6 输出(我们交付什么?)	
输入部门	输入	起点: 终点: 关键步骤:	输出	使用部门
7 工作方法/程序(怎么干?)		8 风险和机遇	9 绩效指标(如何监控?)	

鉴于"过程分析九宫格"作为一张图表,要体现出简明扼要;这里将"相互顺序和作用"简化为"过程起点、终点及关键步骤",将"职责和权限"简化为"过程的拥有者"。至

---

① 参见过程分析九宫格. http://www.fj-iso.com/newsContent.asp? id=795[DB/OL].2020.

于标准要求的"相互顺序和作用"及"职责和权限"就只能在过程的"成文信息"中再进行详细描述了。各九宫格内容如下：

(1)"资源/设施"栏：可以填写办公环境、机器设备、软件系统、通信设施等内容；

(2)"过程的拥有者"栏：填写该过程的负责人的"岗位名称"(人员会流动)；

(3)"人力资源"栏：可以填写该过程的主责和协助人力资源、能力和培训等内容；

(4)"输入"栏：可以填写顾客要求、计划、文件、材料、工具等实际接收的内容；

(5)"起点、终点及关键步骤"栏：分别填写该过程的起点、终点和主要活动内容；

(6)"输出"栏：可以填写产品、服务、报告、活动证据等实际交付的内容；

(7)"工作方法/程序"栏：可以填写过程控制程序、指导书、工艺、规范等内容；

(8)"风险和机遇"栏：可以填写组织环境、顾客、竞争对手等变化所带来的不确定性；

(9)"绩效指标"栏：可以填写对过程有效性的测量，如薄弱点、关键参数等内容。

(三) 示例

表10-2为设计开发过程九宫格。

表10-2　设计开发过程九宫格

1. 资源/设施(用什么?)	2. 过程的拥有者	3. 人力资源(用谁? 有什么资格?)	
办公室、设计开发软件、资金、材料、测试设备、网络等	研发部	具备产品开发技能、项目管理技能、组织协调能力、防错技术、价值工程； 协助：市场部、采购部、实验室、生产部、质量部	
4. 输入(我们接受了什么?)		5. 起点、终点及关键步骤	6. 输出(我们交付什么?)
输入部门	输入	起点：立项； 终点：转产； 关键步骤： 指定项目经理；成立多功能小组；制订项目开发计划；设计开发；阶段评审；生产准备	输出	使用部门
市场部 市场部 总工办 市场部 总工办	公司战略规划/市场调研报告；合同评审/顾客沟通信息；设计任务书；变更要求；法规要求/以往设计经验		开发计划；采购技术规范；调试说明书；样机测试报告/阶段评审记录；第三方测试报告/转产评审记录；技术文件等	总工办 采购部 实验室 市场部 服务部
7. 工作方法/程序(怎么干?)		8. 风险和机遇	9. 绩效指标(如何监控?)
设计开发控制程序、更改控制程序、技术文件控制程序、知识管理程序、实验室管理办法		客户需求识别不充分；创新带来的新市场	设计计划达成率；阶段评审通过率

第二节　不合格和纠正措施

一、标准条款

10.2　不合格和纠正措施

10.2.1　当出现不合格时,包括来自投诉的不合格,组织应:

a) 对不合格做出应对,并在适用时:

1) 采取措施以控制和纠正不合格;

2) 处置后果。

b) 通过下列活动,评价是否需要采取措施,以消除产生不合格的原因,避免其再次发生或者在其他场合发生:

1) 评审和分析不合格;

2) 确定不合格的原因;

3) 确定是否存在或可能发生类似的不合格。

c) 实施所需的措施。

d) 评审所采取的纠正措施的有效性。

e) 需要时,更新策划期间确定的风险和机遇。

f) 需要时,变更质量管理体系。

纠正措施应与不合格所产生的影响相适应。

10.2.2　组织应保留成文信息,作为下列事项的证据:

a) 不合格的性质以及随后所采取的措施;

b) 纠正措施的结果。

二、理解要点

(1) 纠正和采取措施予以控制;组织应调查在何处发生不合格,并尽快关闭不合格,避免类似问题的发生;还要控制事态的发展,不让其产生更大的问题。例如,因为药物产生了医疗事故,首先要进行抢救,接下来要停止此药的使用,控制药物的流通,生产厂不允许再生产此药,然后再做试验分析,了解情况。

(2) 处置不合格产生的后果,如果发生不利影响,要先处理好相关的事情。例如,汽车刹车质量问题,作为汽车厂,首先要对交通事故负责,处理好交通事故,然后要对所有同批次汽车进行召回,更换零部件。

(3) 评审和分析不符合,以确定所发生的不符合的原因以及该不符合是否还存在其他区域和部门,该不符合是否再次发生。举一反三地解决问题。

（4）按纠正措施的计划和要求，实施所有的纠正措施，纠正措施应该包括措施内容、责任人及完成时间。

（5）纠正措施实施后，要对其有效性进行评审。

（6）组织应考虑纠正措施的实施是否会对其他区域和环节产生负面影响。确定是否还有未确定的风险和机遇，需要时，更新原计划。

（7）最有效的纠正措施，是对质量体系进行变更、购买机器、购买测量设备、设置防错设施；有些组织，采取的措施经常是批评教育、罚款、严格控制、领导检查，这样的措施有时很难产生好的效果。

（8）组织采取的纠正措施的程度应与不符合潜在影响的大小相适用。例如，产品可能会造成重大人员伤亡，组织制订应急计划，在事故发生时启动应急计划。

（9）组织应保留相应的记录：

① 对不合格的相应记录，要进行很好的管理，及时归档，以便以后查阅；

② 提供的证据包括出现不合格的性质以及评审和分析不符合的原因，消除不符合的原因采取的措施形成文件的信息；

③ 提供纠正措施实施结果形成文件的信息；

④ 对纠正措施的实施情况要及时进行总结分析，其结果输入管理评审。

三、理论拓展——OKR[①]

（一）定义

目标和关键成果（Objectives and Key Results，OKR），是企业进行目标管理的一个简单有效的系统，能够将目标管理自上而下贯穿到基层。这套系统由英特尔公司制定，在谷歌成立不到一年的时间，被投资者约翰·都尔（John Doerr）引入谷歌，并一直沿用至今。

OKR 是一套定义和跟踪目标及其完成情况的管理工具和方法。1999 年英特尔公司发明了这种方法，后来被 John Doerr 推广到甲骨文、谷歌、领英等高科技公司并逐步流传开来，现在广泛应用于 IT、风险投资、游戏、创意等以项目为主要经营单位的大小企业。

（二）手把手教你学会制定自己的 OKR

1. 制定 OKR 的原则

制定 OKR 唯一的原则，就是不能删除。

年初制定的目标，过了一段时间，发现不合适，或者没有办法继续做，可以不做，但是需要说明不做的理由。

---

① 参见约翰·杜尔.这就是 OKR[M].北京:中信出版社,2018.

同理，过了一段时间，需要做一些之前没想到的事情，也可以在 OKR 中新增目标。

2. 制定 OKR 的步骤

先列目标（Objectives），再于目标下列出达成目标时会得到的关键结果（Key Results）。

3. 我的 2020 年目标

目标 1:完成 IT 学习计划。

关键结果有 4 个：

(1) 完成时长 8 个月的 Google IT Support 的课程；

(2) 完成知乎的 SQL 入门课程；

(3) 学习敏捷开发、精实开发、看板方法等开发流程；

(4) 完成华盛顿大学的机器学习课程。

目标 2:阅读 30 本书。

关键结果有 2 个：

(1) 按照计划，仔细细读完书单上的 20 本书；

(2) 预留 10 本书的额度，给在书店遇到的好书。

目标 3:完成产品学习计划。

道的层面，关键结果有 5 个：

(1) 完成梁宁的产品思维 30 讲、贾伟的设计课和张小龙的《微信背后的产品观》；

(2) 认识产品开发的完整流程，包括但不限于需求分析、产品规划、设计确认、研发测试；

(3) 找值得读的界面设计和交互设计的书各 3 本，并仔细读完；

(4) 找到好的资源，学习产品架构设计和产品路径设计，视情况拟订学习计划并完成；

(5) 学习商业逻辑设计，让产品不只体验好，还能带来商业价值。

术的层面，关键结果有 2 个：

(1) 学会使用产品原型工具 Axure，熟练绘制 Wireframe；

(2) 学会撰写产品流程图和产品需求文档。

目标 4:完成 B 端 App 的产品设计。

关键结果有 2 个：

(1) 完成 B 端 App 的产品架构设计；

(2) 完成 B 端 App 第一阶段的产品路径设计，并执行完成。

目标 5:完成统计、数据视觉化和资料分析的学习计划。

关键结果有 4 个：

(1) 读完 3 本关于统计学应用的书；

(2) 学会使用 Excel 和 PowerPoint 实现数据视觉化；

(3) 完成 Hahow 和知乎的 Python 资料分析课程；

(4) 完成"让狂人飞"的简报课。

目标 6:在知乎和得到上学习新领域的知识。

关键结果有 2 个：

(1) 在知乎上学习专业摄影和经济学知识；

(2) 在得到上学习 5 门新课。

目标 7:完成写作计划制订并开始执行。

关键结果有 2 个：

(1) 建立写作计划和工作流，以提升写作效率；

(2) 完成准备，专栏上线。

目标 8:运动和健身。

关键结果有 4 个：

(1) 登山健行 3 次；

(2) 每周 Keep 平均锻炼时长不低于 100 分钟；

(3) 增肌到 75 公斤，降 5% 体脂肪；

(4) 一天有一餐不外食，自己煮。

目标 9:钢笔字、旅行和影音剪辑。

关键结果有 3 个：

(1) 完成钢笔练习 21 天的计划；

(2) 计划并完成一趟花东旅行；

(3) 完成动态影像剪辑学习计划，使用 Pr 与 AE 剪辑影片 2 支。

以上就是我的 2020 年目标。我每个月会回顾目标的进展，并在月底预估下个月的进度，以确保自己走在正确的方向上。

4. 我的 2020 年目标完成状况

2020 年要过完了，我对自己的表现做了总结，给自己打了分数，与你分享目标完成的评估方法。附上我的 OKR 表格(见表 10-3)，通过表格，你可以看得更清楚。

表 10-3　2020 目标完成 OKR 分析

目　标	关键结果	落后或修改		已经完成	
		得分	备注	得分	备注
1. 完成 IT 学习计划	1.1 完成时长 8 个月的 Google IT Support 的课程			1	用时 4 个月
	1.2 完成知乎的 SQL 入门课程			1	
	1.3 学习敏捷开发、精实开发、看板方法等开发流程			1	
	1.4 完成华盛顿大学的机器学习课程	0	时间不足		

目　标	关键结果	落后或修改		已经完成	
		得分	备注	得分	备注
2. 阅读 30 本书	2.1 按照计划,仔细细读完书单上的 20 本书			1	
	2.2 预留 10 本书的额度,给在书店遇到的好书	0.8	还少 2 本		
3. 完成产品学习计划	3.1 完成梁宁的产品思维 30 讲、贾伟的设计课和张小龙的《微信背后的产品观》			1	
	3.2 认识产品开发的完整流程,包括但不限于需求分析、产品规划、设计确认、研发测试	0.8	测试部分,认识较浅		
	3.3 找值得读的界面设计和交互设计的书各三本,并仔细读完	0.44	完成 3 本		
	3.4 找到好的资源学习产品架构设计和产品路径设计,视情况拟定学习计划并完成			1	
	3.5 学习商业逻辑设计,让产品不只体验好,还能带来商业价值	0.87	进度 87%		
	3.6 学会使用产品原型工具 Axure,熟练绘制 Wireframe			1	
	3.7 学会撰写产品流程图和产品需求文档			1	
4. 完成 B 端 App 的产品设计	4.1 完成 B 端 App 的产品架构设计			1	
	4.2 完成 B 端 App 第一阶段的产品路径设计,并执行完成			1	
5. 完成统计、数据视觉化和资料分析的学习计划	5.1 读完 3 本关于统计学应用的书	0.33	完成 1 本		
	5.2 学会使用 Excel 和 PowerPoint 实现数据视觉化			1	
	5.3 完成 Hahow 和知乎的 Python 资料分析课程	0.4	进度落后		
	5.4 完成"让狂人飞"的简报课	0	时间不足		
6. 在知乎和得到上学习新领域的知识	6.1 在知乎上学习专业摄影和经济学知识	0.2	时间不足		
	6.2 在得到上学习 5 门新课			1	

续　表

目标	关键结果	落后或修改		已经完成	
		得分	备注	得分	备注
7. 完成写作计划制订并开始执行	7.1 建立写作计划和工作流，以提升写作效率	0.7	改进中		
	7.2 完成准备，专栏上线			1	费时2个月
8. 运动和健身	8.1 登山健行3次	0.3			
	8.2 每周 Keep 平均锻炼时长不低于100分钟	0.9			
	8.3 增肌到75公斤，降5%体脂肪	0.3	2kg/2%		
	8.4 一天有一餐不外食自己煮	0.7			
9. 钢笔字练习、旅行和影音剪辑	9.1 完成钢笔字练习21天的计划	0.1			时间不足
	9.2 计划并完成一趟花东旅行	0			时间不足
	9.3 完成动态影像剪辑学习计划，使用 Pr 与 AE 剪辑影片2支	0.2			时间不足

由于2020年已经过完，所以没有使用正常进度的栏位。正常进度的栏位是留给月、季回顾时使用的。扣除后来决定不做的项目，评分是0.769 6。能争取到0.7~0.8之间的评分，我对于2020年的表现还算满意。

（三）基本要求

（1）最多5个O，每个O最多4个KRs（上述的案例只是一个个人案例，企业运用的时候一般是要遵循OKR的基本要求的）。

（2）百分之六十的O最初来源于底层。下面的人的声音应该被听到，这样大家工作会更有动力。

（3）所有人都必须协同，不能出现任何命令形式。

（4）一页写完最好，两页是最大限值了。

（5）OKRs并不是绩效评估的工具。对个人来说，它起到很好的回顾作用，能快速明了地让自己看到我做了什么，成绩怎么样。

（6）分数0.6~0.7是不错的表现，因此0.6~0.7将是你的目标。如果分数低于0.4，你就该思考，那个项目究竟是不是应该继续进行下去。要注意，0.4以下并不意味着失败，而是明确什么东西不重要及发现问题的方式。分数永远不是最重要的，除了是作为一个直接的引导作用。

（7）只有在KRs仍然很重要的情况下，才持续为它而努力。

（8）有个联合会组织来保证每个人都朝同样的目标行进。（事实上OKRs实施过程中，你能够获得大家的认可和帮助，这是很有趣的事情）

第三节　持续改进

一、标准条款

> **10.3　持续改进**
> 组织应持续改进质量管理体系的适宜性、充分性和有效性。
> 组织应考虑分析和评价的结果以及管理评审的输出,以确定是否存在需求或机遇,这些需求或机遇应作为持续改进的一部分加以应对。

二、理解要点

(1) 持续改进:提高绩效的循环活动。

(2) 持续改进是一个组织永恒追求的主题,没有一个组织不需要持续改进,也没有一个组织完美得不需要改进。

(3) 组织要通过实施持续改进,改进质量管理体系的适宜性、充分性、有效性,这和管理评审的目的一样。

(4) 要求组织寻求改进机会,可以考虑如下方面,即管理评审分析和评价结果、管理评审输入的结果等,确定组织是否实施持续改进。包括组织应考虑对质量管理体系持续改进的必要措施。

(5) 组织持续改进的活动很多,包括内审、质量目标的评审、绩效指标的评审、质量管理体系有效性评审、监视和测量活动、数据分析等,发现机会,然后实施改进措施。

(6) 持续改进的方法包括各种方法和工具,包括 QC7 小组活动、提案管理活动、精益生产和 6 - SIGMA 活动。

三、理论拓展——精益生产十大工具[①]

精益生产(Lean Production)又称精良生产,其中"精"表示精良、精确、精美;"益"表示利益、效益等。精益生产就是及时制造,消灭故障,消除一切浪费,向零缺陷、零库存进军。它是美国麻省理工学院在一项名为"国际汽车计划"的研究项目中提出来的。他们在做了大量的调查和对比后,认为日本丰田汽车公司的生产方式是最适用于现代制造企业的一种生产组织管理方式,称之为精益生产,以针对美国大量生产方式过于臃肿

---

① 参见刘树华,鲁建厦,王家尧.精益生产[M].北京:机械工业出版社,2009.

的弊病。精益生产综合了大量生产与单件生产方式的优点，力求在大量生产中实现多品种和高质量产品的低成本生产。

（一）第一个工具——10S

10S 管理是指，整理（Seiri）、整顿（Seiton）、清扫（Seiso）、清洁（Seiketsu）、素养（Shitsuke）、安全（Safety）、节约（Saving）、速度（Speed）、坚持（Shikoku）、习惯（Shiukanka），因其日语的罗马拼音均以"S"开头，因此简称"10S"。

（二）第二个工具——可视化管理

1. 要素

（1）10S；

（2）信息展示：质量、士气（出勤率、员工合理化建议条数）、改善、交货、安全；

（3）目视控制（视觉 63%，听觉 30%，嗅觉 5%，触觉 1.5%，味觉 0.5%）。

2. 可视化管理量级

（1）B+如果异常，快速处置方式一目了然；（处理方法、责任人、联系方式等）

（2）C+正常和异常一目了然；（正常情况的标准）

（3）周期性实时信息。

（三）第三个工具——问题解决

（1）三现主义：现场、现物、现实（数据）；

（2）问题解决的工具：PDCA 戴明循环；

（3）三不原则：不接受不合格品；不制造不合格品；不流出不合格品。

（4）8D 解决问题的步骤：

D1：认识问题（检查表）和建立团队；

D2：有无相类似风险的产品和工艺过程；

D3：临时对策（24 小时内）遏制症状和趋势图；

D4：根本原因分析（鱼骨图和 Pareto）——为什么流出？

D5：根本原因分析（鱼骨图和 Pareto）——为什么制造？

D6：永久对策（10 个工作日）——选择纠正措施；

D7：验证永久对策；

D8：关闭（40～60 天）——经验教训和再发防止。

（四）第四个工具——全员生产维护（TPM）

1. 指标

$$综合设备效率（OEE）=设备利用率×人工效率×产品合格率$$

$$设备利用率=实际开机时间÷应开机时间$$

$$人工效率=标准节拍÷实际节拍$$

人工效率在日本指效能。

$$产品合格率＝合格品÷总产量$$

2．自主维护

为了达到 OEE 性能最佳 85％，自主维护的七个层次：

（1）初始清扫——操作者意识到清扫即点检（点检分三级：一级为操作工每天的维护，二级为操作工每天的保养，三级为设备维修工定期的点检）；

（2）脏乱的因果对策分析（鱼骨图—石川图）；

（3）制定清扫和润滑的标准；

（4）整体点检；

（5）自主点检——一线员工自己点检；

（6）标准化（纪律）；

（7）彻底实现 TPM。

（五）第五个工具——标准化作业

（1）标准化作业的三要素：节拍时间、作业顺序、标准在制品；

（2）标准化作业的推行步骤：定义、部署、进展、收益。部署的具体方法为：

① 观察；

② 标准选择：安全和人机工程关系、质量、效率；

③ 书面文件（40％的文字，60％的图片）；

④ 培训；

⑤ 审核——完善标准及重新培训。

（六）第六个工具——改善

（1）改善的基本理念：员工在各自的工作区域内进行小规模的持续的增值的改变，以产生积极影响。

（2）改善是自下而上的，改革是自上而下的。改善的基础是标准化作业，终点也是标准化作业。改善基础：节拍时间，作业顺序。

（3）改善的过程：

P——计划（找到浪费、收集数据、确定预计结果，找到方案）；

D——试行（实施方案）；

C——核查（评估）；

A——实施（标准化，防止再发生。）。

（4）改善优先性：人—方法—物料—机器。当我们选择改善机会时，我们以成本和是否容易达到来决定优先性。

（七）第七个工具——防错

（1）如何达到防错？

不接受,不制造,不流出。

(2) 自动化三原则:

① 一有异常立即停止;

② 快速响应,解决问题(8D);

③ 人机工作分离(提高安全、质量、效率;人不做机器的看守奴)。

(八) 第八个工具——看板

看板起源于"仓储式超市"。意思是:最优库存控制。

(1) 生产计划的原理:出货计划引起库存变化;库存的轻重缓急决定了生产计划;

(2) 两个概念:POINT OF USE 使用点(客户或下工序处),BIN SYSTEM 双箱制(供应商或上工序处);

(3) 看板=信号;

(4) 看板的类型:取货看板(WK、出库),生产指令看板(PIK、入库);

(5) 看板实现两个"实时控制":账实一致,生产计划;

(6) 看板是由订单引起,将订单分类:

① HR,重复周期性订单(按看板生产,可以做库存);

② LR,重复非周期性订单(按订单生产,不做库存);

③ 陌生订单。

(九) 第九个工具——快速切换

(1) 换线改善流程步骤:

① 区分外部和内部换线;

② 内部换线外部化;

③ 缩短内部换线的时间;

④ 改善外部换线,缩短换线总时间;

⑤ (改善后)内部、外部换线作业标准化,确保在规定时间内完成内部换线。引申入 10S 管理。

(2) 指标:

$$内部切换时间降低率=(T\,内改善前-T\,内改善后)\div T\,内改善后$$

$$切换效率=新产品节拍\div内部切换时间$$

(十) 第十个工具——制约管理(TOC)

(1) 制约管理理念——缓冲库存应该存在于何处,以及缓冲库存存在的好处;

(2) 管理瓶颈(解决);

(3) 开源节流中"开源"更为重要;

(4) 缓冲库存的设定应存在于瓶颈设备工序与上一工序之间;

（5）没有逐级汇报，就没有快速反应。

案例启示与分析

案例启示

袋鼠与笼子①

一天，动物园管理员发现袋鼠从笼子里跑出来了。于是开会讨论，他们一致认为是笼子的高度过低。所以他们决定将笼子的高度由原来的 10 米加高到 20 米。结果第二天他们发现袋鼠还是跑到外面来了，他们决定将高度加高到 30 米。

没想到隔天居然袋鼠全跑到外面去了，管理员们大为紧张，决定一不做二不休，将笼子的高度加高到 100 米。

一天长颈鹿和几只袋鼠们在闲聊，"你们看，这些人会不会再继续加高你们的笼子？"长颈鹿问。"很难说。"袋鼠说："如果他们再继续忘记关门的话！"

反思：

这是一个典型的本末倒置的例子。他们不是去消除根源——"关门"，而是去加高"笼子"。

在做质量问题调查的时候，如果不找到问题的根源，那么，永远无法消除这些质量问题。同时，还将造成企业成本的升高——"加高笼子"。

所以，作为质量人，我们要经常问我们自己："我们的袋鼠笼子关好了吗？"

案例分析

让销售部搞定不合格率②

装配车间发现，在管子加工、盘子加工、钻孔和焊接之后少了一个孔，如右图所示，顾客反馈不合格率为 5%，严重影响了产品质量，给企业带来了不可估量的损失。为此，质量部、生产部、技术部、销售部、管理部各部门经理紧急召开了内部会议，大家各抒己见："将产品召回，重新加工就行了""看看能否让步接收？""问题不大，能让步接收的最好，不能让步接收的就把顾客要求退货的产品召回来""销售部去搞定就行了"……

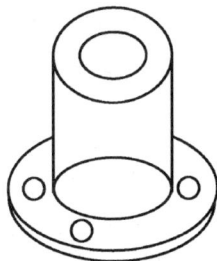

焊接管缺陷示意图

思考：

1. 请以 ISO 9001:2015 质量管理体系标准条款的内容理解"让销售部搞定不合格率"。

2. 请以此案例分析 ISO 9001:2015 质量管理体系的内涵。

微信扫码，加入[本书话题交流群]
与同读本书的读者，讨论本书相关话题，交流阅读心得

---

① 参见孙道军，郑苏晖.管理案例教学实务指南[M].中国市场出版社,2015.
② 参见 2018 年国家注册质量管理体系审核员笔试试题。

参考文献

[1] 9S 管理. https://wiki.mbalib.com/wiki/9S%E7%AE%A1%E7%90%86 [DB/OL].2020.

[2] EFQM 模型. https://wiki.mbalib.com/wiki/EFQM[DB/OL].2020.

[3] GB/T 19001—2016,质量管理体系要求[S].

[4] GB/T 29490—2013,企业知识产权管理规范[S].

[5] ISO 31000:2018,风险管理指南[S].

[6] 曹任飞,杨广柱. 沟通分析理论综述[J]. 中国校外教育,2018(03):88-89+111.

[7] 陈传明,等. 管理学[M].北京:高等教育出版社,2019.

[8] 陈春花.中国管理问题 10 大解析[M].北京:机械工业出版社,2016.

[9] 陈剑.基于价值链理论的节能服务企业成长动力机制研究[D].天津大学,2015.

[10] 陈茂雄.看不见的沟通——激发员工潜力的萨提亚教练模式[M].北京:华夏出版社,2017.

[11] 陈赞.高效沟通[M].北京:当代世界出版社,2018.

[12] 董大旻,冯凯梁.基于 EFQM 的高危企业安全绩效评估模型研究[J].中国安全生产科学技术,2012,8(03):86-91.

[13] 过程分析九宫格. http://www.fj-iso.com/newsContent.asp? id=795 [DB/OL].2020.

[14] 韩江丽.产品数据管理系统中 ET-RBAC 权限管理模型的研究与应用[D].吉林大学,2014.

[15] 黄帮福,施哲,朱红波,丁跃华.基于甘特图的钢包运行控制模型研究[J].中南大学学报(自然科学版),2014,45(07):2164-2170.

[16] 贾凡.谈文件生命周期理论[J].天津职业院校联合学报,2009,11(02):154-155.

[17] 李建明.能力素质模型在 H 电力企业中的应用研究[D].海南大学,2015.

[18] 李林,曹文华,毕海普.基于 SMART 原则的企业安全文化评价体系研究[J].中国安全科学学报,2007(02):121-128+1.

[19] 李梅.应用 SMART 原则目标管理实现生物高效课堂的实践研究[D].天津师范大学,2015.

[20] 李晓飞.基于 TPM 的万里公司设备管理体系的完善[D].兰州理工大学,2013.

［21］李勇.顾客满意度指数模型及其测评方法研究［D］.中国矿业大学（北京），2008.

［22］梁国明.企业质量成本管理方法［M］.第4版.北京：中国质检出版社，2015.

［23］廖建桥.5P模型——一种新的人力资源管理分类方法［J］.管理学报，2004(01)：71－75＋4.

［24］刘树华，鲁建厦，王家尧.精益生产［M］.北京：机械工业出版社，2009.

［25］刘先锐.PDM中权限管理模型的研究与应用［D］.吉林大学，2013.

［26］刘欣.沟通分析理论在大学生心理健康教育中的应用［D］.华东师范大学，2004.

［27］马海刚，彭剑锋，西楠.HR＋三支柱：人力资源管理转型升级与实践创新［M］.北京：中国人民大学出版社，2017.

［28］朴炯.供应链管理实践——供应链运作参考模型（SCOR）解读.左洁译［M］.北京：中国物资出版社，2000.

［29］桑原晃弥.丰田PDCA＋F管理法［M］.北京：人民邮电出版社，2019.

［30］邵景波，宁淑慧.基于金字塔模型的顾客关系资产管理［J］.中国软科学，2005(04)：133－137＋126.

［31］孙道军，郑苏晖.管理案例教学实务指南［M］.北京：中国市场出版社，2015.

［32］汤晓丹.波特"五力竞争理论"的管理理念批判及改进［J］.中国商论，2016(02)：170－172.

［33］汤莹.商业模式复制难易度与业务流程管理成熟度要素研究［D］.复旦大学，2011.

［34］王婵娇.基于人格结构理论解析《夜色温柔》中迪克·戴弗的人格堕落［D］.鲁东大学，2018.

［35］王欢喜.基于TPM的企业设备管理体系构建与改善［D］.湖南大学，2014.

［36］王卫玲.基于能力素质模型的宜家人力资源管理体系研究［D］.北京工业大学，2013.

［37］魏浩月.基于波特五力模型的快递企业竞争力研究［D］.长安大学，2016.

［38］夏宋明，李妍蓉.新形势下人力资源管理的5P模型［J］.重庆交通大学学报（社会科学版），2009,9(05)：66－68.

［39］徐可，何桢，王瑞.供应链关系质量与企业创新价值链——知识螺旋和供应链整合的作用［J］.南开管理评论，2015,18(01)：108－117.

［40］徐磊.项目管理成熟度评价体系构建及其应用研究［D］.华北电力大学，2014.

［41］许杭军.基于饭店企业内部服务质量差距模型的实证研究［D］.中南财经政法大学，2006.

［42］业务流程管理. https://wiki.mbalib.com/wiki/%E4%B8%9A%E5%8A%A1%E6%B5%81%E7%A8%8B%E7%AE%A1%E7%90%86 [DB/OL].2020.

［43］业务流程管理成熟度模型. https://wiki.mbalib.com/wiki/%E4%B8%

9A％E5％8A％A1％E6％B5％81％E7％A8％8B％E7％AE％A1％E7％90％86％E6％
88％90％E7％86％9F％E5％BA％A6％E6％A8％A1％E5％9E％8B[DB/OL].2020.

[44] 用 LSCIA 模型来处理客户投诉. https://doc.mbalib.com/view/1dcded1a
58972b3fe84b4aa7d2fa0f8a.html[DB/OL].2020.

[45] 约翰·杜尔.这就是 OKR[M].北京:中信出版社,2018.

[46] 张维迎.企业的企业家——契约理论[M].上海:上海人民出版社,2015.

[47] 张伟斌,周莉莉.文件生命周期理论研究中外比较[J].山西档案,2015(03):
50－53.

[48] 张兆国,梁志钢,尹开国.利益相关者视角下企业社会责任问题研究[J].中国
软科学,2012(02):139－146.

[49] 张智勇.IATF 16949 质量管理体系五大工具最新版一本通[M].第 2 版.北京:
机械工业出版社,2017.

[50] 赵爽.利益相关者视角的企业内部控制体系研究[D].中国海洋大学,2013.

[51] 周冰.QC 手法运用实务[M].厦门:厦门大学出版社,2020.

[52] 周红华.8D 在汽车零部件质量改进中的应用[D].天津大学,2016.

[53] 周三多,等.管理学[M].第四版.北京:高等教育出版社,2014.

[54] 卓芬.JP 公司服务质量差距的弥合对策探讨[D].扬州大学,2018.